应急管理系列丛书 ❖ 案 例 研 究

主 编/国家行政学院应急管理案例研究中心

# 应急管理典型案例研究报告
## （2017）

CASE STUDIES OF
TYPICAL EMERGENCIES (2017)

国家行政学院应急管理案例研究中心 　主编

社会科学文献出版社
SOCIAL SCIENCES ACADEMIC PRESS (CHINA)

## 应急管理系列丛书编委会

主　任：龚维斌

副主任：刘　钊　杨永斌

成　员：龚维斌　刘　钊　杨永斌　李雪峰　邓云峰
　　　　宋劲松　张小明　钟开斌　李　明

## 应急管理系列丛书专家评审委员会

主　任：闪淳昌

副主任：刘铁民　薛　澜

成　员（以姓氏笔画为序）：

丁　辉　马怀德　王志坚　尹光辉　全春来　张　侃
陈家强　武和平　袁宏永　柴俊勇　高小平　黄崇福
彭宗超　曾　光

# 应急管理系列丛书·案例研究工作组

组　　长：钟开斌
副组长：张　磊　王　华
成　　员（以姓氏笔画为序）：
王永明　王　华　王彩平　李雪峰　邹积亮　张　磊
钟开斌　游志斌

# 《应急管理系列丛书》总序

全面加强应急管理，是全面履行政府职能的内在要求和重要举措，是各级党委政府和领导干部的重大政治责任。党的十六大以来，党中央、国务院在深刻总结历史经验、科学分析公共安全形势的基础上，审时度势，做出了全面加强应急管理工作的重大决策。经过多年努力，我国应急管理工作取得了重大进展，以"一案三制"（应急预案，应急管理体制、机制、法制）为核心内容的应急管理体系基本形成，应急管理综合能力大幅提升，突发事件应对工作成效显著，切实保障了人民群众生命财产安全，维护了社会稳定大局，促进了经济社会全面、协调、可持续发展。当前，我国正处于发展的重要战略机遇期和社会矛盾凸显期，突发事件风险增多，公共安全形势复杂，人民群众对公共安全的需求日益增长，对应急管理工作提出了新的更高的要求。

应急管理是干部教育培训的重要内容。国家行政学院是培训高级、中级公务员的新型学府，培养高层次管理人才和政策研究人才的重要基地。近年来，国家行政学院把应急管理列为教学、科研、咨询和对外合作的重要内容，发挥了全国应急管理教育培训主渠道、主阵地的作用。2008年，国务院决定，依托国家行政学院筹建国家应急管理人员培训基地；2010年，国家行政学院成立应急管理培训中心；2012年，成立中欧应急管理学院；2014年，成立中国应急管理学会。目前，应急管理已经成为国家行政学院重点发展的特色学科之一，国家行政学院应急管理培训中心（中欧应急管理学院）正致力于建设成为全国应急管理教学与培训中心、应急管理政策与研究咨询中心、应急管理国际交流与合作中心。

为总结近年来各级政府应急管理培训基地教学培训、科研咨询、案例开发工作成果，服务于各级党委政府决策和领导干部应急管理培训工作，国家行政学院应急管理培训中心（中欧应急管理学院）组织编写了应急管理系列丛书。本丛书包括"学科教材""理论前沿""案例研究"三个系列。

"学科教材"系列旨在系统梳理国内外突发事件应急管理的前沿理论与先进经验，为应急管理实际工作者、公共管理专业硕士及理论研究人员提供一般性知识参考框架。该系列力求反映应急管理研究的知识演进脉络，兼顾最新发展趋向。该系列具体又包括两类：一是 MPA 教材，以在国家行政学院 MPA 应急管理方向研究生中开设的专业课程为基础，编辑出版 MPA 教材。二是公务员培训教材，结合国家行政学院应急管理培训中心（中欧应急管理学院）所承办的各类培训班次，分专题组织编写应急管理培训专题教材和通用教材。

"理论前沿"系列旨在跟踪应急管理理论发展与创新，推动应急管理理论研究与学科建设，发挥各级政府应急管理培训基地的学术引领作用，保持其理论研究的前瞻性、前沿性，持续推动高水平应急管理学术专著的出版。该系列的主要领域包括：公共安全与应急管理领域的基础理论、综合研究，自然灾害、事故灾难、公共卫生事件和社会安全事件四大类突发事件的分类研究，预防与应急准备、监测与预警、应急处置与救援、事后恢复与重建等分阶段应急管理研究，国外应急管理理论与实践研究，公务员应急管理培训工作研究等。

"案例研究"系列旨在系统总结和科学评估国内外突发事件典型案例，推进应急管理案例库项目成果开发和应用，逐步建立在国内外有一定影响力的中国应急管理案例库，服务于教学培训、科研咨询和对外合作服务。该系列具体又包括三大类：一是"应急管理典型案例研究报告"，主要收录每年 10 起左右典型突发事件的案例研究报告。二是"重大突发事件案例研究报告"，主要收录每年重特大突发事件的深度案例研究报告。三是"公共安全创新案例研究报告"，主要收录国家行政学院应急管理案例研究中心组织开展的"中国公共安全创新"评选活动所评出的优胜项目和入围项目，总结、弘扬地方和基层一线在推进公共安全治理创新、健全公共安全体系、提高公共安全水平方面的好做法、好经验。

应急管理在我国是一个跨学科的新兴研究领域，实际部门的经验积累和学术界的理论研究都还比较有限。希望本系列丛书的出版，对我国应急管理理论研究和实践发展能起到积极的推动作用。为全面做好应急管理系列丛书的组织编写工作，国家行政学院应急管理培训中心（中欧应急管理学院）专门成立了应急管理系列丛书编委会并设立了由应急管理相关领域领导干部和专家学者组成的专家评审委员会。本丛书在研究和出版过程中，得到了国家行政学院领导和兄弟部门、应急管理实际部门和理论界相关人士以及出版社的大力支持和帮助。同时，由于能力和水平有限，本系列丛书缺点和错误在所难免；欢迎广大同行和读者提出宝贵意见，以帮助我们不断提高质量。

应急管理系列丛书编委会

2015 年 10 月

# 《应急管理系列丛书·案例研究》出版前言

俗话说:"亡羊补牢","吃一堑、长一智"。建立独立、权威、专业的调查制度,对所发生的突发事件进行深入剖析,全面总结经验教训,在此基础上有针对性地提出整改措施,是应急管理工作的题中应有之义,也是转"危"为"机"、"在历史的灾难中实现历史的进步"的重要手段。《中华人民共和国突发事件应对法》第六十二条规定:"履行统一领导职责的人民政府应当及时查明突发事件的发生经过和原因,总结突发事件应急处置工作的经验教训,制定改进措施,并向上一级人民政府提出报告。""7·23"甬温线特别重大铁路交通事故发生后,党中央、国务院要求调查处理工作做到"查明白、写明白、讲明白、听明白"。山东省青岛市"11·22"中石化东黄输油管道泄漏爆炸特别重大事故发生后,习近平总书记强调"用生命和鲜血换取的事故教训,不能再用生命和鲜血去验证",要做到"一厂出事故、万厂受教育,一地有隐患、全国受警示"。天津港"8·12"瑞海公司危险品仓库特别重大火灾爆炸事故发生后,中共中央政治局常务委员会会议强调,要彻查事故责任并严肃追责,给社会一个负责任的交代。

案例研究是推动应急管理教学培训、科研咨询、对外合作、人才培养的重要途径。从教学培训来看,案例教学作为一种行之有效的教学方法,已被广泛运用于法律、医学、工商管理、公共管理等实践性较强的教育培训领域中。从科研咨询来看,通过开展案例研究,建立案例库,有利于及时掌握全国应急管理理论与实践的前沿动态,提高科研咨询的针对性和时效性。从对外合作来看,通过联合进行案例开发、共享案例资料等,有利于建设一个学术信息资源共享的案例库资源平台。从人才培养来看,案例研究有利于推进应急管理理论与实践相结合,形成一支业务熟练、结构合理、分工明确的教学科研队伍。近年来,部分国际组织和发达国家特别重视突发事件案例库建设。联合国开发计划署(UNDP)、欧盟(EU)、世界卫生组织（WHO），美国、日本、加拿大、澳大利亚、比利时等国家，以及美国哈佛大学肯尼迪学院（HKS）、锡拉丘斯大学麦克斯维尔（Maxwell）学院、瑞典国防学院危机管理研究与培训中心（CRISMART）等机构，开发建设了各类突发事件案例库或数据库，内容覆盖全球性或本国范围内的各类突发事件。

2014年12月，国家行政学院成立了应急管理案例研究中心，旨在更好地开展应急管理案例研究活动，以优秀案例推动应急管理教学培训、科研咨询、对外合作、人才培养及应急管理实践的发展。围绕应急管理案例研究，国家行政学院应急管理案例研究中心重点开展以下三个方面的工作。一是以"国家应急管理案例库"项目为支撑，按照统一的案例分析框架，进行重特大突发事件案例研究。二是与有关机构合作，开展"中国公共安全创新"评选活动，总结并弘扬地方和基层一线在推进公共安全治理创新、健全公共安全体系、提高公共安全水平方面的好做法、好经验。三是基于数据挖掘技术，进行突发事件实时信息记录跟踪和统计分析，搭建一个多功能、多层次、全范围、宽领域、可视化的应急管理案例库。

为了及时跟踪研究每年发生的典型突发事件，总结推广地方和基层一线公共安全创新的做法和经验，为提高我国应急管理理论研究水平、实践工作能力及开展应急管理国际交流合作提供鲜活的案例素材，国家行政学院应急管理案例研究中心与社会科学文献出版社合作，出版"应急管理系列丛书·案例研究"。"案例研究"系列共包括三类：一是"应急管理典型案例研究报告"，主要收录每年10起左右典型突发事件的案例研究报告。二是"重大突发事件案例研究"，主要收录每年有代表性的重特大突发事件的深度案例研究报告。三是"公共安全创新案例研究报告"，主要收录"中国公共安全创新"评选活动所评出的项目。

为了提高案例研究的规范性和科学性，更好地进行不同案例之间的比较分析和不同地区之间的案例经验交流，我们在借鉴美国哈佛大学肯尼迪学院、锡拉丘斯大学麦克斯维尔学院、瑞典国防学院危机管理研究与培训中心等机构案例研究经验的基础上，组织制定了《国家应急管理案例库案例开发工作方案（试行稿）》，提出了应急管理案例的分类标准和案例研究报告的基本结构，希望通过统一的研究标准、严格的研究程序、科学的研究方法来保证研究结果的信度和效度，尽量减少研究者的随意性和主观性。

根据研究内容的不同，应急管理案例分为综合性案例和专题性案例两大类。其中，综合性案例是指覆盖突发事件整个应对过程的案例。综合性案例以突发事件为对象，深入探讨突发事件预防和预防准备、监测与预警、应急处置与救援、恢复与重建四个阶段的各个主题。专题性案例是指仅涉及突发事件应对过程中的一个或多个环节的案例。专题性案例以管理环节为对象，围绕应急管理的一个或若干个主题（如应急准备、风险评估、风险监测、突发事件预警、信息报告、应急指挥、危机沟通、社会动员、调查评估、应急保障等）展开讨论。

案例研究报告一般由以下五个部分组成：一是事件的基本情况，即描述整个突发事件的概况和简要的应对经过。二是突发事件应对的主要过程，即按照突发事件应对的时间先后，客观准确地还原预防和应急准备、监测与预警、应急处置与救援、事后恢复与重建四个阶段突发事件应对过程的基本情况。三是关键问题分析，即选择突发事件应对过程中的一个或多干焦点问题，对若干重要节点或专题进行深入分析，发现突发事件应对过程的问题所在。其中，综合性案例要求对突发事件应对全过程各个环节的各个主题进行全面、系统分析，专题性案例只对突发事件应对过程中的某一个专题进行深入分析。四是基本结论与对策建议，即根据相关专题分析，得出基本结论，并提出有针对性的建议。五是附录，即案例相关主要资料，如突发事件应对大事记、政府部门内部和公开的案例相关资料、访谈调研资料、相关案例资料、相关学术文献资料等。

"案例研究"系列的出版，是对应急管理案例研究阶段性成果的总结和回顾。由于应急管理是一个实践性、操作性很强的领域，部分突发事件案例研究具有一定的敏感性和特殊性，应急管理案例研究是一项难度比较大的工作，需要在实践中不断探索、积累经验。"案例研究"系列的相关案例研究，得到了很多专家学者和有关机构的理解、支持和帮助，在此深表谢意。同时，也恳请研究同行、应急管理工作者、广大读者朋友在使用和阅读的过程中，随时反馈意见和建议，帮助我们不断完善和改进。

# 目 录

**滑坡事故应急管理**
　　——广东深圳光明新区渣土受纳场"12·20"特别重大滑坡事故 …… 001

**突发事件预警发布与响应**
　　——2015年北京首次发布空气重污染红色预警事件 ………… 029

**自然灾害央地协同应急管理**
　　——福建泰宁"5·8"泥石流地质灾害 ……………………… 057

**灾害协同应对**
　　——"6·23"江苏盐城特别重大龙卷风冰雹灾害 …………… 087

**重大事故联合科学救援**
　　——山东省临沂市平邑县万庄石膏矿区"12·25"采空区重大坍塌事故
　　………………………………………………………………………… 106

**跨省突发事件应急联动**
　　——"11·23"甘陕川跨省水污染事件 …………………… 146

**食品安全类突发事件应急处置**
　　——江西高安病死猪事件 ………………………………… 174

**迎战舆论危机：政府新闻应急过程分析**
　　——广东深圳光明新区渣土受纳场"12·20"特别重大滑坡事故
　　………………………………………………………………………… 197

**"新闻搭车"现象研究**
　　——黑龙江"5·2"庆安火车站枪击事件 ………………… 222

**跨辖区食品安全事件舆情管理**
　　——山东省青岛市"问题西瓜"事件 ……………………… 248

# CONTENTS

Emergency Management of Landslide Accidents

　—The Major Landslide Accident at Muck Receiving Field in Guangming New District, of Shenzhen in Guangdong on December 20th, 2015 / 001

Release and Response of Early Warning Information

　—The Incident of the Red Alert Issue for Heavy Air Pollution For the First Time by Beijing in 2015 / 029

Cooperative Management by Central Government and Local Government of Natural Disasters

　—The Large Landslide Triggered by Heavy Rain in Taining County of Fujian on May 8, 2016 / 057

Coordinated Disaster Response

　—The Serious Tornado and Hailstorm Disaster in Yancheng City of Jiangsu on June 23, 2016 / 087

Joint Rescue and Scientific Rescue of Serious Accidents

　—The Major Collapse Accident in Pingyi Gypsum Mine in Linyi City of Shandong / 106

Inter Provincial Response and Joint Action to Emergencies

　—The Inter-Provincial Water Pollution Incident in Gansu, Shaanxi and Sichuan Provinces on November 23, 2015 / 146

Managing Food Safety Incidents

　—The Incident of the Dead and Sick Pigs from Gao'an City in Jiangxi / 174

Dealing with the Crisis of Public Opinion: Analysis of Public Information Provision in Emergencies of Government

—*The Major Landslide Accident at Muck Receiving Field in Guangming New District, of Shenzhen on December 20, 2015* / 197

Study on the Phenomenon of "News Lift"

—*The Shooting Incident at QingAn Railway Station in Heilongjiang on May 2, 2015* / 222

Public Opinion Management of Cross-regional Food Safety Incidents

— *"Problematic Watermelon" Accident in Qingdao City of Shandong* / 248

# 滑坡事故应急管理

## ——广东深圳光明新区渣土受纳场"12·20"特别重大滑坡事故

**摘　要：** 广东深圳光明新区渣土受纳场"12·20"特别重大滑坡事故，突出暴露了作为事故主体责任单位的深圳市绿威物业管理有限公司和深圳市益相龙投资发展有限公司，无视法律法规，无视安全风险，安全管理极其混乱；也突出反映了地方政府对城市建设中出现的安全风险认识不足，尤其是在城市管理、安全生产管理中没有建立完善的风险辨识和防控机制。总体上看，该事故案例暴露出的关键问题主要涉及四个方面：超大城市快速城市化进程中新兴风险治理、滑坡事故应急处置、城市安全生产治理法治化、功能区安全监管责任体系。

**关键词：** 滑坡事故；新兴风险治理；安全生产治理法治化

## 一　事故基本情况

2015年12月20日11时42分，广东省深圳市光明新区凤凰社区恒泰裕工业园发生山体滑坡。此次滑坡覆盖面积约为38万平方米，造成33栋建筑物被掩埋或受损。事故发生后，党中央、国务院高度重视，习近平总书记立即做出重要指示，要求广东省、深圳市迅速组织力量开展抢险救援，第一时间抢救被困人员，尽全力减少人员伤亡，做好伤员救治、伤亡人员家属安抚等善后工作。李克强总理在事故发生当天三次做出重要批示，要求抓紧核实情况，全力组织搜救，全力救治受伤人员，尽最大努力减少伤亡；全面排查周边事故隐患，防止发生二次灾害；查清灾害原因，做好善后处置。张高丽、刘延东、马凯副总理和杨晶、郭声琨、王勇国务委员等领导先后做出批示指示，要求有关部门认真做好事故救援相关工作。

2015 年 12 月 21 日，受习近平总书记、李克强总理委派，王勇率有关部门负责人紧急赶赴现场指导应急救援、善后处理和事故调查工作，并代表党中央、国务院看望慰问伤员和抢险救援人员。12 月 23 日上午，国务院深圳光明新区"12·20"滑坡灾害调查组在深圳成立，调查组由国土资源部牵头。国务院深圳光明新区"12·20"滑坡灾害调查组经调查认定，此次滑坡灾害是一起受纳场渣土堆填体的滑动，不是山体滑坡，不属于自然地质灾害，是一起生产安全事故。

2015 年 12 月 25 日，在国务院深圳光明新区"12·20"滑坡灾害调查组排除山体滑坡、认定不属于自然地质灾害的基础上，依据《安全生产法》和《生产安全事故报告和调查处理条例》（国务院令第 493 号）等有关法律法规，国务院批准成立了国务院广东深圳光明新区渣土受纳场"12·20"特别重大滑坡事故调查组，由国家安全监管总局局长任组长，国家安全监管总局、公安部、监察部、国土资源部、住房和城乡建设部、全国总工会和广东省政府派员参加，全面负责事故调查工作。同时，邀请最高检察院派员并聘请规划设计、环境监测、岩土力学、固体废弃物和法律等方面专家参与事故调查工作。

2016 年 7 月 15 日，国家安全监管总局向社会公布了经国务院批复的广东深圳光明新区渣土受纳场"12·20"特别重大滑坡事故调查报告。事故调查组认定，广东深圳光明新区渣土受纳场"12·20"滑坡事故（以下简称"12·20"事故）是一起特别重大生产安全责任事故。事故调查组坚持"科学严谨、依法依规、实事求是、注重实效"的原则，通过现场勘验、调查取证、模拟计算、专家论证，查明了事故发生的经过、原因、人员伤亡和直接经济损失，认定了事故性质和责任，提出了对有关责任人员和责任单位的处理建议，分析了事故暴露出的突出问题和教训，提出了加强和改进工作的措施建议。调查组对 110 名责任人员提出了处理意见。"12·20"事故发生后，接报核实的失联人员总数为 77 人。事故共造成 73 人死亡，4 人下落不明，17 人受伤（重伤 3 人，轻伤 14 人，均已出院）。田泽明是 2015 年 12 月 23 日清晨从渣土堆里挖出的唯一幸存者。事故还造成 33 栋建筑物（厂房 24 栋，宿舍楼 3 栋，私宅 6 栋）被损毁、掩埋，导致 90 家企业生产受影响，涉及员工 4630 人。事故调查组依据《企业职工伤亡事故经济损失统计标准》（GB6721 - 1986），核定事故造成直接经济损失 88112.23 万元。其中，人身伤亡后支出的费用为 16166.58 万元，救援和善后处理费用为20802.83万元，财产损失价值为51142.82万元。

## 二 事故应急管理过程

### （一）预防与应急准备阶段

发生事故的红坳渣土受纳场，位于深圳市光明新区光明街道红坳村南侧的大眼山北坡。大眼山山顶高程为306.8米，地势南高北低，北面下游为河谷平原地形，最低高程为34.0米。红坳受纳场地理范围：东经113°55′50″~113°56′10″、北纬22°42′30″~22°42′55″，距德吉程工业园厂房实际最小距离为300米，距中石油西气东输西二线广深支干线深圳段天然气管道实际最小距离为70米。红坳渣土受纳场所处位置原为采石场，经多年开采形成"凹坑"并存有积水约9万立方米。该"凹坑"东、西、南三面环山封闭，北面有高于"凹坑"底部约17米的东西向坝形凸起基岩，且基岩凸起处地形变窄，并由此向北地势逐渐下降，坡度达22°。红坳受纳场四周出露和北面凸起的基岩既有岩体结构被部分破坏的强、中风化花岗岩，也有基本未变的微风化花岗岩，出露新鲜基岩具有较高的力学强度和抗变形能力。事故发生前，红坳渣土受纳场渣土堆填体由北至南、由低至高呈台阶状分布，共有9级台阶。其中，1~6级台阶已经成形，斜坡已复绿；上部7~9级台阶正在进行堆填、碾压，已显雏形。0级台阶高程为56.9米，堆填体实际最高高程为160.0米。滑坡前红坳受纳场总堆填量约为583万立方米，主要由建设工程渣土组成，掺有生活垃圾约0.73万立方米，占0.12%。

"12·20"事故的主体责任单位是深圳市绿威物业管理有限公司（简称绿威公司）和深圳市益相龙投资发展有限公司（简称益相龙公司），林敏武、王明斌等人实际参与红坳受纳场的建设和运营。红坳受纳场的主要功能是受纳建设工程产生的余泥渣土，属于市政基础设施中的城市垃圾处理设施。绿威公司为红坳受纳场运营服务项目的中标企业，违法将全部运营服务项目整体转包给益相龙公司。益相龙公司为红坳受纳场实际建设运营单位，与益相龙公司有债务关系的林敏武、王明斌等人通过以债权换股权的形式实际参与红坳受纳场项目运营。

**1. 事故主体责任单位：益相龙公司、绿威公司**

在"12·20"事故的预防与应急准备阶段，作为事故主体责任单位的益相龙公司、绿威公司无视国家法律，违法违规组织项目建设和生产，事故预防与应急准备工作严重缺失，主要表现在以下四个方面。

一是未经正规勘察和设计，违法违规组织红坳受纳场建设施工。益相龙公司作为红坳受纳场的建设、施工单位，违反《建设工程勘察设计管理条例》（国务院令第293号）第四条、第十七条和《广东省建设工程勘察设计管理条例》第七条规定，未按工程建设程序委托勘察设计，未委托有资质的单位进行施工图设计；违反《建设工程质量管理条例》（国务院令第279号）第十一条、第二十五条和《深圳市建设工程质量管理条例》第五条、第三十条规定，按照无效图纸组织施工，无资质施工。

二是现场作业管理混乱，违法违规开展红坳受纳场运营。益相龙公司作为红坳受纳场的实际运营企业，违反《深圳市建筑废弃物受纳场运行管理办法》（深城管〔2012〕35号）第十六条、第十七条、第二十一条第一项的规定，未在坡顶场外修建截洪沟等有效的拦、导、排水系统，未排除受纳场原有的大量积水；严重超量超高堆填加载，堆填体碾压不实、密实度低；未进行边坡监测和填埋区密实度检测；安全生产主体责任不落实，违反《安全生产法》第二十五条、第三十八条规定，未开展安全生产教育和培训工作，未按规定开展日常检查、事故隐患排查。

三是无视受纳场安全风险，对事故征兆和险情应急处置错误。益相龙公司盲目追求经济效益，无视堆填体含水量高对受纳场安全稳定的影响，不顾超量超高堆填作业可能造成的危害；违反《安全生产法》第四十三条第二款、第八十条和《深圳市建筑废弃物受纳场运行管理办法》（深城管〔2012〕35号）第十五条、第二十四条的要求，未配备应急作业单元，未开展应急演练；未重视并整改事故发生前一个多月即出现的事故征兆。事发当日险情处置错误，未及时发出事故警示，未向当地政府和有关部门报告，贻误了下游工业园区和社区人员紧急疏散撤离时机。

四是违法转包红坳受纳场建设运营项目。绿威公司作为红坳受纳场建设运营服务的中标公司，违反《招标投标法》第四十八条第一款规定，在红坳受纳场运营项目中标后，整体转让中标项目，名为分包，实为整体转包，属于违法转包运营服务项目；违反《安全生产法》第四十六条第二款规定，在将红坳受纳场运营服务项目转包给益相龙公司后，未与其签订专门的安全生产管理协议，没有对其进行安全检查。

## 2. 深圳市、光明新区及其办事处

深圳市、光明新区及其办事处安全生产红线意识不强，对安全生产工作重视不够，事故预防与应急准备工作存在重大缺陷，主要表现在以下三个方面。

一是光明新区党工委、办事处未认真落实安全生产责任，对渣土受纳场安全风险认识不足，未按法定职责组织开展查处违规建设工作，未依法及时查处红坳受纳场未取得用地规划许可证、建设工程规划许可证、施工许可证违规建设的问题。对红坳受纳场开展的日常检查流于形式，未发现和纠正红坳受纳场存在的违规转让许可证、超容量受纳、缺乏有效的导排水系统等问题。

二是光明新区党工委、管委会未认真贯彻执行党和国家有关安全生产方针政策和法律法规，未按国家和省市部署的安全大检查、隐患排查治理规定要求履行属地监管责任，对渣土受纳场安全风险认识不足，未按规定进行监督管理。对有关职能部门违规审批和未依法进行执法检查问题失察，未组织有关部门有效整治和排除群众反映的红坳受纳场存在的安全隐患，未认真督促有关部门加强对渣土受纳场的安全监管工作。

三是深圳市委未认真贯彻落实党的安全生产方针政策和安全生产"党政同责、一岗双责、齐抓共管"的要求，未有效督促深圳市政府及有关部门履行安全生产职责。深圳市政府没有牢固树立安全发展理念，未能正确处理城市建设与安全发展的关系，为解决建设工程渣土的排放问题，在红坳受纳场项目与有关规划发生冲突的情况下，仍违法违规强行推动渣土受纳场建设。对受纳场安全生产工作不重视，对安全风险认识不足，未按规定进行监督管理，未督促光明新区管委会整治和排除群众反映的红坳受纳场存在的安全隐患。对有关职能部门违规为红坳受纳场进行审批的问题失察，未有效督促指导有关职能部门和光明新区管委会落实对渣土受纳场的安全监管职责。

## 3. 深圳市和光明新区负有安全监管责任的有关部门

深圳市和光明新区负有安全生产监督管理责任的有关部门未认真履行职责，审批把关不严，监督检查不深入、不落实，事故预防与应急准备工作严重不到位，主要表现在以下三个方面。

一是城市管理部门事故预防与应急准备工作严重不到位。深圳市城市管理部门违法违规审批许可，未按规定履行日常监管职责，日常监督检查严重缺失。光明新区城市管理局违规审批许可，在红坳受纳场未取得规划国土、建设、环境保护、水务等部门批准文件的情况下，违规向绿威公司发放临时受纳场许可证。未纠正和查处绿威公司违法违规将红坳受纳场转包给益相龙公司建设和经营的问题。在日常监督检查中，未对红坳受纳场压实作业、坡度控制等重要内容进行检查，未发现受纳场存在超容量受纳、缺乏有效的导排水系统等问题。未对光明办事处执法队履行渣土受纳场综合执法职责进行监督检查，未按规定开展渣土受纳场监管业务培训和考评工作。在牵头处理群众举报的事故隐患的过程中，在回复举报人和上级机关时弄虚作假，在事故隐患未消除的情况下，违法恢复红坳受纳场运营。深圳市城市管理局未按法定职责组织开展监督检查工作，在对红坳受纳场进行的两次年度巡查中，均未发现其违法违规转包和存在超量超高堆填等重大安全隐患的问题；未按职责监督检查、指导光明新区城市管理局余泥渣土临时受纳场日常监管工作。

二是建设、环保、水务部门事故预防与应急准备工作严重不到位。深圳市建设、环保、水务部门未按规定履行建设、环保、水务行政审批许可和日常监管等职责。光明新区城市建设局未按规定跟踪和督促红坳受纳场依法办理建设工程施工许可证，未按职责指导光明办事处查违办开展违规建设项目查处工作。未按规定开展执法检查工作，在红坳受纳场水土保持方案审批前，未及时依法处置受纳场违规建设运营问题；在审批后，未督促红坳受纳场依据水土保持方案要求报送水土保持监测报告。在开展环保执法检查和审批工作的过程中，未发现和查处红坳受纳场未经环境影响审批进行违法建设的问题。未严格执行审批程序，违规为红坳受纳场办理环境影响报告审批。未对红坳受纳场按照环境影响评估报告落实水土流失防治措施进行后续监管。对群众举报的红坳受纳场事故隐患未认真研究查处，未督促红坳受纳场整改隐患并办理建设审批手续，也未按照规定对其实施重点监督检查。深圳市住房和建设局未按规定履行建设执法监督指导职责，未有效监督指导建设执法受委托单位光明新区管委会依法查处红坳受纳场无建设工程施工许可证违规建设问题。深圳市水务局未依法履行审批后的监督管理和水土保持设施验收职责，未监督和纠正红坳受纳场未依法提交水土保持监测报告、度汛方案且未申请水土保持设施专项验收等问题。未按规定就移交给光明新区城市建设局的反映红坳受纳场的问题及时跟踪督办。未按规定指导协调、监督检查光明新区城市建设局依法履行监管职责。深圳市人居环境委员会未按规定履行监督指导职责，未有效督促指导光明新区城市建设局依法查处违反环保规定的建设项目、严格依程序进行行政审批、落实环境影响审批后的监管职责。

三是规划国土部门事故预防与应急准备工作严重不到位。深圳市规划国土部门违法违规实施用地许可，对违法用地行为未依法查处。深圳市规划和国土资源委员会光明管理局违规审批，在无可行性研究报告、环境影响评价报告等有关文件资料的情况下，违规核发红坳受纳场选址意见书。违反规划土地法律法规，以出具复函的形式代替行政许可同意将红坳受纳场作为余泥渣土临时受纳场。光明新区规划土地监察大队在开展执法检查工作的过程中，未及时发现和查处红坳受纳场未取得用地规划许可证、建设工程规划许可证违规建设的问题，未按规定督促指导光明办事处查违办开展查违工作。在卫星遥感监测土地执法工作中，开展审核工作不认真，未发现光明办事处上报的红坳受纳场图斑为"合法图斑"系虚假信息，并将该虚假信息上报深圳市规划土地监察支队。深圳市规划和国土资源委员会对市规划和国土资源委员会光明管理局违规为红坳受纳场核发选址意见书、用地规划许可的问题失察。在组织开展查违的过程中，未及时发现和查处红坳受纳场未取得用地规划许可证、建设工程规划许可证违规建设的问题。未按规定督促指导光明新区规划土地监察大队开展查违工作。

## （二）监测与预警阶段

2015年12月20日6时许，红坳受纳场顶部作业平台出现裂缝，宽约40厘米，长几十米，第三级台阶与第四级台阶之间也出现鼓胀开裂变形。现场作业人员向顶部裂缝中填充干土。9时许，裂缝越来越大，遂停止填土。11时28分29秒，渣土开始滑动，自第三级台阶和第四级台阶之间、"凹坑"北面坝形凸起基岩处（滑出口）滑出后，呈扇形状继续向前滑移，滑移700多米后停止并形成堆积。滑坡体停止滑动的时间约为11时41分。滑坡体推倒并掩埋了其途经的红坳村柳溪、德吉程工业园内33栋建筑物，造成重大人员伤亡。

中石油西气东输管道公司西二线广深支干线深圳段管道位于红坳受纳场以北，最小距离为70米。经查，2015年12月20日11时33分50秒，西气东输管道公司上海调度中心数据采集与监视控制（SCADA）系统记录到西二线管道广深支干线16号、17号阀室（红坳受纳场附近的管道两端阀室）光缆中断报警，11 时 35 分 58 秒记录到该段管道低压报警、压降速率报警。此前，广深支干线设备与监控设施运行正常，站控系统及上海调度中心数据记录正常；在事故发生前 15 分钟，线路管理员对事故发生区域徒步巡检未发现异常；现场勘查取证发现，断裂的天然气管道呈拉伸撕裂状，未见燃烧爆炸痕迹；视频资料显示，先发生堆填体边坡滑动，后出现管道泄漏喷射；模拟计算表明，管线破裂后，天然气喷射不会对滑坡扩大造成影响。

滑坡事故直接影响范围约为 38 万平方米，南北长为 1100 米，东西最宽处为 630 米（前缘），最窄处宽为 150 米（中部）。事故影响范围自南向北分为 3 个区段：南段为红坳受纳场滑坡物源区，即处于第三级与第四级台阶之间滑出口以南的渣土堆填段，南北最长为 374 米，东西最宽为 400 米，面积约为 11.6 万平方米；中段为流通区，介于滑出口与渣土堆填体原第一级台阶底部，南北最长为 118 米，东西最窄处宽为 150 米，面积约为 1.8 万平方米；北段为滑坡堆积区，介于渣土堆填体原第一级台阶向北至外侧堆积边界线，南北最长为 608 米，东西最宽为 630 米，厚度为 2~10 米，面积约为 24.6 万平方米。滑坡物源区与滑坡堆积区的最大高程差为 126 米，最大堆积厚度约为 28 米。

调查认定，在"12·20"事故的监测与预警阶段，事故企业在事故发生前对险情处置错误。2015 年 12 月 20 日 6 时许，现场作业人员发现受纳场渣土堆填体多处出现裂缝、鼓胀开裂变形后，错误采用顶部填土方式进行处理，使已经开始失稳的堆填体后缘增加了下滑推力；9 时许，裂缝越来越大，遂停止填土；11 时 20 分许，渣土堆填体第四级台阶发生鼓包且鼓包不断移动，现场作业人员撤离受纳场作业平台。在此过程中，事故企业人员始终没有发出事故警示，未向当地政府和有关部门报告，贻误了下游工业园区和社区人员紧急疏散撤离的时机。

事后查明，事故企业存在一系列违法违规行为，监测预警严重缺失、形同虚设。事故企业没有在红坳受纳场建设有效的导排水系统，受纳场内积水未能导出排泄，致使堆填的渣土含水量过高，形成底部软弱滑动带；严重超量超高堆填加载，下滑推力逐渐增大、稳定性降低，导致渣土失稳滑出，体积庞大的高势能滑坡体形成了巨大的冲击力，加之事发前险情处置错误，造成重大人员伤亡和财产损失。调查发现，红坳受纳场没有建设有效的导排水系统，仅在渣土堆填体第三级台阶到第四级台阶铺设了盲沟排水设施，但没有起到作用，未建设场外坡顶截洪沟；未将基底原采石坑约9万立方米积水排出就堆填渣土，加之持续流入场内的地表水流、裂隙水、雨水和堆填渣土中的水分，导致堆填的渣土内部含水量过高，在底部形成软弱滑动带。在滑坡物源区前缘，即渣土堆填体第三至第四级台阶附近向南，现场勘查发现3段被破坏的盲沟排水设施，排水盲沟采用花管填埋碎石方法铺设。花管及上敷碎石中未见排水痕迹。红坳受纳场堆填体后缘西侧山坡有一处小溪，常年流水（事故发生后，实测流量为6立方米/天，在雨季流量更大）。加之红坳受纳场没有按要求建设场外坡顶截洪沟，致使山坡地表水汇集并直接渗入受纳场。红坳受纳场在受纳过程中，对含水量高的渣土没有采取晾晒或者混合干土填埋碾压等措施，便直接填入场内。以上因素导致红坳受纳场堆填体含水率高，在堆填体底部形成软弱滑动带。

事故发生后，现场57个位置的639个监测点监测分析结果显示：砂性土含水率在14%～19%，饱和度为69%～69.4%；黏性土含水率在23%～28%，饱和度为45.9%～47.4%；淤泥质土含水率在40%～48%，饱和度为85.4%～94.5%。同时，在现场开展的5处断面原位余泥渣土体静力触探试验过程中，4处钻孔内有反喷的水流出现，涌水量为1.47毫升/分钟/36毫米孔，说明渣土堆积体底部存在承压水头。模拟计算表明，随着堆填体底部含水量逐渐升高，堆填体抗滑稳定安全系数相应下降。2015年11月21日，堆填体抗滑稳定安全系数为1.10，处于欠稳定状态；在堆填体整体滑动前30天内，地下水作用促使稳定性进一步降低；12月20日，堆填体抗滑稳定安全系数降低至0.93，发生滑动。参与红坳受纳场第三方监管工作的深圳市建星项目管理顾问有限公司（简称建星公司）监管记录显示，11月1日上午，受纳场出现大量细小裂缝；11月13日，第四级排水沟、截洪沟出现局部下沉；11月26日，第三、第四级台阶平台边坡外侧有裂缝出现。经查，建星公司已按合同要求及时向委托方光明新区城市管理局报告，但后者并未重视并采取措施。

有关设计、检测单位，违法违规进行建筑设计、安全评价、检测，导致监测预警设施形同虚设。广东华玺建筑设计有限公司违反《广东省建设工程勘察设计管理条例》第九条规定，于红坳受纳场投入运营19个月后，在未经任何设计、计算和校审的情况下，以广东华玺建筑设计有限公司设计具名、出具施工设计图纸并伪造出图时间提供给益相龙公司，从中获利

3.18万元。根据《深圳市余泥渣土受纳场专项规划（2011~2020）》，红坳受纳场规划库容为400万立方米，封场标高为95米。经查，事故发生时实际堆填量已达583万立方米，堆填体后缘实际标高已达160米，属于严重超库容、超高堆填。红坳受纳场所处位置为前期采石场开采残留的"凹坑"，地势南高北低，滑坡物源区与滑坡堆积区最大高程差达126米。特殊的地形条件为体积庞大的滑坡体能量聚集和运动加速创造了条件。模拟计算结果表明，滑坡体运动速度最高达每秒23.8米，滑坡体最大动能约为180万千焦。

（三）应急处置与救援阶段

在"12·20"事故的应急处置与救援阶段，广东省委、省政府和深圳市委、市政府贯彻落实党中央、国务院决策部署和指示要求，组织协调国家有关部委、解放军、武警和公安消防等方面力量开展应急处置，现场救援处置措施得当，信息发布及时，善后工作有序，受灾人员及企业得到了及时安抚安置，在事故应急处置中无次生灾害、无衍生事故、无疫情爆发。

2015年12月20日11时35分54秒，深圳市公安局110指挥中心接到群众报告，称"在光明新区长圳红坳村看见山坡垮塌，导致煤气站爆炸，多人被困"，立即向辖区光明分局南风派出所下达出警指令，要求核实处理并及时反馈。深圳市公安消防支队指挥中心同时获知相关信息，立即指令光明公安消防大队迅速组织车辆及指战员赶赴事故现场。11时48分，光明办事处接到光明公安消防大队事故报告，立即报告办事处值班负责人；12时30分，在凤凰社区红坳工业园管理处组建临时现场指挥部，开展先期应急救援工作。11时49分，光明新区管委会总值班室接到光明公安分局报告；12时13分，光明新区向深圳市政府总值班室报告"发生山体滑坡，导致煤气站围墙倒塌以及厂房、楼房倒塌，正在核实相关情况"；12时50分，光明新区值班领导到达现场，立即组织成立新区救援现场临时指挥部，开展应急救援工作。13时15分，深圳市政府总值班室电话报告国务院总值班室、广东省政府应急办和广东省安全监管局"发生一起滑坡，目前已造成十几栋厂房倒塌、1人受伤，其他信息正在核查"；14时20分，深圳市委办公厅分别向中共中央办公厅信息综合室、国务院总值班室、省委值班室、省委办公厅信息综合室书面报告了事故信息。

事故发生后，习近平总书记立即做出重要指示，要求广东省、深圳市迅速组织力量开展抢险救援，第一时间抢救被困人员，尽最大努力减少人员伤亡，做好伤员救治、伤亡人员家属安抚等善后工作。注意科学施救，防止次生灾害发生。中央有关部门指导地方加强各类灾害和安全生产隐患排查，制定预案，加强预警及应急处置等工作，确保人民群众生命财产安全。国务院总理李克强做出批示，要求抓紧核实情况，全力组织搜救，全力救治受伤人员，尽最大努力减少伤亡；全面排查周边安全隐患，防止发生二次灾害；查清灾害原因，做好善后处置。国土资源部、住房和城乡建设部等部门要派员指导地方做好抢险救援工作。中央政治局委员、广东省委书记胡春华立即做出指示，要求深圳市委书记、市长立即从北京赶回现场组织救治工作。国务委员、公安部部长郭声琨要求，立即组织消防等部门开展救援，尽快核查伤亡人数，全力维护社会秩序。①

14时30分，深圳市政府成立了光明新区滑坡救援现场指挥部（简称指挥部），下设现场搜救、医疗保障、新闻发布等12个工作组，总指挥暂由常务副市长张虎担任；19时许，深圳市委书记马兴瑞、市长许勤从北京紧急返回深圳，总指挥转由市委书记马兴瑞担任。指挥部第一时间将事故现场分成35个网格，打通6条救援通道，组织力量24小时连续开展现场救援，利用生命探测仪、搜救犬开展9次地毯式排查，调集飞艇现场测绘，并结合光学雷达、地质雷达、高密度电法等高科技手段探测，对被埋区域建筑物进行定位，开展救援。

21日15时，广东省委、省政府成立滑坡事故救援工作领导小组，省长朱小丹任领导小组组长，省委副书记、深圳市委书记马兴瑞任领导小组副组长。马兴瑞提出了三点要求：第一，要全力搜救被困人员；第二，要科学组织搜救；第三，全力避免次生灾害发生。省委常委、省委政法委书记、省应急委副主任林少春接报后，第一时间赶赴深圳，指挥现场救援。

21日，深圳市光明新区滑坡救援现场指挥部在滑坡现场确定了3个重点搜救点，采取机械加人工网格式搜救方式开展搜救。22日，挖出3栋不同构造的建筑物。23日，指挥部在原3个重点搜救点基础上新增4个点，加快现场作业速度，多栋建筑物实现"露头"，并于当日6时40分在东二作业区成功救出1名幸存者。24日，就近征集土地开辟临时弃土受纳场，

---

① 本书所提及的人员职务，如无特殊说明，均为时任职务。

增加外运泥土汽车单车载重,就地利用砖石渣土铺通道路,改善现场东侧作业条件,提高泥土外运效率。此后,现场救援除对掩埋者重点位置实施定点挖掘外,主要是调配挖掘机、推土机等大型设备,开展大规模的推土、翻土、运土作业,同时安排近 400 名观察员 24 小时坚守现场,辅助救援人员进行作业观察,尽最大努力找人救人和搜寻遇难者遗体。截至 2016 年 1 月 14 日 16 时,累计外运土方 278 万立方米,现场见底验收面积 18.4 万平方米。在高峰时期,参加救援的各方力量达 10681 人,投入大型机械设备达 2628 台。

在组织开展现场搜救工作的同时,指挥部还协调国家和省市岩土、燃气、地质等领域的 200 多名专家对现场进行分析,评估再次发生灾害的可能性,对滑坡事故现场山体进行实时监测,严密防范二次滑坡。组织专业力量对现场各类危化品进行彻底核查、登记并进行妥善处理。安排中石油抢修队对现场受损的"西气东输"管道进行抢修,铺设临时管道 350 米,于 2016 年 1 月 8 日恢复向香港支线供气。同时,针对滑坡区域"残留体"出现裂缝现象,开展"削坡"作业,加强实时监测,防止二次滑坡发生。

(四)事后恢复与重建阶段

在"12·20"事故的事后恢复与重建阶段,医疗救治和善后处理迅速有效。深圳市光明新区滑坡救援现场指挥部成立了专门的医疗保障组,采取"一对一"专家、医护人员编组,针对受伤人员情况制订治疗方案,全力医治受伤人员,并做好心理疏导。同时,在事故现场建立了救治点,安排医护人员 24 小时现场值守。及时开展了事故现场防疫工作,累计环境消毒面积 311.5 万平方米、杀虫灭鼠面积 371 万平方米,出动防疫人员 10641 人次,派发口罩 19.8 万个。

指挥部成立了善后处置组,配备心理咨询、法律服务、社工志愿者等专业人员,采取"一家一组、一组一策"的方式,开展遇难和失联人员家属安抚工作。制定了受影响企业员工及周边群众安置工作规范,对事故影响的 90 家企业 4630 名员工进行了妥善安置。对事故救援征用菜地涉及的 468 户菜农、2100 人,全部进行了补偿安置。制订"三个一批"方案(一批企业春节后原地复工、一批企业异地复工、一批企业春节前复工),帮助受影响、受损失企业恢复生产,并积极研究制定扶持补偿及鼓励政策。另外,指挥部第一时间启动了突发事件新闻应急机制,召开了 10 场新闻发布会和 1 场情况通报会，通报救援工作进展情况。

2016 年 7 月 15 日，国家安全监管总局向社会公布了经国务院批复的"12·20"事故调查报告，认定这是一起特别重大生产安全责任事故，同意对事故责任人员及责任单位的处理建议，对 110 名责任人员提出了处理意见。其中，司法机关已对 53 人采取刑事强制措施，包括：公安机关依法立案侦查并采取刑事强制措施的企业和中介机构人员 34 人，检察机关立案侦查并采取刑事强制措施的涉嫌职务犯罪人员 19 人。调查组另对 57 名相关责任人员提出了处理意见：建议对深圳市委、市政府 2 名现任负责人和 1 名原负责人等 49 名责任人员给予党纪政纪处分，其中厅局级 11 人、县处级 27 人、科级及以下 11 人；建议对深圳市委、市政府主要负责人 2 名责任人员进行通报批评，对深圳市有关部门的 6 名责任人员进行诫勉谈话。调查组还建议责成广东省政府向国务院做出深刻检查，责成深圳市委、市政府向广东省委、省政府做出深刻检查。调查组建议，依法吊销益相龙公司有关证照并处罚款，企业主要负责人终身不得担任本行业生产经营单位的主要负责人；依法吊销绿威公司营业执照，没收违法所得并处罚款。对广东华玺建筑设计有限公司给予没收违法所得、罚款、吊销相关资质等行政处罚。

### 三　关键问题分析

#### （一）超大城市快速城市化进程中新兴风险治理

"12·20"事故突出暴露了超大城市快速城市化进程中新兴风险治理问题的极端重要性。深圳作为一座快速发展起来的超大型城市，人财物大量聚集、高速流动，城市公共安全和安全生产矛盾突出，社会管理工作与经济发展不相适应，尤其是在城市管理、安全生产管理中没有建立完善的风险辨识和防控机制，对城市建设中出现的安全风险认识不足。深圳市政府在推进城市建设的过程中，没有牢固树立"发展绝不能以牺牲人的生命为代价"的理念，建筑垃圾处理需进一步规范，中介服务机构违法违规。广东华玺建筑设计有限公司在明知红坳受纳场已经建设运营的情况下，未经任何设计、计算、校核，直接套改益相龙公司提供的图纸并伪造出图时间，从中牟利。瀚润达公司明知红坳受纳场未批已建，仍依据事故企业提供的无效设计图纸为其编制水土保持方案。随着中国城镇化快速发展，建筑垃圾大量产生。一些城市通过回填、调配使用，基本实现建筑垃圾产生和消纳总体平衡，但在一些建设速度快、地下工程多的城市，消纳场地匮乏，建筑垃圾围城的问题逐步显现，现行的管理制度和标准规范难以适应管理需求，尤其是对于安全风险相对较高的余泥渣土受纳场缺乏具体要求。

类似于"12·20"事故的潜在新兴风险在城市建设运营中还存在很多。[①] 新兴城市在大规模建设初期的待建地和低洼地相对较多，建设项目的土地平整工程以"缺土"为主，工程弃土的产生规模相对有限，弃土排放由社会自发完成或无大问题。随着待建地逐步减少，低洼地带基本填平，大型填海工程也已基本完成，或因国家管控填海行为而不再需要"多余土方"，社会"自发弃土"行为如没有得到及时规范的管控，就会成为现实生活中的"安全风险源"。

从学术研究的视角来看，"12·20"事故暴露的核心问题——超大城市快速城市化进程中新兴风险治理，主要包括五个方面的内容：①超大城市快速城市化进程中新兴风险识别与隐患排查；②超大城市快速城市化进程中新兴风险分析与脆弱性评估；③超大城市快速城市化进程中新兴风险处置与综合治理；④超大城市快速城市化进程中新兴风险监测与预警；⑤超大城市快速城市化进程中新兴风险沟通与科普宣教。

超大城市的一个鲜明特征就是人流、信息流、物流高度密集、不断汇集、迅速扩散，从而使各种风险源相互影响、相互交织，给大城市治理带来了高度复杂性和不确定性，也带来了诸多非常规社会风险。各类非常规社会风险将高发、频发，风险治理将明显增多。由于城市规模的巨型化和城市人口的多元复杂化，超大城市快速城市化进程中在资源、环境、公共安全等一系列领域必然遭遇新兴风险。因此，有必要从超大城市正在进行的经济社会转型的现实层面，整体、系统与深刻地认识超大城市快速城市化进程中新兴风险生成的新机制，进而重新审视和锻造超大城市防范和治理新兴风险的实践能力。以应对快速城市化进程中新兴风险为关键点，解决超大城市风险治理的盲点问题。把超大城市快速城市化进程中新兴风险治理作为重点，形成及时、有效的新兴风险提取与反馈机制，准确判断新

---

① 李伟权、聂喻薇：《叠加型风险下整合型应急预警联动机制缺失问题研究——12·20深圳特别重大滑坡事故的教训》，《中国行政管理》2016年第9期，第128~134页。

兴风险的来源与扩散路径，特别是要解决应急管理机构之间的沟通问题，实现信息共享和应急协作。根据超大城市新兴风险分布的特征，构建以政府管控为主导，多部门、多元力量参与的应急联动体系，形成政府公共应急、社会公益应急、市场化配合应急的强大合力。

作为人口、资源、资本、信息、科技及时尚中心的超大城市，经济高度发展，社会高度开放使其新兴风险呈现出密集性、流动性和叠加性的特征。相比于西方超大城市从前现代到现代、后现代的漫长发展历程，中国超大城市的扩张只用了短短几十年的时间，其风险结构也呈现出全球化与本土化、不同社会阶段的特征相互叠加的复杂性。随着超大城市面向未来发展"全球城市"的进程不断加快，与流动性、开放性相联系的各类新兴风险也将不断涌现。由于超大城市的新兴风险结构及其破坏性后果的不确定性，需要建立更科学、更系统的治理体系和治理机制，比如在新兴风险的识别与分析上，形成及时有效的新兴风险信息提取与反馈机制，利用多元渠道把握新兴风险的来源与扩散路径；在复杂新兴风险与危机的处置上，形成以政府管控为主，多部门、多力量有效协调的组织体制和运行机制；在新兴风险的事后管理上，建立严格的考核与评估制度。除此之外，我们还必须认真思考超大城市新兴风险生成的社会与文化根源，通过一系列制度与政策安排、机制设计，尽可能消除各种复杂新兴风险生成的诱因。

2016年12月9日通过的《中共中央 国务院关于推进安全生产领域改革发展的意见》指出，要强化城市运行安全保障。定期排查区域内安全风险点、危险源，落实管控措施，构建系统性、现代化的城市安全保障体系，推进安全发展示范城市建设。提高基础设施安全配置标准，重点加强对城市高层建筑、大型综合体、隧道桥梁、管线管廊、轨道交通、燃气设施、电力设施及电梯、游乐设施等的检测维护。完善大型群众性活动安全管理制度，加强人员密集场所安全监管。加强公安、民政、国土资源、住房城乡建设、交通运输、水利、农业、安全监管、气象、地震等相关部门的协调联动，严防自然灾害引发事故。①

2017年1月12日国务院办公厅印发的《安全生产"十三五"规划》

---

① 《中共中央 国务院关于推进安全生产领域改革发展的意见》，《人民日报》2016年12月19日，第1版。

提出，要加强城市运行安全：统筹城市地上地下建设规划，落实安全保障条件。实施城市安全风险源普查，开展城市安全风险评估。完善城市燃气等各类管网，以及排水防涝、垃圾处理、交通、气象等基础设施的建设、运行和管理标准。建设供电、供水、排水、供气、道路桥梁、地下工程等城市重要基础设施安全管理平台。加强对城市隐蔽性设施、地上地下管廊、渣土消纳场等的监测监控。建立大型工程安全技术风险防控机制，开展城市公共设施、老旧建筑隐患综合治理。加强轨道交通设备设施状态和运营状况监测，合理控制客流承载量。严格审批、管控大型群众性活动，完善人员密集场所避难逃生设施。此外，要实施城市安全能力建设工程。实施危险化学品和化工企业生产、仓储安全搬迁，到2020年现有位于城镇内人口密集区域的危险化学品生产企业全部启动搬迁改造，完成大型城市城区内安全距离不达标的危险化学品仓储企业搬迁。建设城市安全运行数据综合管理系统。实施区域火灾隐患综合治理。完善城镇建成区消防站、消防装备、市政消火栓等基础设施。推动老旧电梯更新改造。①

因此，要加强对超大城市快速城市化进程中余泥渣土受纳场等建设项目的新兴安全风险的辨识、分析和评价，把好规划、建设、运营等关口，从源头上杜绝和防范安全风险。要全面开展超大城市快速城市化进程中新兴安全风险点、危险源的普查工作，整合各类信息资源，健全完善城市隐患、风险数据库，为城市安全决策提供可靠的信息支持。要完善落实超大城市快速城市化进程中新兴安全风险隐患排查治理制度，建立隐患排查治理自查自报自改机制，认真开展作业场所危险因素分析，加强安全风险等级防控。要从源头上杜绝事故隐患，完善工程质量安全管理制度，落实建设单位、勘察单位、设计单位、施工单位和工程监理单位五方主体质量安全责任，加强建设项目安全监管。要建立超大城市快速城市化进程中新兴安全风险等级防控工作机制，加强事中事后监管，及时发现安全风险和隐患，不断完善风险跟踪、监测、预警、处置工作机制，防止"想不到"的问题引发的安全风险，切实维护人民群众的生命和财产安全。

### （二）滑坡事故应急处置

"12·20"事故突出暴露了滑坡事故应急处置能力不足的缺陷。任何

---

① 《安全生产"十三五"规划》，《中国应急管理》2017年第2期，第15~21页。

滑坡的发生都是边界条件、初始条件和激发条件耦合的结果。"12·20"事故的边界条件是早期的采石场造就了有利于滑坡的"圈椅状"地形。初始条件是工程弃土自身松散，采石场底部存在大量积水，下部松散的堆填体被水渗透软化泥化。激发条件是在填方逐渐增加的条件下，土水混合体形成软泥浮托带，填土过程中采坑周围雨水持续流入加剧了这种状况。深圳光明新区红坳渣土受纳场主要接纳城市建筑地基开挖弃土、隧道工程出渣和建筑垃圾。"余泥渣土"是指新建、改建、扩建和拆除各类建筑物、构筑物、道路、管网、隧道和地基开挖以及居民装饰装修房屋过程中所产生的弃土、弃料及其他废弃物。深圳地铁六号线隧道距离事发地直线距离不足100米。滑坡物质主要是由近两年来深圳市施工开挖地基和隧道的渣土组成。滑坡土体非常松散松软，含水量大，为流塑性土质，滑涌时渣土红泥倾泻景观类似"溃坝"或"决堤"。

"12·20"事故是在持续加水、持续填土条件下形成的软泥地基、承压浮托、堆载推挤和临空滑移等综合作用下孕育蠕动变形、后缘拉裂、前缘挤出、突破山口约束的低速远程"人造滑坡"。"人造山体"在后缘加载推挤、水上土体开裂滑移、水下泥化土体浮托三者的共同作用下，动水压力浮托、侧向塑流剪切作用达到最大，孔隙水压力又不能及时消散，过饱和土或泥化土体的有效应力不足以维持山体的稳定，形成上部持续填土向下压，下部土中的水被挤出向上涌的态势，类似于"竹筏"作用，可称为"泥垫托筏效应"，或形象地称为"竹筏效应"。当"竹筏效应"形成的泥化区达到并突破出山口的限制时，"人造滑坡"即"致灾体"就诞生了。工业园区即"承灾体""无知无畏"地向工程弃土场"人造滑坡"区靠近，是酿成灾难的另一重要因素。

"12·20"事故是完全可以避免的。采用排空矿坑"水库"积水、引走外围来水、堆填体分层压实、沟口护坡拦挡、生态美化、安全监控和风险管理，是可以避免灾难的。工程建设必须考虑安全监测，包括人工堆积边坡地表开裂观测、地面沉降和深部位移监测等，这既是工程建设安全要求，也是工程建设效果评定的依据。[①]

要加强滑坡事故应急处置能力建设。2016年12月28日国土资源部印

---

[①] 刘传正：《深圳红坳弃土场滑坡灾难成因分析》，《中国地质灾害与防治学报》2016年第1期，第1～5页。

发的《全国地质灾害防治"十三五"规划》指出,将保护人民群众生命财产安全放在首位,强化隐患调查排查和易发区地质灾害危险性评估,全面开展地质灾害"三查"(地质灾害汛前排查、汛中巡查、汛后复查),完善群测群防,推进群专结合,提高预警的准确性和时效性。要在完成全国地质灾害群测群防"十有县"(地质灾害群测群防体系标准化要求,即有组织、有经费、有规划、有预案、有制度、有宣传、有预报、有监测、有手段、有警示)建设任务的基础上,建成地质灾害防治高标准"十有县"(即有制度、有机构、有经费、有监测、有预警、有评估、有避让、有宣传、有演练、有效果),强化乡镇地质灾害防治"五到位"(评估到位、巡查到位、预案到位、宣传到位、人员到位)。①

要构建群专结合的滑坡事故监测预警网络。推广网格化管理等先进典型经验,进一步完善全覆盖的地质灾害群测群防监测网络。对调查、巡查、排查、复查中发现的所有滑坡等地质灾害隐患建立群测群防制度,明确群测群防员,形成监测数据智能采集、及时发送和自动分析的监测预警系统。群测群防网格化管理指的是湖北省对地质灾害防治区划分网格,通过落实乡镇政府、国土所、地勘队伍技术人员、村干部防治责任,充分发挥专业技术人员的支撑作用,实现群测群防向群专结合的监测方式转变,确保群测群防体系发挥最大的防灾成效。具体做法是:以乡镇负责人为网格责任人,负责网格组织、责任落实、工作部署和绩效考核;以乡镇国土所负责人为网格管理员,负责应急预案编制、应急调查、群测群防监测指导;以地勘队伍技术人员为网格协管员,负责"三查"部署指导、监测技术指导、工作检查、驻守咨询和信息化建设;以村支书或村干部为网格专管员,负责灾害点培训演练、巡查监测和信息上报;依托信息化系统,特别是手机智能应用,做到四位责任一体化。该体系建立了责任传导网,进一步明确了责任边界,突出了地质灾害防治的政府主体责任,落实了基层人员的责任和防灾措施,通过技术人员驻守实现了群测群防与专业监测的有效对接。群测群防网格化管理是地质灾害防治群测群防向群专结合转变的一种有效途径,可以视为群测群防体系的"升级版"。

2017年1月12日国务院办公厅印发的《安全生产"十三五"规划》提出,要提高应急救援处置效能。①健全先期响应机制:建立企业安全风

---

① 《全国地质灾害防治"十三五"规划》,《中国应急管理》2016年第12期,第39~44页。

险评估及全员告知制度，完善企业、政府的总体应急预案和重点岗位、重点部位现场应急处置方案。增强现场应对能力。②完善事故现场救援统一指挥机制，建立事故现场应急救援指挥官制度。建立应急现场危害识别、监测与评估机制，规范事故现场救援管理程序，明确安全防范措施。推进安全生产应急救援联动指挥平台建设，强化各级应急救援机构与事故现场的远程通信指挥保障。加强应急救援基础数据库建设，建立应急救援信息动态采集、决策分析机制。健全应急救援队伍与装备调用制度。③统筹应急资源保障。加快应急救援队伍和基地建设，规范地方骨干、基层应急救援队伍建设及装备配备，加强配套管理与维护保养。健全安全生产应急救援社会化运行模式，培育市场化、专业化的应急救援组织。强化安全生产应急救援实训演练，提高安全生产应急管理和救援指挥专业人员素养。完善安全生产应急物资储备与调运制度，加强应急物资装备实物储备、市场储备和生产能力储备。④实施应急救援能力建设工程。建设国家安全生产应急救援综合指挥平台和应急通信保障系统。建设重点行业和区域安全生产应急救援联动指挥决策平台。建成国家安全生产应急救援综合实训演练基地。[1]

要加强滑坡事故隐患排查治理和举报查处工作，切实做到全过程闭环管理。要完善各类信访举报平台，开通举报电话、电子信箱、举报微信等方式，畅通群众举报渠道，鼓励群众举报安全生产问题。要建立和完善举报信息查处工作机制，实施全过程"留痕"制度，做到谁签字、谁负责、谁监管、谁落实，实现对举报信息的受理、查处、结案、验收、公示等环节的闭合管理，特别是要切实落实滑坡事故隐患整改的验收和公示，确保隐患整改效果并接受社会监督。

要加强滑坡事故应急管理工作，全面提升滑坡事故应急处置能力。各级政府要加强滑坡事故应急救援工作，健全统一指挥、反应迅速、协调有序、运作高效的滑坡事故应急处置机制，科学施救，最大限度地减少人员伤亡和财产损失。要完善滑坡事故应急预案，加强应急演练，提高滑坡事故预防与应急准备的针对性、协同性和实效性，推动滑坡事故应对工作由"救灾响应型"向"防灾准备型"转变。要综合运用现代信息技术，加强对各类垃圾填埋场表面水平位移监测、深层水平位移监测、堆积体沉降监

---

[1] 《安全生产"十三五"规划》，《中国应急管理》2017 年第 2 期，第 15~21 页。

测、堆积体内水位监测等实时监测工作，实现滑坡事故风险感知、分析、服务、指挥、监察"五位一体"，做到早发现、早报告、早研判、早处置、早解决。要加强重特大滑坡事故舆情应对工作，建立健全重大事故新闻报道快速反应、舆情收集和分析制度，特别是加强网络舆论疏导，防止恶意炒作。

（三）城市安全生产治理法治化

"12·20"事故突出暴露了中国城市安全生产治理法治化水平不高、有法不依、执法不严的严重问题。

深圳市、光明新区及其有关部门对群众举报的红坳渣土受纳场事故隐患问题未认真核查、整改，错失消除事故隐患、避免事故发生的机会。深圳市缺乏依法行政的意识，未能正确处理安全与发展、改革与法治的关系，注重规模效率，忽视法治安全，在前期深圳市规划和国土资源委员会光明管理局提出不同意见的情况下，仍在《市长办公会议纪要》中强调特事特办，违法违规推动余泥渣土受纳场建设，教训深刻。深圳市光明新区城市管理局在红坳受纳场建设项目未依法取得有关部门批准的情况下核发临时许可，明知该受纳场层层转包、违法经营，也没有依法履行监管职能。虽然光明新区城市建设局查实并向负责牵头处理事故隐患的光明新区城市管理局函告了存在的事故隐患，但光明新区城市管理局在答复举报人和向上级机关汇报时弄虚作假，在仅补办水土保持和环境影响评价手续、未补办建设审批等手续的情况下，再次为红坳受纳场核发"临时受纳场地证"，使群众举报的事故隐患持续存在并继续加重。光明新区城市建设局未按规定督促红坳受纳场依法办理建设工程施工许可证、水土保持方案和环境影响评价审批手续，未查处其未批先建的行为。深圳市城市管理局未发现并查处红坳受纳场超量超高受纳的问题。深圳市住房和建设局未按规定履行建设执法监督指导职责，未有效监督指导光明新区管委会依法查处红坳受纳场无建设工程施工许可证违规建设问题。深圳市规划国土部门违法违规实施用地许可，对违法用地行为未依法查处。深圳市水务局未对红坳受纳场落实水土保持方案的情况进行有效监管。光明新区党工委、管委会违法违规实施余泥渣土临时受纳管理和推动红坳受纳场建设运营，在深圳市《建筑废弃物运输和处置管理办法》施行后仍执行与之相冲突的《光明新区余泥渣土临时受纳管理办法（试行）》；对所属部门未依法依规开展渣土受纳场建设审批许可和日常监管的问题失察失管。对群众举报的事故隐患未认真核查并督促整改，对所属部门在查办群众举报的事故隐患工作中存在的问题失察失处，致使红坳受纳场的重大事故隐患得以长期存在并继续加重，最终酿成事故。以上政府部门，未严格履行审批、监管的法定职责，未认真落实"管行业必须管安全"的要求，有法不依、执法不严、违规许可、监管缺失。一些国家工作人员滥用职权、玩忽职守，甚至进行权钱交易、贪赃枉法，致使红坳受纳场得以长期违法违规建设运营。

涉事企业无视法律法规，建设运营管理极其混乱。绿威公司在中标红坳受纳场运营项目后，明知益相龙公司不具备渣土受纳场运营资质，仍将红坳受纳场违法转包给后者。益相龙公司又私自将实际运营权转包给同样不具备渣土受纳场运营资质的林敏武、王明斌等人，以项目顶替债务，违规层层转包，造成责任主体缺失；在受纳场建设运营过程中没有按照有关规定进行规划、建设和运营管理；没有设置有效导排水系统，没有排除受纳场原有积水，违规作业，严重超量超高堆填加载。涉事企业一味追求经济效益，无视安全风险，安全管理极其混乱；没有对员工开展必要的安全生产教育培训，没有设立专兼职安全生产管理机构和配备相应安全管理人员，没有编制应急预案并开展应急处置演练。事发当日，现场管理人员发现的受纳场堆积体多处裂缝后，违章指挥员工采用填土方式错误处理。在情况危急后，未及时报警或报告有关部门，致使受纳场下游企业和附近人员错失了紧急避险的时机。

漠视隐患查处举报，在整改方面弄虚作假。红坳受纳场存在的重大事故隐患被举报后，负责查处的光明新区城市管理局等部门，对现场核实的事故隐患问题未督促整改，仅要求暂时停工，并协调有关部门为事故企业补办水土保持和环境评价手续。在回复举报群众和向上级部门汇报时弄虚作假，谎称事故企业"手续齐全，施工规范"，谎报"打消了信访人的疑虑，加强了对该受纳场的监管"。深圳市、光明新区政府对群众举报的事故隐患重视不够，对负责查处部门存在的问题失察失管。事故企业没有落实隐患排查治理的主体责任，没有整改受纳场存在的事故隐患。在红坳受纳场疑似违法建设图斑被发现并要求核查后，光明新区光明办事处规划国土监察中队弄虚作假，谎报卫星遥感监测图片为"伪变化"图斑，没有及时查处红坳受纳场的违法违规问题。红坳受纳场事故隐患错失整改机会，酿成大祸。

2016年12月9日通过的《中共中央 国务院关于推进安全生产领域改革发展的意见》指出，要坚持依法监管。大力弘扬社会主义法治精神，运用法治思维和法治方式，深化安全生产监管执法体制改革，完善安全生产法律法规和标准体系，严格规范公正文明执法，增强监管执法效能，提高安全生产法治化水平。要大力推进依法治理。建立健全安全生产法律法规立改废释工作协调机制。加强涉及安全生产相关法规一致性审查，增强安全生产法制建设的系统性、可操作性。研究修改刑法有关条款，将生产经营过程中极易导致重大生产安全事故的违法行为列入刑法调整范围。加快安全生产标准制定修订和整合，建立以强制性国家标准为主体的安全生产标准体系。严格执行高危行业领域安全准入条件。完善安全生产监管执法制度，建立行政执法和刑事司法衔接制度，负有安全生产监督管理职责的部门要加强与公安、检察院、法院等部门的协调配合，完善安全生产违法线索通报、案件移送与协查机制。完善司法机关参与事故调查机制，严肃查处违法犯罪行为。研究建立安全生产民事和行政公益诉讼制度。完善执法监督机制。建立执法行为审议制度和重大行政执法决策机制，评估执法效果，防止滥用职权。健全领导干部非法干预安全生产监管执法的记录、通报和责任追究制度。完善安全生产执法纠错和执法信息公开制度，加强社会监督和舆论监督，保证执法严明、有错必纠。健全监管执法保障体系。完善事故调查处理机制。完善生产安全事故调查组组长负责制。健全典型事故提级调查、跨地区协同调查和工作督导机制。建立事故调查分析技术支撑体系，所有事故调查报告要设立技术和管理问题专篇，详细分析原因并全文发布，做好解读，回应公众关切。①

2017年1月12日国务院办公厅印发的《安全生产"十三五"规划》提出，要强化安全生产依法治理。加强安全生产立法顶层设计，制定安全生产中长期立法规划，增强安全生产法制建设的系统性。"十三五"期间，安全生产法律法规制修订的重点为：推动危险化学品安全法、安全生产法实施条例、生产安全事故应急条例、高危粉尘作业与高毒作业职业卫生监督管理条例、电梯安全条例等的制定工作，以及矿山安全法、道路交通安全法、海上交通安全法、消防法、铁路法、安全生产许可证条例、煤矿安

---

① 《中共中央 国务院关于推进安全生产领域改革发展的意见》，《人民日报》2016年12月19日，第1版。

全监察条例、烟花爆竹安全管理条例、生产安全事故报告和调查处理条例、道路交通安全法实施条例、内河交通安全管理条例、水库大坝安全管理条例等的修订工作。"十三五"期间，安全生产标准制修订的重点为：煤矿、非煤矿山、危险化学品、金属冶炼、新型煤化工、高铁运输、城市轨道交通、海洋石油、太阳能发电、地热发电、海洋能发电、城市地下综合管廊、安全防护距离、交通安全设施、个体防护装备、页岩气和煤层气开发、重大事故隐患判定、安全风险分级管控、职业病危害控制、安全生产应急管理、粉尘防爆、化工新工艺准入、油气输送管网建设与运行、风电建设与运行、人工影响天气作业等方面的安全生产标准。①

因此，要切实解决有法不依、执法不严的问题，确实做到有法必依、执法必严、违法必究。要准确把握安全与发展、改革与法治的关系，始终把城市安全放在城市治理的首要位置。加强城市安全管理，强化风险管控意识。要理顺城市公共安全和安全生产监管职责，健全完善城市安全监管工作机制，处理好综合监管与行业监管、属地监管的关系，不断提升城市安全监管水平。加强中介服务机构监管，规范中介技术服务行为。负责勘察、设计、监理、环境影响评价、水土保持等中介机构资质管理的职能部门应尽快完善相关管理制度，实现中介服务机构管理的法制化和规范化。要加强对中介服务机构经营活动的监督检查，纠偏惩过，建立完善中介服务机构信用体系和考核评价机制，定期向社会公示相关信用状况和考评结果，督促中介服务机构建立良好的信誉。要加快环境影响评价、水土保持等中介服务机构与政府职能部门的改制脱钩，遵循市场竞争，培育多元化的中介服务市场主体，建立正常的退出淘汰机制。

要增强依法行政意识，切实提高城市安全生产治理法治化水平。要坚持依法行政，进一步提高运用法治思维和法治方式解决问题的能力。改革必须于法有据，法律法规必须执行。要依法规范城市建设中的市场行为，切实营造规范有序、公平竞争的市场环境。要完善依法决策机制，提高城市建设管理中重大行政决策的法治化水平。强化行政执法监督，切实规范执法行为，促进执法公开、公平、公正。要强化廉洁行政意识，在城市开发建设中，推进行政行为的公开透明和清正廉洁，增强城市建设管理的透明度。加强城市建筑垃圾受纳场管理，建立健全标准规范和管理制度。要

---

① 《安全生产"十三五"规划》，《中国应急管理》2017年第2期，第15~21页。

针对滑坡事故成因机理，梳理现行建筑垃圾建设运营标准规范，建立健全渣土受纳场相关技术标准体系，完善建筑垃圾全过程管理制度，指导规范渣土受纳场规划、设计、建设和运营等工作；保证用地供给，加快建筑垃圾处理设施建设；制定激励政策，大力推进再生产品利用，促进建筑垃圾减量。地方政府有关部门要组织编制建筑垃圾填埋场规划、建设、运营地方标准，规范安全监管，落实"管行业必须管安全"的原则。要深刻吸取事故教训，完善相配套的渣土受纳场规划、建设和运营管理的规章制度，做到审查有依据、建设有标准、执法有遵循、应急有准备和管控有保障，确保渣土受纳场安全运行。

### （四）功能区安全监管责任体系

"12·20"事故突出暴露了中国各类开发区、工业园区、港区、风景区等功能区安全生产监管体制和安全监管责任体系建设的严重滞后和弊端。必须加强各类开发区、工业园区、港区、风景区等功能区安全生产监管体制和安全监管责任体系建设力度，切实理顺功能区安全监管体制，建立健全安全监管机构，加强基层执法力量；切实解决对功能区安全生产违法违规企业放松监管、大开绿灯、听之任之的问题，严防安全监管"盲区"。

2016年12月9日通过的《中共中央 国务院关于推进安全生产领域改革发展的意见》明确指出，要完善各类开发区、工业园区、港区、风景区等功能区安全生产监管体制，明确负责安全生产监督管理的机构，以及港区安全生产地方监管和部门监管责任。进一步完善地方监管执法体制。地方各级党委和政府要将安全生产监督管理部门作为政府工作部门和行政执法机构，加强安全生产执法队伍建设，强化行政执法职能。统筹加强安全监管力量，重点充实市、县两级安全生产监管执法人员，强化乡镇（街道）安全生产监管力量建设。①

要健全落实安全生产责任制。①明确地方党委和政府领导责任。坚持党政同责、一岗双责、齐抓共管、失职追责，完善安全生产责任体系。党政主要负责人是本地区安全生产的第一责任人，班子其他成员对分管范围

---

① 《中共中央 国务院关于推进安全生产领域改革发展的意见》，《人民日报》2016年12月19日，第1版。

内的安全生产工作负领导责任。地方各级安全生产委员会主任由政府主要负责人担任，成员由同级党委和政府及相关部门负责人组成。严格安全生产履职绩效考核和失职责任追究。充分发挥安全生产委员会的作用，实施安全生产责任目标管理。建立安全生产巡查制度，督促各部门和下级政府履职尽责。②明确部门监管责任。按照管行业必须管安全、管业务必须管安全、管生产经营必须管安全和谁主管谁负责的原则，厘清安全生产综合监管与行业监管的关系，明确各有关部门安全生产和职业健康工作职责，并落实到部门工作职责规定中。③严格落实企业主体责任。企业对本单位安全生产和职业健康工作负全面责任，要严格履行安全生产法定责任，建立健全自我约束、持续改进的内生机制。企业实行全员安全生产责任制度，法定代表人和实际控制人同为安全生产第一责任人，主要技术负责人负有安全生产技术决策和指挥权，强化部门安全生产职责，落实一岗双责。建立企业全过程安全生产和职业健康管理制度，做到安全责任、管理、投入、培训和应急救援"五到位"。④健全责任考核机制。加大安全生产在社会治安综合治理、精神文明建设等考核中的权重。各级政府要对同级安全生产委员会成员单位和下级政府实施严格的安全生产工作责任考核，实行过程考核与结果考核相结合。各地区各单位要建立安全生产绩效与履职评定、职务晋升、奖励惩处挂钩制度，严格落实安全生产"一票否决"制度。⑤严格责任追究制度。实行党政领导干部任期安全生产责任制，日常工作依责尽职、发生事故依责追究。依法依规制定各有关部门安全生产权力和责任清单，尽职照单免责、失职照单问责。建立企业生产经营全过程安全责任追溯制度。

2017年1月12日国务院办公厅印发的《安全生产"十三五"规划》提出，要构建更加严密的责任体系，落实开发区、工业园区、港区、风景区等功能区安全监管责任。健全联合执法、派驻执法、委托执法等机制，消除监管盲区和监管漏洞，解决交叉执法、重复执法等问题。强化企业主体责任。落实企业主要负责人对本单位安全生产和职业健康工作的全面责任，督促企业依法设置安全生产管理机构，配备安全生产管理人员和注册安全工程师。严格实行企业全员安全生产责任制，严格执行新建改建扩建工程项目安全设施、职业健康"三同时"（同时设计、同时施工、同时投入生产和使用）制度。制定安全风险辨识与管理指南，完善重大危险源登记建档、检测、评估、监控制度。健全隐患分类分级标准，建立隐患排查治理第三方评价制度以及隐患自查自改自报的管理制度。落实安全监督管理责任。实行党政领导干部任期安全生产责任制，建立生产安全事故重大责任人员职业禁入制度。推动企业建立安全生产责任量化评估结果与薪酬挂钩制度。①

因此，要牢固树立安全发展理念，建立健全各类开发区、工业园区、港区、风景区等功能区安全监管责任体系。要牢固树立红线意识和安全发展理念，把安全生产工作摆在更加突出的位置，切实维护人民群众生命财产安全。要健全并落实"党政同责、一岗双责、失职追责"的安全生产责任制，确保企业安全生产主体责任到位、党委政府的领导责任到位、有关部门的监管责任到位。严格落实安全生产主体责任，夯实安全生产基础。生产经营单位必须严格遵守国家法律法规，把保护职工的生命安全与健康放在首位，绝不能以牺牲职工的生命和健康为代价换取经济效益。要严格落实安全生产主体责任，建立健全安全生产责任制和安全生产规章制度，加大安全生产投入，加强从业人员安全生产、应急处置培训教育。要切实加强作业场所安全管理，提高从业人员现场应急处置能力和自救互救能力。

## 四 结论与政策建议

"12·20"事故突出暴露了作为事故主体责任单位的绿威公司和益相龙公司，无视法律法规，无视安全风险，安全管理极其混乱；也突出反映了地方政府对城市建设中出现的安全风险认识不足，尤其是在城市管理、安全生产管理中没有建立完善的风险辨识和防控机制。总的来看，该事故案例暴露出的关键问题主要涉及四个方面：超大城市快速城市化进程中新兴风险治理、滑坡事故应急处置、城市安全生产治理法治化和功能区安全监管责任体系。

超大城市快速城市化进程中新兴风险治理，要求全面开展超大城市快速城市化进程中新兴安全风险点、危险源的普查工作，整合各类信息资源，健全完善城市隐患、风险数据库，为城市安全决策提供可靠的信息支持。要完善落实超大城市快速城市化进程中新兴安全风险隐患排查治理制度，建立隐患排查治理自查自报自改机制，认真开展作业场所危险因素分

---

① 《安全生产"十三五"规划》，《中国应急管理》2017年第2期，第15~21页。

析，加强安全风险等级防控。要建立超大城市快速城市化进程中新兴安全风险等级防控工作机制，加强事中事后监管，及时发现安全风险和隐患，不断完善风险跟踪、监测、预警、处置工作机制，防止"想不到"的问题引发的安全风险，切实维护人民群众生命和财产安全。

加强滑坡事故应急处置能力建设，要构建群专结合的滑坡事故监测预警网络。推广网格化管理等先进典型经验，进一步完善全覆盖的地质灾害群测群防监测网络。对调查、巡查、排查、复查中发现的所有滑坡等地质灾害隐患建立群测群防制度，明确群测群防员，形成监测数据智能采集、及时发送和自动分析的监测预警系统。要加强滑坡事故隐患排查治理和举报查处工作，切实做到全过程闭环管理。要加强滑坡事故应急管理工作，全面提升滑坡事故应急处置能力。要加强滑坡事故应急救援工作，健全统一指挥、反应迅速、协调有序、运作高效的滑坡事故应急处置机制，实现滑坡事故风险感知、分析、服务、指挥、监察"五位一体"。要完善滑坡事故应急预案，加强应急演练，提高滑坡事故预防与应急准备的针对性、协同性和实效性，推动滑坡事故应对工作由"救灾响应型"向"防灾准备型"转变。

城市安全生产治理法治化，要求确实做到有法必依、执法必严、违法必究。要准确把握安全与发展、改革与法治的关系，始终把城市安全放在城市治理的首要位置。要增强依法行政的意识，切实提高城市安全生产治理法治化水平。要坚持依法行政，进一步提高运用法治思维和法治方式解决问题的能力。加强城市建筑垃圾受纳场管理，建立健全标准规范和管理制度。要梳理现行建筑垃圾建设运营标准规范，建立健全渣土受纳场相关技术标准体系。完善相配套的渣土受纳场规划、建设和运营管理的规章制度，做到审查有依据、建设有标准、执法有遵循、应急有准备和管控有保障，确保渣土受纳场安全运行。加强中介服务机构监管，规范中介技术服务行为。负责勘察、设计、监理、环境影响评价、水土保持等中介机构资质管理的职能部门应尽快完善相关管理制度，实现中介服务机构管理的法制化和规范化。

完善各类开发区、工业园区、港区、风景区等功能区安全生产监管体制，加强功能区安全生产监管体制和安全监管责任体系建设力度。构建更加严密的责任体系，落实开发区、工业园区、港区、风景区等功能区安全监管责任。健全联合执法、派驻执法、委托执法等机制，消除监管盲区和监管漏洞，解决交叉执法、重复执法等问题。党政主要负责人是本地区安全生产第一责任人，班子其他成员对分管范围内的安全生产工作负领导责任。企业实行全员安全生产责任制度，法定代表人和实际控制人同为安全生产第一责任人，主要技术负责人负有安全生产技术决策和指挥权，强化部门安全生产职责，落实一岗双责。建立安全生产绩效与履职评定、职务晋升、奖励惩处挂钩制度，严格落实安全生产"一票否决"制度。实行党政领导干部任期安全生产责任制，日常工作依责尽职、发生事故依责追究。依法依规制定各有关部门安全生产权力和责任清单，尽职照单免责、失职照单问责。建立企业生产经营全过程安全责任追溯制度。

（课题组组长：张小明；主要成员：逯惠艳、马林艺、王燕；本报告主要执笔人：张小明、王燕）

# 突发事件预警发布与响应

## ——2015 年北京首次发布空气重污染红色预警事件

**摘　要**：近年来，随着工业经济的发展与消费模式的转变，中国大部分地区陆续出现雾霾天气，威胁人民群众身体健康，受到社会广泛关注。2015 年底，根据修订后的应急预案，北京市在历史上首次发布空气重污染红色预警，通过紧急采取机动车单双号限行、涉污企业停工停产、中小学及幼儿园停课等一系列强制性防控措施，有效发挥了警示公众与减排防护的作用，在受到公众普遍欢迎与鼓励的同时，也暴露出不少突出问题，引发社会舆论广泛争议，有损政府执政为民的形象与公信力。本文以北京市首次发布空气重污染红色预警为例，重点分析了突发事件预警发布、预警响应以及初期应急响应的标准、流程、职责、措施等问题，有针对性地提出了完善预警管理的若干对策建议。

**关键词**：雾霾；空气重污染；红色预警；预警发布；预警响应

2015 年 12 月 7 日，北京市在历史上首次发布空气重污染红色预警，12 月 19 日再次发布红色预警。通过紧急启动 I 级预警响应，采取机动车单双号限行、涉污企业停工停产、中小学及幼儿园停课等一系列强制性防控措施，有效发挥了警示公众与减排防护的作用，保护了人民群众的身体健康，但也暴露出预警级别划分不科学、区域联动脱节、信息发布迟缓、警示内容含糊、部门落实不到位、公众缺乏预警常识等突出问题，引起全国媒体广泛关注与社会热议，形成重大舆情事件，损害了地方政府的形象与公信力。北京首次发布空气重污染红色预警被评为 2015 年中国十大环保事件之一。本文以北京市首次发布空气重污染红色预警为例，重点分析突发事件预警发布与响应的标准、职责、流程与防控措施等。

## 一 雾霾背景介绍

### （一）雾霾

雾霾是指一种灾害性天气现象，即空气因悬浮的大量粉尘颗粒而变得浑浊，能见度下降，空气质量恶化。其中，由原因不明的大量烟、尘等微粒悬浮而形成的浑浊现象称为霾或灰霾，其核心物质是气溶胶颗粒。通常来说，霾的相对湿度小于80%，而雾的相对湿度要大于90%。作为一种大气污染状态，雾霾中的各种悬浮颗粒物含量尤其是 PM2.5[①] 普遍超标。雾霾的人为来源主要是工业生产、火力发电、汽车尾气排放、秸秆燃烧、施工扬尘、餐饮烧烤等，自然来源主要包括大风扬尘、火山喷发、森林火灾等。据统计，北京市 PM2.5 约60%来源于燃煤、机动车燃油、工业使用燃料等燃烧过程，23%来源于扬尘，17%来源于溶剂使用及其他。[②]

严重雾霾对人体的伤害非常大。空气中一般性的颗粒物会被人的鼻子过滤掉或者止步于上呼吸道，而 PM2.5 颗粒物可以携带重金属和有害物质，黏附并沉积于呼吸道和肺泡，引起人体心血管病、高血压、冠心病、脑溢血等心脑血管疾病以及鼻炎、哮喘、肺气肿、支气管炎等呼吸系统疾病，甚至诱发肺癌。美国癌症协会（ACS）曾对全美151个城市50多万个30岁以上的成年人进行为期8年的跟踪研究，在此基础上，波普（Pope）等研究人员发现，PM2.5 浓度每增加10微克/立方米，死亡率就会增加6.8%。[③] 雾霾还会导致人的心理上产生沉闷、压抑、情绪低落等感受，造成航班延误、船舶停运以及高速公路关闭，影响全球气候变化等，对人类社会的正常生产与生活带来严重影响。

### （二）近年来雾霾治理进展

近年来，中国多地频发雾霾天气，基本形成了以京津冀、长三角、珠

---

[①] 空气中直径小于或者等于2.5微米的大气颗粒物（气溶胶）统称为 PM2.5，也称为可入肺颗粒物，粗细相当于人的发丝直径的1/20，具有粒径小、富含有毒有害物质、在大气中停留时间长、输送距离远等特征，对人体健康和大气质量影响极大。

[②] 《北京首次发布 PM2.5 历史数据》，人民网，http://politics.people.com.cn/GB/14562/16822704.html，最后访问日期：2017年5月10日。

[③] Pope, C. A., Than, M. J., Namboodiri, M. M., et al., "Particulate Air Pollution as a Predictor of Mortality in a Prospective Study of US Adults," *American Journal of Respiratory and Critical Care Medicine*, 1995, 151 (3): 669–674.

三角、川渝为代表的四大雾霾带，涵盖了中国工业化、城镇化最发达和人口最密集的大部分地区。每到秋冬季节，"雾霾"都会成为网络中出现频率最高的词语之一。雾霾问题被中国人所承认与正视经历了一个发展过程。在2008年北京奥运会期间，中国媒体曾广泛质疑少数外国运动员戴口罩是一种"不礼貌"行为。但是，"十二五"时期以来，雾霾问题已上升到国家治理层面，被视为涉及国计民生的重点任务，需要认真研究与解决。2012年，党的十八大报告首次把生态文明建设与经济建设、政治建设、文化建设、社会建设一道纳入"五位一体"的总体布局。2013年9月，国务院副总理张高丽到北京市实地调研大气污染防治工作，随后国务院发布《大气污染防治行动计划》，提出了10条有力措施，推动京津冀等区域空气质量改善。2014年，李克强总理表示"雾霾已经成为重大的民生问题"，在当年政府工作报告中提出"要向雾霾等污染宣战，不达目的决不停战"。2016年1月，张高丽在北京市大气污染防治工作座谈会上要求京津冀地级及以上城市试行统一重污染天气预警分级标准，其中北京、天津、唐山、保定、廊坊、沧州率先实施。2016年5月，北京市人大常委会审议通过《北京市气象灾害防治条例（草案）》，首次将"霾"列入气象灾害。在短短几年内，从舆论质疑PM2.5到政府采取实际行动，发布空气重污染红色预警，中国政府与全社会经历了一场革命性的观念变化，这在一定程度上与人民群众日益关心身体健康与幸福感以及中国政府治理环境的决心是分不开的。

（三）环境空气质量标准与应急预案不断完善

从20世纪80年代以来，中国空气环境监测和环境空气质量标准逐渐提高，愈加精细。1982年颁布的《大气环境质量标准》是中国首个环境空气质量标准，明确了总悬浮微粒（TSP）、飘尘、二氧化硫、氮氧化物、一氧化碳和光化学氧化剂（$O_3$）等6种污染物的浓度标准，并先后于1996年、2000年和2012年做了3次大的修改。1999年，北京等大型城市开始监测并公布PM10的数据。2011年10月，国内某知名"大V"微博转发了美国驻华大使馆的PM2.5数据，与彼时环保部门向公众提供的基于PM10标准的空气污染指数（Air Pollution Index，API）存在明显差异，第一次将PM2.5推进公众视野，引发了国民广泛关注与讨论。2012年2月，国务院颁布修订后的《环境空气质量标准》，启用新的空气质量指数（Air Quality

Index，AQI），首次正式将 PM2.5 纳入中国空气质量标准。

在不断提升环境空气质量标准的同时，为了有效应对重污染天气，减少空气污染物排放强度，保护市民身体健康，全国多个城市先后出台了相关空气重污染应急预案，建立健全空气重污染预警和响应机制。根据《北京市实施〈中华人民共和国大气污染防治法〉办法》和《北京市 2012～2020 年大气污染治理措施》有关规定，北京市在全国范围内率先制定出台了空气重污染应急预案，先后于 2012 年印发了《北京市空气重污染日应对方案（暂行）》，2013 年 10 月出台了《北京市空气重污染应急预案（试运行）》，2015 年 3 月 30 日正式发布了《北京市空气重污染应急预案》（以下简称《预案》）。

《预案》将空气重污染预警划分为 4 个级别，由轻到重依次为蓝色预警（预警四级）、黄色预警（预警三级）、橙色预警（预警二级）和红色预警（预警一级）。划分预警的标准是在环境空气质量预测结果的基础上，综合考虑空气污染程度和持续时间（见表 1）。按照环境保护部《环境空气质量指数（AQI）技术规定（试行）》（HJ633 - 2012）的规定，空气质量指数在 200 以上为空气重污染。在预警发布主体与流程方面，《预案》规定，北京市应急委、市空气重污染应急指挥部负责空气重污染预警发布与解除的指令下达，其中红色预警经市应急委主任批准后，由市应急办提前 24 小时组织发布，而橙色预警经市空气重污染应急指挥部总指挥批准后，由市空气重污染应急指挥部办公室提前 24 小时组织发布。市应急委主任由北京市市长担任，市空气重污染应急指挥部总指挥由北京市常务副市长担任，指挥部办公室设在北京市环保局。

表 1 《北京市空气重污染应急预案》（2015 年 3 月版）预警级别标准

| 预警级别 | 颜色标识 | 界定标准 |
| --- | --- | --- |
| 四级 | 蓝色 | 预测空气重污染将持续 1 天（24 小时） |
| 三级 | 黄色 | 预测空气重污染将持续 2 天（48 小时） |
| 二级 | 橙色 | 预测空气重污染将持续 3 天（72 小时） |
| 一级 | 红色 | 预测空气重污染将持续 3 天以上（72 小时以上） |

（四）空气重污染预警"橙红门"风波

2015 年 11 月底，在北京市首次发布空气重污染红色预警的 10 天之前，在一次严重污染天气中因预警级别不到位而引发了公众大量质疑与批评的预警"橙红门"之争。由于受到高湿度、强逆温、弱风速等不利气象条件影响，针对11月底"京津冀及周边地区将出现空气重污染过程"，11月27日环保部提前4天发布通报，要求相关省份根据空气质量预报情况，必要时及时启动应急预案。11月27日14时，北京市发布了空气重污染黄色预警，并于11月29日10时提升为更高一级的橙色预警，预案规定要求部分企业停限产以及重型车辆禁止上路行驶等。12月1日，解除空气重污染预警。

在这轮严重空气污染过程中，从11月27日到12月2日，北京的持续空气污染超过100个小时，PM2.5污染峰值更是前所未有地接近了1000微克/立方米。例如，11月30日雾霾达到峰值，北京市35个监测站中有23个站点达到最严重的六级严重污染级别，部分站点浓度甚至超过900微克/立方米。按照《预案》规定，空气重污染持续3天（72小时）以上，就应发布红色预警，但北京市"在预警方面偏保守和谨慎"，仅发布了最高到橙色的预警，持续的黄色和橙色预警累计时间为106个小时（4天零10个小时），引发公众普遍"吐槽"，备受舆论诟病。《人民日报》连续"三问雾霾"："为何这么重？为何不发红色预警？何时散？"对此，北京环保部门负责人解释称："重污染由11月27日开始，但从期间预报情况来看，27日和28日两天是重污染状态，但29日至30日因为一个弱冷空气的影响，有一段明显的改善过程，29日下午至30日凌晨这段时间，全市的PM2.5浓度有一个明显的回落。虽然后期重污染持续至12月1日，但中间出现了中断，所以达不到持续72小时以上重污染的情况，不满足启动红色预警的条件。"

### （五）全世界空气严重污染事件典型案例

在世界工业化历史上，有许多发达国家发生过著名的空气严重污染事件典型案例。

**1. 比利时马斯河谷烟雾事件（1930年）**

马斯河谷烟雾事件是现代社会有记录以来最早的一例大气污染惨案。20世纪30年代，马斯河谷地区是比利时的一个重要工业区，建于狭长的盆地之中，拥有多个重化工业工厂，空气扩散条件十分不利。1930年12月1~15日，比利时全境被罕见的大雾笼罩，马斯河谷上空出现了强势逆温层，导致工业区排放的大量有害烟尘积聚，在狭窄的空间内无法扩散。在二氧化硫等有害气体与粉尘的作用下，短时间内工业区内有上千人发生呼吸道疾病，一周内有60多人死亡，主要死因是心脏病和肺病，比同期正常死亡率高出10多倍。

### 2. 美国洛杉矶光化学烟雾事件（1943年）

20世纪40年代，美国洛杉矶地区工业发达，拥有多达250万辆的汽车，每天排放大量的汽车尾气和工业废气等有毒有害气体，在空中被强烈的阳光紫外线照射以后会发生光化学反应，形成具有较强毒性的浅蓝色光化学烟雾。1943年7月，洛杉矶出现严重的光化学烟雾天气，城市能见度下降，几千名市民咳嗽、流泪、打喷嚏，严重者出现眼睛刺痛、呼吸不适、头痛晕沉等症状，唤醒了美国社会的严重警觉与集体反思。从此以后，每到夏天和初秋的晴朗日子，洛杉矶市上空弥漫着浅蓝色烟雾，并屡次发生光化学烟雾事件。1952年12月和1955年9月的2次光化学烟雾事件均导致全市400多名65岁以上的老人死亡。1975年，有3/4以上的市民患上了红眼病。

### 3. 英国伦敦烟雾事件（1952年）

伦敦烟雾事件是20世纪十大环境公害事件之一。1952年12月5~8日，由于伦敦冬季燃煤排放大量的煤烟粉尘，恰逢出现大雾和无风天气，煤烟和湿气积聚在空气中无法散去，造成连续几天城市烟雾弥漫，能见度极低。在烟雾的影响下，大批航班被取消，汽车白天行驶须开车灯，路人在摸索中行走，很多市民眼睛刺痛与流泪，咳嗽不止，呼吸憋闷。在短短4天时间里，高达4000多人殒命。2个月后，又有8000多人陆续死亡。在随后的10余年间，伦敦多次发生烟雾事件，仅在1956年、1957年与1962年就发生了12起。

## 二 事件发展经过

2015年11~12月，在北方进入冬季采暖期以后，由于华北地区污染物排放量明显增加，北京及周边地区大气扩散条件较差，导致严重雾霾天气频繁肆虐，京津冀地区先后出现3次大范围、长时间的雾霾天气。环保部门通过卫星遥感监测发现，12月21日京津冀及周边地区的灰霾和重霾面积分别达到66万平方公里和56万平方公里。在2015年底雾霾持续期间，京津冀及周边地区多个城市发布了雾霾相关红色预警，12月21日天津市政府发布重污染天气红色预警，12月22日河北省气象台发布霾红色预警。截至12月23日15时，共有北京、天津、濮阳、新乡、德州、邯郸、邢台、廊坊、衡水、辛集和安阳11个城市发布或维持红色预警。

根据《预案》规定，2015年12月7~10日和12月19~22日，北京市在一个月内2次启动空气重污染红色预警。在预警期间，北京市采取机动车单双号行驶、中小学和幼儿园停课、工业企业停限产、施工工地等应急减排措施，全力推动降低污染程度，有效地抑制了空气重污染的加剧，保护了人民群众身体健康。

（一）前期准备阶段

针对前期空气重污染预警发布与应对过程中出现的问题，12月4日环保部紧急印发《关于做好12月5日至9日空气重污染过程应对工作的函》，要求北京、天津、河北、山东、河南等省（市）政府，"认真总结近期空气重污染过程应对工作的经验和不足，切实加强空气质量预报预警工作，密切关注空气污染变化情况，要按空气质量预报结果上限确定预警级别，做好应急响应，并根据预测情况及时调整响应级别"。12月5日早晨，中国气象局局长郑国光专程前往北京市气象局天气会商室，指导做好近期重污染天气预报与预警服务工作。12月6日，新上任的环保部部长陈吉宁在主持环保应急工作会议中宣布："对应急预案启动不及时、应对工作不力的单位和个人，要严肃追究责任。"

针对2015年12月初的新一轮雾霾天气，相关部门加强了空气质量监测与研判，预测受污染排放、不利气象条件等影响，京津冀及周边地区将在12月7~9日出现一次空气重污染过程。从12月3日开始，北京市环保局联合环保部、中国气象局以及相邻省份开展了空气质量预报会商。

（二）预警发布阶段

**1. 发布橙色预警**

12月5日17时，北京市应急办提前31小时发布空气重污染橙色预警，比《预案》规定时限还要早7小时，宣布"12月7日（周一）0时至9日（周三）24时全市实施空气重污染橙色预警措施"。12月7日，北京市区环保、交管、城管执法等各部门组成督察组，对全市预案落实情况进行检查。截至当天16时，共检查固定污染源单位438家，发现环境违法行为14起并移送有关部门；检查车辆3万辆、加油站106座，查处排放超标车辆24辆；检查10个区190个单位的公务车停驶情况，发现有5辆车违反限行规定；检查工地687个、渣土车184辆次，查处露天焚烧12起、露天烧烤9起、无照经营燃煤4起。①

与此同时，北京市环保部门加强了雾霾监测与研判。从12月6日起，北京市环保监测部门会同北京市气象部门、国家环境监测总站以及河北、天津环境监测部门等着眼于华北地区的大区域尺度，紧密跟踪气象条件变化，每日加密会商、研判与滚动预测，征求专家意见。12月7日，通过对未来3天空气质量形势分析研判，将原先认为12月9日晚间重污染过程可好转的预测调整为空气污染将持续到12月10日中午，已经符合启动红色预警的标准。

12月7日18时20分，北京气象台升级发布霾橙色预警信号。

**2. 升级为红色预警**

12月7日18时，北京市环保局微博抢先发布空气重污染红色预警。12月7日18时30分，经北京应急委主任批准同意，北京市空气重污染应急指挥部正式宣布，在橙色预警的基础上，启动该市历史上首次空气重污染红色预警（预警一级）："全市于12月8日7时至12月10日12时将启动预警措施，建议中小学、幼儿园停课，企事业单位根据空气重污染情况可实行弹性工作制，全市范围内将实施机动车单双号行驶。"按照《预案》规定，红色预警应急措施包括健康防护措施、建议性应急措施和强制性应急措施。其中，对社会扰动最大、最有约束力的是强制性应急措施，主要内容如下：

（1）全市范围内依法实施机动车单双号行驶（纯电动汽车除外），其中本市公务用车在单双号行驶的基础上，再停驶车辆总数的30%；公共交通运营部门延长运营时间，加大运输保障力度。

（2）建筑垃圾和渣土运输车、混凝土罐车、砂石运输车等重型车辆禁止上路行驶。

（3）施工工地停止室外施工作业。

（4）在常规作业基础上，对重点道路每日增加1次以上清扫保洁，减

---

① 《中国网事：七问北京首发雾霾红色预警　各部门如何应对？》，新华网，http://news.xinhuanet.com/2015-12/07/c_128507371.htm，最后访问日期：2017年7月20日。

少交通扬尘污染。

（5）按照空气重污染红色预警期间工业企业停产限产名单，实施停产限产措施。

（6）禁止燃放烟花爆竹和露天烧烤。

同时建议性应急措施提出可供参考的建议："中小学、幼儿园停课；企事业单位根据空气重污染情况可实行弹性工作制。"而北京市教委制定的《北京市教育委员会空气重污染应急预案》（2015年3月版）则要求，在红色预警期间，"中小学、幼儿园、少年宫及校外教育机构停课。停课期间，中小学、幼儿园应按照'停课不停学'的原则，通过网络、通信等途径与家长和学生保持联系，提出可参考的合理化学习建议"，"如遇特殊情况，学校可以根据所在地区及周边情况，作出相应调整，报区教委同意后实施"。

从发布流程来看，首先由市空气重污染应急指挥部向北京市应急办提出发布空气重污染红色预警的建议，经市应急委主任批准后，由北京市应急办组织发布红色预警，通过市突发事件预警信息发布中心运营管理的预警发布平台进行全网发布。①

（三）响应实施阶段

预警发布以后的响应工作分为预警响应和应急响应两个阶段。在一般情况下，通常认为预警响应是指从预警发布到突发事件发生这段时期内采取的响应措施，而应急响应是指突发事件发生以后采取的响应措施。突发事件通常具有突发性、紧迫性，但是鉴于雾霾是一个缓慢生成的过程，因此在本案例里，将空气重污染红色预警的临界点作为触发该突发事件的充分条件。

在国家层面上，在北京首次红色预警发布前后，环保部重点加强了对京津冀及其周边地区重污染天气应急预案启动和应对措施落实情况的督查工作。12月6日，环保部派出10个工作组进驻北京、天津、河北、山东、河南等地，7日增派2个工作组进驻河南，协调组织区域内各省市环境执法人员，开展联合执法。12月7日晚，环保部部长陈吉宁再次召开专题

---

① 北京市突发事件预警信息发布中心是国家预警信息发布体系的重要组成部分，隶属于北京市政府应急办，由北京市气象局承办。

会,充分肯定北京市及时启动"空气重污染红色预警",并要求进一步加大对京津冀及周边地区的督查力度。

在北京市层面上,北京市委、市政府高度重视空气重污染红色预警的发布与响应工作。从12月4日起,北京市委、市政府连续召开5次会议,研究决策、动员部署与统筹调度空气重污染应对工作。12月7日晚,北京市政府紧急召开空气重污染应对有关工作部署会议,常务副市长李士祥要求:"要从讲政治和执政为民的高度予以重视,务必确保各项应急措施全面有效落实,严格督查,对各种问题零容忍,严格追责。"12月8日,北京市委书记郭金龙、市长王安顺带队到各地检查空气重污染应对措施落实情况。郭金龙在北京市环保局检查工作时提出:"要以科学的态度做好研判,坚持依法行政,实施好各项应对措施,更好履行政府职责,更广泛唤醒积极参与大气污染防治的公众意识,把全社会动员起来、凝聚起来,攻坚克难,共同打好大气污染防治攻坚战,切实把绿色发展理念落到实处,推动首都可持续发展。"王安顺等市领导深入工业企业、施工工地、交通干线、公交地铁场站,实地检查与督促落实响应措施。

北京市各区、各单位紧急行动起来,采取了多项措施确保空气重污染红色预警能够贯彻落实,有效应对雾霾污染。按照应急预案要求,北京市空气重污染应急指挥部建议中小学、幼儿园停课,明确要求市交通委、市公安局交管局、市住建委、市市政市容委、市经信委、市环保局、市城管执法局、市卫生计生委、市教委等近10个部门需采取响应措施。12月7日,北京市政府督查室、市环保局、市监察局组成2个综合督查组,督查了市住建委、市市政市容委、市经信委、市城管执法局等部门应急措施落实情况。作为应急指挥部的牵头单位,市环保局组织全市环保系统加大执法力度,重点聚焦停限产企业、燃煤锅炉、"三烧三尘"、挥发性有机物排放企业、机动车。截至12月8日,共检查污染源587家,发现环境违法问题38起;检查本市、外埠大货车530辆,查处超标车18辆。同时出动19辆激光遥测车,抽查单双号限行、黄标车限行情况,共筛查车辆2.28万辆,发现违反单双号限行车辆1065辆,违规车占4.7%。①

在机动车限行方面,12月7日晚,北京市交管局网站挂出了北京市政

---

① 《北京市昨日检查污染源587家 发现违法问题38起》,人民网,http://bj.people.com.cn/n/2015/1209/c233354-27279619.html,最后访问日期:2017年7月20日。

府此前发布的《关于应对空气重污染采取临时交通管理措施的通告》。按此通告要求，在空气重污染红色预警期间，每天 3~24 时，在全市行政区域范围内道路行驶的机动车，按车牌尾号实行单号单日、双号双日行驶，全市各级党政机关和北京市所属社会团体、事业单位和国有企业的公务用车全天停驶 80%，建筑垃圾和渣土运输车、混凝土罐车、砂石运输车等重型车辆全天禁止行驶。北京市交管局相应调整了全市电子监控执法系统与设备，从 12 月 8 日开始启动高等级上勤方案，增派警力加强路面执法和监管力度。经统计，12 月 8 日 7~16 时红色预警时段，共查处违反单双号限行 3690 起、黄标车违法 4 起、货车违法 1943 起（渣土车、混凝土罐车、砂石车等重型车辆违法 1085 起）。[①] 为了保障重点道路和轨道交通运营秩序正常，12 月 8 日北京市交通委根据客流情况采取增发车辆等措施，地面公交增加 2.1 万车次。

在教育机构停课方面，12 月 7 日晚上，北京市教委发布紧急通知，要求严格执行红色预警应急响应措施，全市中小学、幼儿园、少年宫及校外教育机构停课，各区教委要责任到人，各级各环节收发通知和落实情况要留痕留名。

在市政环境排查方面，12 月 7 日 0 时，北京市城管执法局启动空气重污染 2 级（橙色）应急预案。在接到空气重污染红色预警后，北京市城管执法局再次部署空气重污染应急措施落实工作，严格执行强制性措施，全力查处施工扬尘、道路遗撒、露天焚烧（垃圾、树叶、秸秆）、露天烧烤以及无照售煤等违法行为，对督查工作中发现的问题，跟踪整改落实，适时给予通报和曝光，并对整改不力、履职缺位的责任单位将进行约谈和问责。

在企业停限产方面，12 月 7 日，北京市住建委启动全市住建系统红色预警响应，要求建设施工工地停止土石方、建筑拆除、混凝土浇筑、建筑垃圾和渣土运输、喷涂粉刷等施工作业，停驶所有建筑垃圾和渣土运输车、混凝土罐车、砂石运输车等重型车辆，并采取严格的降尘措施。截至 12 月 9 日 17 时，北京市停限产企业达 2100 家，3500 多个工地停止室外施工，全市园林绿化系统停工 178 处，纳入监控范围内的 8000 多辆运输车辆

---

① 《全力以赴落实空气重污染红色预警措施》，北京市环保局网站，http://www.bjepb.gov.cn/bjepb/413526/331443/331937/333896/4381631/index.html，最后访问日期：2017 年 7 月 7 日。

停驶。① 北京市经信委于12月8日发布消息表示,工业系统进一步升级应急措施,将北京市停限产企业增至2100家,部分橙色预警时的限产类企业措施升级为停产。12月8～10日,北京市经信委继续派出17个督查组赶赴各区,加大现场督查检查力度;根据市政市容部门统计,从12月7日15时至12月8日15时,全市共出动人员26989人次、作业车辆2966车次,对重点道路增加1次以上清扫保洁,并出动7个检查组不间断检查。截至8日16时,纳入北京市监控平台的8184辆建筑垃圾运输车辆基本停驶。②

在社会与居民响应方面,学校停课、机动车单双号行驶、公车整体停驶80%、地铁加开班次等应急措施都对社会生活造成了非常大的影响。一方面,社区根据相关部门要求做好提醒提示及配合工作,市民选择限行后的出行方式,做好子女上学以及自身与家人健康防护等工作;另一方面,市民面对红色预警下的诸多不便,也在探讨与质疑红色预警标准,呼吁在限行、停课等情况下相关部门考虑与制定完善的配套措施,及早告知市民以便有时间安排工作和生活。

在京津冀区域联动方面,京津冀及周边地区大气污染防治协作小组办公室专门印发联合应对区域空气重污染的通知,要求加强会商,及时启动应急措施,并做好督查检查与信息沟通。在京津冀一体化与雾霾跨域流动的背景下,自京津冀环境执法联动机制建立以来,12月6日京津冀三地环保部门首次启动了环境执法联动机制,重点对区域内电力、钢铁、冶金、焦化、水泥等行业高架点源,供暖燃煤锅炉和重点挥发性有机物排放企业,以及应急减排企业,开展执法检查。截至12月7日18时,三地环保部门共检查各类污染源单位(点位)1112家次,共发现并查处存在环境违法问题的单位(点位)45家。③

## (四) 检查评估阶段

通过各个方面的努力,空气重污染红色预警达到了预期的效果。机动

---

① 《北京解除空气重污染红色预警》,新华网,http://news.xinhuanet.com/2015-12/10/c_1117422128.htm,最后访问日期:2017年7月20日。
② 《北京全市8184辆达标渣土车停驶》,人民网,http://bj.people.com.cn/n/2015/1209/c82840-27275238.html,最后访问日期:2017年7月20日。
③ 《北京市昨日检查污染源587家 发现违法问题38起》,人民网,http://bj.people.com.cn/n/2015/1209/c233354-27279619.html,最后访问日期:2017年7月20日。

车实行单双号行驶,建筑垃圾和渣土运输车、混凝土罐车、砂石运输车等重型车辆全面停驶,日均增发地面公交2.1万车次,保障了市民顺利出行。全市2100余家工业企业停限产,尤其是国有大型企业带头加大停限产减排力度,3500多个施工工地停止室外施工作业,园林系统停工178处,每日出动2万多人次、作业车辆近3000车次开展道路清扫保洁工作,实现污染物排放大幅下降。① 全市中小学和幼儿园严格执行预案,基本实现停课不停学。各医疗机构为可能增加的接诊人群增加了大量值班人员。基层部门在各区政府的部署下,积极落实各项减排措施。

在红色预警期间,针对响应措施落实情况,北京市各区各部门开展了大规模的监督检查。北京市政府督查室、市环保局、市监察局等部门开展市级综合督查,现场督查机动车单双号行驶、工地停工、工业企业停限产等措施落实情况。市环保、经济信息化、建设、城管执法等部门派出多个督查组,督查分管领域的应急减排措施落实情况。各区共组织3000多个督查组,深入工业企业、施工工地、街乡镇等一线,督查应急减排落实情况。市环保、城管等执法部门,共出动1万余人次,检查排污单位4000余家次,对查处的200余起违法排污行为,高限处罚并公开曝光。交管部门安排了3800多名警力上路执法检查。②

空气重污染红色预警发布以后,尽管给市民出行生活带来了不便,但总的来说,北京市社会稳定,企业生产与居民生活秩序良好,通过机动车单双号限行、企业停限产、减少燃煤等多项措施,有效减少了高峰时段的污染物排放量和上升速度,对保护市民的身体健康起到了积极作用。在首次红色预警中,根据北京市环保局的初步测算结果,前期橙色预警和随后的红色预警减排措施,将日平均污染水平由严重污染压低至重度污染水平,即从空气质量标准中最严重的六级压低至五级。单双号行驶等措施极大减少了高峰时段的汽车怠速排放量,交通环境监控站的监测结果显示,早高峰时段的一次污染物一氧化氮峰值浓度出现明显下降,与其他重污染日相比,降幅接近40%,外围环线的夜间峰值也有明显下降。③ 北京市环保局的内部统计数据显示,通过实施红色预警措施,北京市大气主要污染

---

① 《10日北风到雾霾散 "红警"期间北京2100家企业停限产》,中国新闻网,http://www.chinanews.com/sh/2015/12-09/7663922.shtml,最后访问日期:2017年7月20日。
② 课题组在2016年调研期间,根据相关部门提供的内部资料整理得出。
③ 《"红警"成绩单出炉 污染降一级》,《新京报》2015年12月11日,第15版。

物二氧化硫、氮氧化物、PM10、PM2.5、挥发性有机物等平均减排量约为30%，12月7~9日，北京市PM2.5平均浓度为224微克/立方米，比未采取应急措施情况下的预计浓度降低了约20%。如此减排效果并非偶然为之，同样的成效也出现在第二次红色预警中。根据环境空气质量数值模拟评估结果，北京空气重污染红色预警应急措施对污染物的减排量为30%左右，周边省份综合应急措施对污染物的减排量为25%左右。"依据多年监测建立起来区域的排放清单，通过模型模拟，可以看到北京市从19日7时红色预警开始，到22日0时，PM2.5下降比例在20%~25%之间。"①

（五）社会反响与舆论引导

人民网舆情监测室2015年12月8日18时34分发布的统计数据显示，北京市空气重污染红色预警发布以来，共有相关新闻报道1861篇、微博667条、微信文章619篇、报刊新闻290篇、论坛帖子316条。在第一时间介入报道的新华网、中国网、中国青年网、网易新闻等多家网络媒体成为舆情二次传播的重要节点。②

国内媒体对空气重污染红色预警做了大量报道与评论。大部分媒体比较认可北京市的做法。例如，本地媒体《京华时报》认为："这次北京雾霾红色预警既是给广大民众生活出行的预警，也是给相关部门的一次红牌警告。当污染已经危及人的正常生活时，就有必要采取适当措施。"很多媒体释疑红色预警相关知识、详述各部门应急措施，起到宣传与普及的作用，号召全体社会成员行动起来，共同应对雾霾。例如，新浪、搜狐等网站转载新华网文章《北京首发雾霾红色预警各部门如何应对》，聚焦红色预警的相关保障措施。北京卫视和新闻频道《特别关注》节目中两次增加气象直播连线，制作雾、霾天气过程与成因对比分析，空气重污染预警和霾预警信号的区别，近年来雾、霾天气情况和发布标准等方面的科

---

① 《环保部：红色预警效果明显　北京污染物减排量约30%》，人民网，http://env.people.com.cn/n1/2015/1223/c1010-27964096.html，最后访问日期：2017年7月7日。
② 《红色预警：雾霾太大！今天标题已被遮住！》，人民网舆情监测中心微信公众号，http://mp.weixin.qq.com/s?src=3&timestamp=1500529462&ver=1&signature=Cz3TKvaYy8h28Jv65YcmQ4IS6RVdbn6L7oaBggmY*r1Kg*XqTuIkR2vugbg1S0UWZeoydXf7Aqoekx6IWGRSbKAq9FgSfPx*lUlDh5bXrsmRJLfHp4nJDAH7mu7-zX*0NRY9yGCD8w8Z5DH*oigXCg=，最后访问日期：2017年7月20日。

普节目。有的媒体提出了相关评论性的倡议。例如，《新京报》评论道："红色预警这次的预警引起了全国各地区民众的关注，其实也是在向整个社会发出的共同治霾'集结号'，大家应该自觉去爱护环境。"除了中央媒体和本地媒体以外，北京红色预警也引起全国许多外地媒体的关注、报道与积极评论。例如，湖南综合新闻门户网站红网提出："霾的出现虽然和天气有关，但雾霾预警更应该由环保部门发布而不仅仅是气象部门发布。"

公众借助互联网渠道和社交媒体踊跃表达与交流各种观点。网友们普遍表达了对红色预警下雾霾及其强制性响应措施对自身造成影响的关注与担忧，认可这是一种进步并提出根治雾霾等建议（见图1）。"@老徐时评V"（独立评论人，有粉丝75万个）称："从橙色预警到红色预警，这是气象环保预报工作的一个进步，至少对重污染不再遮着掩着了。"许多网民聚焦民生话题，关注单双号限行、中小学停课等应急措施，呼吁部分单位实行在家办公，认为限行影响正常出行，担心孩子照看问题。不少网民针对红色预警中的诸多不便，探讨改进红色预警标准。网民"林犀牛"认为："红色预警标准应该不断修改、完善，力求更加科学、合理，找准发展和环保之间的平衡点。"更有许多网民重提经济转型的必要性，认为"红色预警看似立竿见影，却只是权宜之计"，"产业转型和绿色生活方式才是治本良策"，呼吁升级"蓝天保卫战"，而不只是局限于"红色预警"和"等风来"。在网络舆论中，也不乏发泄不满情绪与调侃的声音，质疑空气重污染红色预警的负面言论，如"北京'被发射'的地标建筑物""雾霾中的跳广场舞大妈""逼近伦敦烟雾事件"等。

境外媒体对北京空气重污染红色预警给予了极大关注。12月8日，纽约时报中文网、德国之声中文网、英国广播公司中文网等境外主流媒体在首页头版重要位置对红色预警进行报道，强调首次发布红色预警，关注北京市部分学校停课、车辆单双号限行等措施。英国广播公司将北京首次红色预警与巴黎气候峰会相联系："中国的空气质量问题是其推进全球气候变化新协议的关键因素。巴黎气候协议虽不能立马解决中国的空气污染问题，但若能使可再生能源价格进一步降低，从长远角度来讲，将有利于解决该问题。"国际学术期刊《自然》研究认为，北京冬季雾霾加重的原因在于厄尔尼诺现象。美联社、美国有线电视新闻网、日本放送协会等媒体关注雾霾对中国经济的影响。美联社和日本放送协会认为，雾霾危

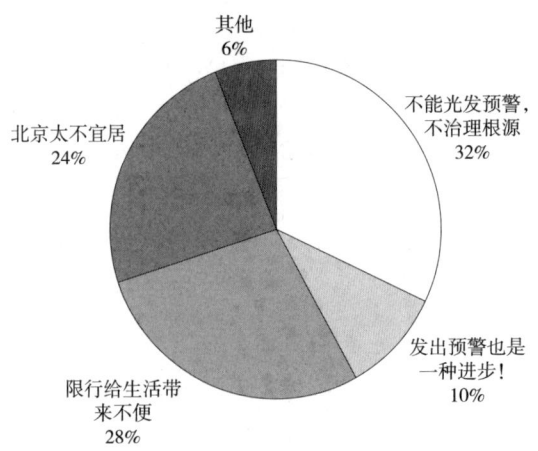

图 1　网友观点倾向分析

机致使北京各大工厂关闭,但却带动了防霾产品销量的上升。美国有线电视新闻网认为,空气污染使北京旅游业受创:"旅游业在空气污染笼罩北京和中国其他城市时更是首当其冲,据中国旅游研究院消息,至 2014 年中国的海外游客连续三年下滑,空气污染使罪魁祸首。"南早中文网、明镜新闻网、法广中文网等少数境外媒体炒作北京市民不满治霾不力的态度,刊发了《〈声音〉空污红警下的北京市民》《京津冀鲁豫紧急措施应对雾霾,网民感叹国家发展国民"吸毒"》等文,凸显市民对雾霾天气的埋怨与调侃。

宣传和网信部门及时关注社会舆论变化,通过多种措施加强舆论引导。据北京网信部门统计,自发布空气重污染红色预警以来,相关新闻点击量达 270 余万次,跟帖量为 9.7 万余条,转载网站为 730 余家。[①] 以北京市委宣传部(新闻办)、市环保局和市网信办为代表,相关各部门积极做好宣传动员,加强舆情分析与研判,通过向人民日报社、中央电视台、新华社、北京电视台等各大媒体提供最新信息,开通采访"绿色通道",发布新闻稿,接受媒体采访等方式,加大在媒体上报道与解读力度,及时回应社会关切,汇聚社会正能量。通过研判发现,网络媒体舆论主要聚焦在详述交通、教育等部门配套保障措施,释疑红色预警启动标准,肯定北京市政府治霾决心,直击"红警"首日居民生产生活状况,辟谣朋友圈"航

---

① 课题组在 2016 年调研期间,通过实地走访与座谈有关部门,收集与梳理相关资料以后分析得出统计数据。

拍北京雾霾"和"鲜肺6天变黑"等传言等方面的主体。而网民观点较为多元化，主要表现为力挺首发红色预警，探讨红色预警的界限标准，呼吁推动雾霾公开报道，关心一线工作人员的健康保障，热议下一轮污染将至等方面。为了让公众及时、全面了解雾霾状况，北京市邀请中央电视台、新华社、北京电视台等媒体围绕雾、霾天气情况等问题进行现场采访，通过中国天气网、"气象北京"官方微博微信开展科普宣传及防护提示，被新华社等多家媒体转载。天津红色预警期间，天津市突发事件预警中心多篇稿件被中国气象局网站、中国气象局《要情摘报》采纳，先后为天津卫视频道、新闻频道等多家媒体联系专家采访，在重污染天气红色预警启动后，邀请市交管、市科委、环保局、气象专家以访谈的形式制作重污染天气特别节目在中国气象频道滚动插播。河北省针对本次雾、霾、空气重污染天气过程，全省11个设区市除张家口未发布预警外，其他各设区市电视台、电台、报纸、地方门户网站均对此次雾霾过程的预警情况进行了报道。

## 三 关键问题分析

虽然北京市空气重污染红色预警成效明显，在克服了许多困难以后，获得社会与公众的总体肯定与积极配合，但在预警发布与响应的过程中，也暴露出预警标准不合理、发布时效不及时、信息渠道不畅通、响应机制不完善、行政与社会成本过于高昂、保障措施不完备、公众预警意识与常识不足等问题，有些焦点问题引起媒体和公众广泛非议，成为全民性话题，在一定程度上导致政府工作较为被动。这些问题值得深入反思，为将来的改进工作提供借鉴。

### （一）预警发布时效性与覆盖面有待提高

按照《预案》规定，红色预警应当提前24小时发布，给各方留出充足的反应时间，方能保障在规定期限内做好相关准备工作。从预警发布的实际情况来看，北京市从12月7日18时左右发布红色预警，从12月8日7时启动，到10日12时结束，只提前13个小时发布，远低于规定要求。虽然环保部门对此解释为红色预警是在橙色预警的基础上升级而成，而橙色预警已于47小时前提前发布，符合红色预警提前24小时发布的要求。但是，姑且不争论此次预警提前量是否符合《预案》规定，仅从预警的作用来看，预警的核心价值就在于为预警对象争取足够的时间，而首次红色预警恰恰在这个方面没有做到位。

面对突如其来的首次红色预警，由于没有提前做好心理预期与工作衔接上的准备，再加上夜晚非正常工作状态，通知较为困难，让很多部门与居民措手不及，造成了不少混乱局面，引发诸多牢骚抱怨，没有发挥出预警应有的价值。例如，一位教师在朋友圈留言说："红色预警启动后，北京市教委把停课通知发给各区县教育主管部门，区县通知学校，学校通知班主任，班主任通知到各位家长，已是晚上11时，一些学生家长未接电话，8日一早老师还要早早到校，负责昨晚未能联系上的学生。"尽管媒体通过各种渠道宣传发布，中国移动等电信运营商也发出短信向用户提示，但仍有不少人表示没有收到或者半夜才收到相关信息，以至于第二天有相当多的车主因不知情而违规开车上路。不少市民反映，此次红色预警，不仅对3天内单双号限行的具体时间没有及时确切的消息，对10日12时预警结束后将采取什么样的限行措施也不甚明白。针对红色预警，如何提高预警发布的时效性，提前足够的时间并在短时间内快速发布与分发预警信息，更及时有效告知市民，同时避免扰民现象，还需要进一步完善预测水平、应急预案，加强预警演练以及相关部门的协调配合。

### （二）预警发布主体与流程有待优化与磨合

政府部门是发布预警的权威主体，根据《预案》规定，有些相应级别的原始预警信息由不同的部门负责对外发布。《预案》规定，红色预警由北京市应急委主任批准，由北京市应急办组织发布。而橙色预警由北京市空气重污染应急指挥部总指挥批准，指挥部办公室组织发布。黄色和蓝色预警则是由指挥部办公室批准并组织发布。按照正常的流程，政府内部应当协调一致，统一步调与口径对外发布预警，首先由主要责任部门发布原始预警，然后相关部门以及社会媒体积极参与预警信息的分发与传播，让更多的人第一时间收到预警信息。但是，在实际工作中，12月7日18时，北京市环保局官方微博率先发布空气重污染红色预警，比北京市应急办提前半小时发布，与《预案》规定不相符，在一定程度上造成了社会认识混乱，削弱了红色预警的严肃性与权威性。如果预警发布的主体发生错位，预警发布的流程紊乱，就难以避免造成公众的疑惑，甚至产生各种小道消息与谣言。另外，在发布预警以后，根据空气重污染的变化情况，要根据减少社会扰动的原则，适时调整预警级别与期限，主动提升或降低预警等级，以及提前解除或适当延长预警期限。从实际情况来看，在首次红色预警中，原计划于12月10日12时解除红色预警，但是12月10日上午，空气重污染程度就已经有所下降，低于红色预警要求的标准，却没有及时下调预警级别或者提前解除红色预警，及时恢复正常的社会秩序。

### （三）预警标准与门槛有待进一步整合

《预案》规定，空气重污染预警的蓝色（四级）、黄色（三级）、橙色（二级）和红色（一级）预警的标准分别是预测空气重污染将持续1天、2天、3天和3天以上的时间，其中空气重污染是指空气质量指数大于或等于200。该标准仅从时间变化和固定的污染程度出发对预警级别进行划分，划分标准顶多属于"一个半"维度，较为僵化，不能客观反映空气重污染的严重与紧迫程度。例如，2015年11月30日，北京市处于严重雾霾天气，部分地区空气质量指数已经爆表至接近1000，雾霾实际状况非常糟糕，但是由于仅从时间维度出发，固守没有持续3天的僵化标准，而没有结合从严重维度出发，考虑空气重污染短时峰值对人体健康的损害，最终选择不发布红色预警，引发社会舆论危机。应当把空气污染对人体的伤害程度作为划分预警级别的主要依据，按照严重程度和持续时间两个维度，科学界定预警等级标准，把空气质量指数严重超标但持续时间较短的情形纳入高级别的橙色或红色预警，以最大限度地保护公众健康。

不同部门和相邻区域的预警也缺乏整合，造成公众认知上的困扰以及减排治理行动的不协调。气象部门发布的霾预警和空气重污染应急指挥部办公室发布的空气重污染预警容易导致公众混淆，有必要从总体上进行统一协调。2015年12月7日当天，北京市同时出现了霾橙色预警和空气重污染红色预警，北京市气象台于7日18时20分升级发布霾橙色预警信号，北京市空气重污染应急指挥部于12月7日18时发布空气重污染预警等级由橙色提升为红色。由于预警的发布单位、发布流程和发布标准存在不同，类似于在一天当中出现多条"相关联"预警的情况容易导致部分公众产生困惑，影响到预警信息发布的权威性和有效性，在此情况下需要统筹兼顾，适当"整体打包、共同推出"。此外，京、津、冀三省市预警标准不相一致，也不利于发布预警以后协调行动，联合各地区力量共同削减空气污染峰值。

### (四) 预警发布与响应措施针对性不强

由于雾霾是不断变化的流动体，随着覆盖范围和时间的改变，不同区域内雾霾的严重程度是不同步的，相应的区域空气重污染预警也应该及时调整，避免预警扩大化或缩小化，带来响应过度或不足的负面影响，最大限度地减少对企业、居民与社会的干扰。受北京特殊地形和天气形势的影响，容易出现城区南北、城区和远郊区之间在空气质量方面的差异。例如，在北京市首次空气重污染红色预警期间，城区普遍处于空气重度污染，郊区延庆大部分地区的天气状况却仍然保持良好，出现"延庆蓝"现象。但是，按照相关规定，由于北京市发布的空气重污染红色预警适用于全市范围，过度扩大预警范围，即使延庆没有遭受雾霾袭扰，却要跟城区一样，执行车辆限行、企业停限产等强制性措施，造成一定程度上的资源浪费和扰民现象。再如，在第二次红色预警期间，由于弱高压系统只影响到北部地区，对城六区和南部地区的空气质量没有明显影响，2015年12月22日早8时，空气质量南北差异较大，北部地区空气质量在轻度到中度污染水平，城六区为重度污染水平，南部地区则还维持严重污染状态，但是同样在全市范围内执行统一的红色预警。不仅如此，如果再扩大范围，可以发现在京津冀联动区域内也存在这种预警发布与响应"一刀切"的现象，"误差率"更大，导致预警的区域针对性不强，社会资源过度消耗。

### (五) 应急状态下的社会成本过于高昂

随着经济社会水平的发展，人们对于环境和健康的期待越来越高，愿意为雾霾减排与自身防护增加更多的投入，符合以人为本的绿色发展理念。但是，这并不意味着空气重污染预警政策制定与应对工作可以不计成本，过度浪费政府与社会资源。社会应对成本应当成为政府和民众在面对雾霾时的重要考量因素。此外，北京作为中国首都，还要综合考量政治活动保障、国际形象等方面的影响。结合中国经济社会发展所处阶段，空气重污染红色预警启动应当在社会成本和公众健康防护之间寻找到合适的平衡点。社会成本除了工业企业领域直接或间接损失以外，还包括政府行政支出与人力投入额外支出与财税减少，居民防霾支出与收入减少等方面。由于缺乏规范的自动响应机制、精细化的停限产方案以及事先的应急演练等因素，造成政府行政成本损耗过大、企业承受不必要的过度经济损失，以及居民出行受限、中小学生停课不停学等问题。在政府管理方面，在红色预警期间，为了落实响应措施，政府不得不紧急行动，由主要领导亲自带队深入一线调研与部署工作，相关部门集体上阵，加班加点开展工作。在企业经济运行方面，北京市相关行业与企业经济损失巨大。2015年全年，北京市发布空气重污染橙色预警2次、红色预警2次，建筑行业共计停工12天。经过粗略估计，在橙色预警和红色预警期间，为落实应急响应强制性措施，北京市仅在建筑工程停止施工方面所带来的直接经济损失和减少产值2项合计就高达268亿元左右，平均每天损失22.3亿元。①

（六）应急响应及保障措施有待精细化管理

在首次红色预警过程中，在企业停限产、中小学校停课等方面存在不少应急响应措施不尽合理的地方，需要根据雾霾实际情况，不断完善应急预案，实施精细化应急响应措施。在北京市政府的《预案》中，中小学、幼儿园在红色预警启动时，停课只是建议性应急措施。但是，在市教委的《北京市教育委员会空气重污染应急预案》（2015年版）中，这项措施被列为强制措施，规定当启动红色预警时，中小学、幼儿园、少年宫及校外教育机构必须停课。但是，在实施过程中，不同区域的教育机构以及幼儿园、小学与初高中、毕业班等不同类型的教育机构面临的雾霾环境、自身设施以及教学需求等方面存在巨大的差异，需要区别对待。例如，有的学校所处的区域空气质量达标，有的学校本身具备空气净化等方面的能力，可以较好地保障学生的健康，毕业班和民族班等正常上学的需求强烈等，但上述学校均统一执行停课，似无必要。按照"停课不停学"的要求，教育系统"北京数字学校"网络平台等承担了学生与教师集中访问学习任务，短时间内访问量激增，云课堂平台在临时上线的情况下，需要承载超过平时数倍的访问量，加上与网络服务商之间的配合还处于磨合阶段，导致出现了网络堵塞、视频卡壳、网速慢、中途掉线等情况。在企业污染减排治理方面，有些规定过于苛刻，将停限产的范围过度扩大。例如，建筑工地混凝土搅拌及钢筋施工等施工作业基本不产生灰尘与PM2.5，但是

---

① 课题组在2016年调研期间，通过部门座谈与资料收集等方式，分析相关数据计算得出的结果。

《预案》规定"停止混凝土浇筑施工作业","施工工地停止室外施工作业"以及混凝土罐车不得上街等,由此造成的停工损失过高。

红色预警相关保障措施难以落到实处。《预案》建议空气重污染红色预警期间,"企事业单位根据空气重污染情况可以实行弹性工作制",但绝大多数市民表示,没享受到弹性工作的待遇,还是照常上班。有市民就表示:"因为单双号限行,8日上班取消了打卡,但下班还是照常。说起雾霾好像都怕,但真要说哪家公司放假的还不多。"弹性工作制执行效果不够明显,原因在于对各类企事业单位的弹性工作制细分不够,导致很多单位不够重视,也缺少更详细的操作依据。可以考虑从应急部门和非应急部门、应急岗位和非应急岗位、可在家办公岗位与不可在家办公岗位等角度,提出更加具体的建议,甚至可以纳入强制性应急措施。针对经济效益受影响较大的工业企业领域,缺少税收减免、合同执行等方面的配套保障措施,企业有后顾之忧。各行各业的经济组织遭受了程度不等的损失,但却没有得到税收减免等方面的保障措施支持,基本上属于"自我消化",在一定程度上加重了企业负担,在经济下行压力下不利于国民经济健康发展。

(七)社会舆论引导有待进一步强化

由于严重雾霾关系到每个公民的身体健康以及北京市首次启动红色预警,社会媒体与大众对此关注度高,客观上也造成网络负面舆情传播较快,对政府工作形成了较大的压力与挑战。相关部门在开展舆论引导的过程中,重硬性调控、轻软性疏导,重前期应急、轻后期宣教等倾向需要改进。在舆论引导工作方面,需要进一步主动与媒体沟通,加强媒体议题设置。尤其是,如果缺少环保、气象、健康等方面权威专家的意见和建议,在一定程度上就会造成社会公众对雾霾的模糊认知和行动能力,容易形成不满情绪。例如,针对公众个人的防护措施建议不够具体和可操作性,导致实际应对过程中部分公众依然存在暴露风险。除去公众个人认识程度差异之外,应急响应期间缺少持续性的可操作性的防护指南,是部分公众对空气重污染应急响应不太关心的重要原因。同时,个人防护的口罩等用品也存在标准不统一、价格畸高等现象,导致公众花了钱却得不到相应的健康保障。

应急响应期间舆论引导声势较大,响应过后则力度较小,有虎头蛇尾之嫌。在一次空气重污染应急响应全过程结束以后，要及时发布政府部门组织第三方机构编写的应对分析评估报告，及时用数据和事实来向公众解释应急响应措施所发挥的效益、存在的不足和下一步的改进方向，形成与公众持续、有效沟通的良好机制，以更好地应对下一次空气重污染过程，最大限度地争取社会公众的理解和配合，避免"做完不说、说而不实"。

（八）社会参与水平有待进一步提高

在红色预警期间，政府部门组织大量人员对响应措施落实情况进行督促检查，从总体来看执行效果较好，但监督方式较为单一，缺乏有力的公众监督与媒体监督，导致政府监督公信力不够、容易存在走过场等问题，需要借助于其他力量加大督查力度。雾霾覆盖面非常广泛，迫切需要建立公众参与监督机制，如设立红色预警期间公众举报热线、专项奖励基金，动员社会公众、第三方组织参与监督。媒体监督作用未能充分发挥，媒体报道重点在于工作措施落实方面，在对违法行为的监督方面仍有较大空间。可以建立红色预警曝光台等专题栏目，集中力量曝光相关不落实、不作为的行为，共同营造良好氛围。除此之外，空气重污染应急响应关系百姓切身利益，各级人大代表和政协委员也应在应急响应期间走到百姓中间，听取百姓意见和建议，监督和督促各项工作落实。

公众参与空气重污染减排与防护工作缺乏来自政府的有力引导。对于能够用于主动防御的空气净化设施设备标准和购置渠道以及个人防护等，公众缺乏来自权威部门与专家的释疑与指导。学校等公共场所和家庭用空气净化设施是否有安装必要没有权威说法，公众无所适从。一方面，部分学校安装了新风系统等设备；另一方面，有的学校出于效果和安全责任的考虑，不主张安装，导致家长与学校产生矛盾。需要相关部门加大工作力度，及时对公共场所和家庭用净化设施的标准、安装规范等提出指导意见，以更好地保护公众健康，充分发挥市场机制的作用，引导空气净化设施生产企业在提高生产效率和经济效益的同时为社会提供优质防霾产品。

## 四 结论与对策建议

空气重污染预警发布与响应工作是一个持续改进的过程。自2015年北京首次发布空气重污染红色预警以来，在及时总结经验的基础上，现阶段北京市空气重污染预警工作已经有了较大改进。2016年2月2日，环保部会同中国气象局联合发布《关于统一京津冀城市重污染天气预警分级标准强化重污染天气应对工作的函》（环办应急函〔2016〕225号），依照张高丽副总理在北京市大气污染防止工作座谈会上的重要讲话精神，在京津冀地级及以上城市试行统一重污染天气预警分级标准，其中北京、天津、唐山、保定、廊坊、沧州6座城市率先实施。10月，执行范围扩大至京津冀地级以上城市及河南省、山东省传输通道城市，各地正式执行统一的预警分级标准，实现区域内重污染天气应对统一。

2016年11月12日，北京市印发了新修订的《北京市空气重污染应急预案（2016年修订）》，取代了2015年版本。根据统一后的预警分级标准和新修订的应急预案，现阶段北京市空气重污染源预警方案做了多项重大改进。以红色预警为例，一是红色预警的门槛有所提高，重污染空气持续时间由"3天及以上"提升为"4天及以上"；二是预警分级标准更为科学，将每日污染严重程度纳入其中，从污染持续时间和严重程度两个维度重新划分预警级别标准，如红色预警标准为"预测全市空气质量指数日均值>200将持续4天及以上，且日均值>300将持续2天及以上时；或预测全市空气质量指数日均值达到500及以上，且将持续1天及以上时"；三是红色和橙色预警的发布时间更为灵活，由原来的"提前24小时组织发布"改为"原则上提前24小时发布，特殊情况至少提前12小时发布"；四是强制性响应措施更为完善，优先对高污染排放车辆施行限行措施，将混凝土罐车从禁止行驶的重型车辆名单里删除，划定室外停止施工作业的具体范围等；五是增设预警响应措施，要求指挥部各成员单位和市、区有关部门在接到预警及响应措施指令后，立即组织开展应对工作，进行督促检查和执法检查。

另外，在中小学停课方面，2016年11月24日，北京市教委发布《北京市教育委员会空气重污染应急预案（2016年修订）》，将原先的红色预警期间统一停课等措施，调整为各区教育行政主管部门根据区域实际污染情况采取弹性应对措施，指导中小学、幼儿园，采取弹性教学或停课的防护措施。在预警类型整合方面，2017年1月，媒体报道称各地气象局停止制作和发布霾预报预警工作，有利于整合空气重污染预警与霾预警，避免资源浪费与公众认知混淆等缺陷。

雾霾治理是一项长期工程，由于经济发展阶段等因素，在短期内尚无法得到根本性改善。通过预警机制，减少空气污染排放，加强自我防护，可以有效保护公众与青少年的身体健康。预警紧急状态和响应措施与人民群众的日常生活和企业生产密切相关，不可避免地会对社会产生较大的扰动。但是，针对雾霾预警中暴露出的问题，应当及时总结经验教训，不断完善政府突发事件预警发布机制，提高政府预警信息发布水平，在保护人民群众身体健康的同时，减少对国民经济发展和社会正常秩序的扰动。

（一）增强空气质量预测技术水平

空气质量监测与预测是空气重污染预警的前提与基础，预测的准确度与提前度决定了预警发布的准确性与及时性以及响应措施的科学性与针对性。从预警本身的可靠性来说，空气质量预测是在气象预测的基础上再叠加大气污染物排放预测，依据当前的技术水平，时间越临近，空气质量预测才越准确。

按照新的空气重污染应急预案要求，红色预警最长需要提前5天发布，以现阶段空气质量预测技术水平来看，如何确保红色预警的准确性是一个巨大挑战。主管部门应加强气象、环保领域中关于空气质量监测的科研投入，提高空气质量污染预测的精确水平，为科学研判预警提供坚实的技术支撑。加强区域一体化空气质量的监测网络、动态污染源清单以及空气质量预测预报能力建设，建立健全区域空气质量的联合监测、预报机制。气象系统和环保系统形成合力构建覆盖全区域的空气质量监测网以及跨界合作的科学预报预警平台，通过对各个监测网点的动态监测相关数据的分析，进一步量化各地污染物的排放份额以及地区之间大气污染物传输量，及时准确地了解本区域雾霾污染的覆盖范围和污染强度，从而为相关政策研究部门做出决策提供科学依据，并使公众对雾霾污染情况有正确的了解。

（二）提高预警发布的及时性与针对性

能否在第一时间发布与传播预警信息，不仅取决于空气质量监测技术水平，也取决于预警管理机制以及公众对预警的社会认同程度等因素。要明确预警管理领导机构责任，完善预警发布平台组织架构建设，优化工作协调联动机制。推动应急关口前移与资源整合，将现有的政府应急指挥中心与预警发布中心合二为一，组建高规格、常态化的预警指挥中心，实现由"事后应急响应"到"事前预警响应"的跨越式转变，加强重污染天气预报和研判分析，密切关注污染形势变化，及时、统一发布各类预警信息，协调督导各部门落实预警响应措施。完善京津冀环保应急管理领导体制，健全跨区域的预警与应急协调机制，加强信息交流与共享，提高预警发布与联动执法的区域协作能力。完善预警升降级与解除制度，根据污染程度变化和最新预报结果，按预警发布程序报批后，适时提高或降低预警级别。

根据污染程度变化和最新预报结果，探索实行分区域预警机制，提升信息发布的针对性。在预警信息发布过程中，应最大限度地防止夜间发布和预警区域扩大化带来的扰民现象。充分利用广播电视等传统性媒体和网络微博微信等新兴媒体平台及时向社会公众发布精确的预警信息。加强多部门、多领域、多渠道的信息共享和有效传播机制，让利益相关单位和社会公众及时有效获得预警信息，以便于及时有效地做好预防应对。在总体预测基础上，加强区域不同规模的预测，布置全方位监测网点、形成总体掌控、局部精确、立体式全覆盖格局，强化信息的共享和交流机制建设，及时强化社会公众反馈机制建设，充分发挥居民的知识优势和区位优势，创建公民主动及时发布一线信息的平台，畅通自下而上的信息发布渠道。

（三）完善应急响应措施及其保障机制

健全中小学停课保障措施。通过政府拨款、家长筹资、企业捐助等方式加大教育投入，加强网络课程、慕课、数字学校、微信授课等远程教育建设，最大限度地做到停课不停学，探索家长弹性工作制，减少学校停课对学生学习以及家长照顾孩子造成的困扰。对特殊群体采取差异化响应方案，中学毕业班和内地民族班学校视情况照常安排学生的正常教学活动。完善教育系统预警方案，减轻预警阶段教师工作压力。注重预警时效性，着力解决边远地区预警"最后一公里"的问题。探索政府财政投入教室空气净化设备制度，由教委统一测试教室配备空气净化系统试用效果，确保质量过关。

健全企业减排机制。将企业减排的期限提前执行，以起到提前削减污染峰值的作用。根据排污监测大数据，科学划定污染企业范围，避免停产停工扩大化。探索预警激励机制和倒逼机制，采取"堵"与"疏"相结合的方式，规定每个行业内污染只有最严重的几家企业必须停产停工，而污染排放量小的治污积极企业可以有限开工，激励企业不断改进污染治理水平。在构建全面的污染物监测指标体系基础之上，不断加大对重点排污企业的监测力度。各职能部门进一步深化合作，增加对排污企业的监测频次，实行动态监测。与环保部门的监控平台进行联网，确保监测设备的正常运行和监控数据的正常传送。建立室外在线监测制度，对容易产生扬尘污染的建筑工地项目进行实时监测，不断提高对引起空气污染的排污企业和建筑工地的监管能力，有效防止工业企业超标排污。

（四）加强社会治理创新，提高社会参与水平

强化社会力量建设，通过形成以政府为主导、社会力量协同参与的新格局，共同应对大气污染，减轻政府的负担，提高合力应对重污染天气的效率。加强媒体监督和社会监督，保障空气重污染响应措施切实落实。专家队伍的建设是应急队伍建设不可或缺的重要力量，可以为应急管理提供科学的理论支撑、智力支持。要遵循专业化、本地化、针对性的原则，加强空气重污染智库建设，建立健全完善的专家评选、奖励、管理机制，使其充分发挥"智囊团"的作用。加强非政府组织和志愿者队伍建设，充分利用非政府组织与志愿者队伍的专业化、职业化的优势，在空气重污染天气的预警和应急管理过程中发挥重要作用，协助政府部门做好应急响应措施落实工作，缓解应急人员不足的压力。作为城市的单元和细胞，社区是公众参与的重要平台，在城市应对空气重污染实践中具有重要意义。要加强社区单元组织建设，建立健全社区风险预防和评估机制，鼓励居民尽量选择公共交通出行、绿色出行，减少私车出行等。企业是污染排放的主要来源地，要推动企业树立环境责任意识与社会担当意识，形成主动践行节能减排的思维方式。

（五）强化舆论引导与公众科普宣教工作

加强媒体沟通，确保全网络舆情平稳有序。积极回应舆论关注，面向公众答疑释惑，取得公众的信任和理解，营造全社会"同呼吸、共命运"的舆论氛围，共同应对重污染天气。加强与社交媒体"大V"等的交流，联手谋划舆论引导组合拳。利用新闻发布会、网评员队伍等方式开展热点话题设置议程。强化协同机制，宣传、网信与环保部门等要密切配合，共同研判网上舆情，协同处置不良信息、引导网上舆论。做好公众宣传沟通与舆论引导工作。开展全社会治霾正面宣传，用通俗的方式对雾、霾、空

气重污染等的定义、发生机理、预警标准、应对措施进行系统性科普宣传，向公众传授关于预报数据、监测数据，预警级别划分、不同事件如何应对等方面的知识，力求在预警信息发布后，百姓真正能够收得到、看得懂、用得上。加强应急文化宣传教育工作，加大对空气重污染空气的宣传、普及和教育力度，把空气重污染及应急文化知识教育融合到整个教育系统中，增强全民的环境保护意识以及对空气污染严重危害程度的认识水平。加强信息公开和公众参与，有关部门应及时对外发布有关空气污染防治的所有相关信息，提醒公众做好健康防护工作。公众可以通过座谈会、新闻采访、电话问询、环境信箱问答、参与听证会、法院公开审理等方式获取相关信息。

（六）健全京津冀及周边地区应急联动机制

健全预警区域联动机制以及府际沟通协调机制，相邻区域的地方政府应搭建区域信息共享平台，将平台与各联动部门的监测网点相连接，以便通过平台及时了解区域内各地的空气质量监测数据信息以及重点行业企业的排污详情。加大信息公开的力度，提高污染源排污具体信息、环境评估信息和执法监督信息的准确性。明确各个联动部门的具体职权和责任区域，健全跨区域的预警联合检查、交叉执法机制，通过信息共享、联合会商和联动响应，切实提高区域应急应对效果。建立雾霾污染联合治理机制，避免地方保护主义问题，有效解决跨地区污染盲区问题。针对雾霾跨界扩散污染等情况，由相邻省、市或区级环保部门开展联合调查，动态通报污染源的具体情况，及时开展联合执法行动，对污染企业进行挂牌督办，要求其限期整改并追究相关企业和责任人的法律责任。建立健全责任追究制度，将联动治霾工作的完成情况纳入相关部门与负责人年度考核指标体系。建立具有高度权威性的区域协调委员会，科学分析雾霾污染源，搞清各种污染源在大气污染中所占比重等，为雾霾治理与应急联动提供决策参考。

（课题组组长：董泽宇；主要成员：崔玉丽、王堰、潘俊杰、翟慧杰；本报告主要执笔人：董泽宇）

# 自然灾害央地协同应急管理

## ——福建泰宁"5·8"泥石流地质灾害

**摘　要**：泥石流地质灾害是中国山区比较常见的自然灾害，具有分布范围广、暴发突然、历时短暂、运动破坏力强、成灾率高等特点，往往造成重大人员伤亡和经济财产损失。特别是类似于福建泰宁"5·8"泥石流这种大型的地质灾害发生后，需要通过充分发挥中央和地方各个层级的优势，迅速集合各种应急资源，形成党、政、军、警、民等各种力量的整体合力，有效实施联合行动，才能保证各类应急救援任务的顺利完成。本案例由泥石流灾害概况、央地协同应急救援情况、关键问题分析和对策建议等部分组成，试图通过剖析此次典型泥石流灾害的发生特点、央地多元主体应急救援、协调联动引导社会舆论等，提出应对泥石流灾害的相关政策建议和对策措施，以汲取此次灾害的经验教训，供有关领导和部门乃至灾情多发区群众在预防或抗击泥石流等自然灾害时参考，杜绝悲剧重演，避免或减轻泥石流灾害可能引发的生命财产损失。

**关键词**：自然灾害；央地协同应急；协同治理；福建泰宁"5·8"泥石流地质灾害

## 一　泥石流灾害概况[①]

2016年上半年，受厄尔尼诺现象影响，福建省三明市泰宁县降雨量达1478毫米，超出多年平均水平71%，创历史最高纪录。特别是5月，泰宁县连续遭受了5月6～10日（过程雨量为403.7毫米）的强降雨，部分乡（镇）出现持续暴雨到大暴雨，造成山洪暴发并伴发大范围山体滑坡，有的迅速形成严重灾害。

---

① 本部分数据和图片转引自泰宁"5·8"泥石流灾害成因调查工作组《福建泰宁"5·8"泥石流地质灾害调查报告》（2016年）。

2016年5月8日凌晨，泰宁县开善乡池潭村因连日暴雨，突发山体滑坡造成特大泥石流灾害，导致中国华电集团公司（属于国务院国资委监管的特大型中央企业）池潭水电厂的扩建工程施工单位生活营地临时工棚后侧冲沟（当地称"芦庵沟"）以及正在熟睡的几十名工人瞬间被泥石流埋压，造成中国电建集团水电第十六工程局、第十二工程局 35 名工人遇难、1 人失联、14 人受伤。这次泥石流灾害危害之大，单次遇难者人数之多，为全国少有。

泥石流灾害发生后，党中央、国务院高度重视。习近平总书记做出重要指示，李克强总理和张高丽、马凯、刘延东、刘奇葆等中央领导第一时间对福建省防汛抗灾工作做出批示。遵照习近平总书记的重要指示和李克强总理的批示，国务院派出了由国土资源部副部长汪民为组长，国土资源部、民政部、水利部、国资委、安全监管总局等部委有关人员和专家组成的国务院工作组，于5月9日凌晨2时抵达泰宁，深入灾害现场直接指导救灾工作。中宣部及时启动应急机制，调控舆情。

中央军委国防动员部、东部战区陆军和武警部队等迅速响应，指挥调配福建省军区、31集团军、武警福建总队、公安消防总队和武警交通、森林、水电等部队及民兵预备役 2700 多名官兵，携工程机械、生命探测仪等，紧急赶赴现场展开救援行动，迅速进行应急架桥，抢通应急救援通道，担负起土石清理、人员搜救、遗体搬运、封控警戒等任务。

作为泥石流灾害发生地的当地各级党委政府和相关部门，更是按照属地管理为主的要求，迅即启动应急响应机制。福建省委书记尤权、省长于伟国等省领导，省直相关单位领导，三明市、泰宁县、池潭乡三级党政领导及相关单位负责人，第一时间赶赴一线，会同军队、武警部队官兵，迅速行动，形成合力，协同开展现场处置、伤员救治和善后等工作。

（一）灾害发生的地理位置及环境

发生泥石流灾害的芦庵沟位于福建省三明市泰宁县开善乡池潭村池潭水电厂大坝与池潭村之间，金溪左岸。沟口距大坝约为 800 米，距池潭村村部约为 2.8 公里，沟口经纬度为东经 26°42′46.4″、北纬 117°7′30.0″（见图1）。

芦庵沟呈北西—南东向延展，原生植被茂密。2016 年 2 月 17 日的卫星影像显示，沟谷植被无人工破坏痕迹。沟谷横截面多呈"V"形，纵截

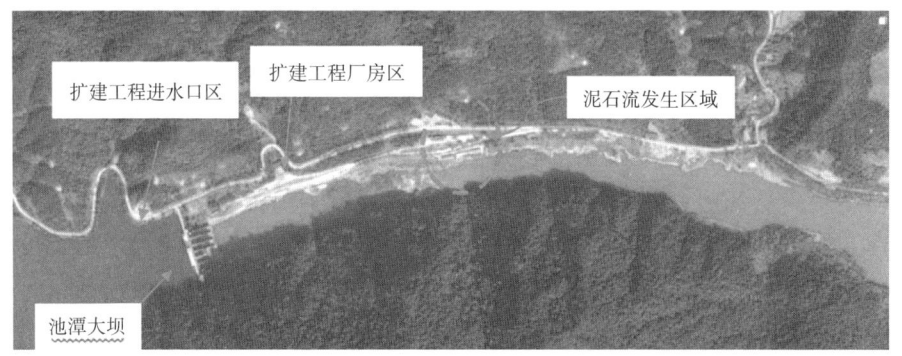

**图 1 泥石流灾害发生位置示意图**

面呈近直线形。沟顶高程为 805 米，沟口平均高程为 230 米，高差约为 575 米，沟长约为 1400 米，纵坡度平均约为 25 度。

沟谷整体以基岩为主，岩性为白垩系石帽山群寨下组上段灰色流纹斑岩、斑流岩、流纹状熔结凝灰岩，间夹凝灰质粉砂岩、次凝灰岩等，岩质坚硬，但节理裂隙发育，完整性差，其中斑流岩分布区还广泛发育球状风化体。

沟谷两侧及沟底坡积层薄，砾粒含量高，渗透系数大，沟谷地表水暴涨速消特征明显。沟谷地下水以基岩裂隙水为主，主要受大气降水补给，并以泉的形式往沟谷或沿构造裂隙自高往低排泄，最终排入金溪。金溪河从沟口前方流过，从池潭水电厂坝前到池潭村段，河宽为 80~150 米，枯水期水深为 0.5~2.0 米，河面日常水位高程为 210 米。

在泥石流灾害发生前，沟口区域自然地形呈现三级平台：靠沟口第三级平台为池潭水电厂 20 世纪 70 年代施工所遗留的临时场地及上坝公路，平台面积约为 4200 平方米，与第二级平台平均高差约为 20 米；中间第二级平台为 70 年代修建的池潭水电厂办公区及坝下公路，平台面积约为 8700 平方米，与第一级平台平均高差约为 12 米；临河第一级平台为绿化平台，平台面积约为 2400 平方米，与坝下金溪常年平均水面高差约为 10 米。

从 2015 年 11 月起，中国水利水电第十二工程局有限公司在靠沟口第三级平台布设了仓库区、综合加工厂及修配厂等临建设施，共 3 栋临时工棚。池潭水电厂扩建项目部选定中间第二级平台上的 3 栋办公楼作为现场办公场所。中国水利水电第十六工程局有限公司和第十二工程局有限公司在临河第一级平台布设了施工工人住宿区，共有 9 栋临时工棚（见图 2）。

图 2　泥石流灾害发生前沟口区营地分布

### （二）泥石流发生经过

2016 年 5 月 8 日凌晨 4 时 30 分前后，芦庵沟 590 米高程右侧沟岸发生浅表性土质滑坡，方量约为 110 立方米。滑体带动路径上的大块滚石崩堆积物，高速向下运动，形成巨大冲击力冲向高程 590 米处。松散堆积体受滚石撞击后，松动溃决，混合水流，瞬间形成泥石流，过程流速最快达每秒 10 米，到达沟口区域 230 米高程时流速为每秒 3～5 米。流体裹挟沟底原有崩积物、堆积物，并切割沟谷两侧沟岸残坡积土层，至沟口时形成土石混合体方量约为 13000 立方米。

泥石流体一举摧毁靠沟口第三级平台 3 栋临时工棚，至中间第二级平台将西侧 1 栋 4 层的办公楼完全摧毁；受办公楼阻挡，泥石流流向稍微发生偏转，继续冲向临河第一级平台，摧毁了 3 栋临时工棚（见图 3）。

泥石流冲出沟谷后，约有 80% 堆积在沟口三级平台，其余 20% 冲入金溪河道。堆积体以滚石为主，最大粒径达 7 米，夹以含碎块石黏性土、大树干等。相关数据和事实表明，泰宁"5·8"泥石流由高位滑坡引发，在流通区裹挟沟谷松散崩堆积物形成物源，冲出沟口受建构筑物阻挡堆积，是一起较为典型的泥石流。

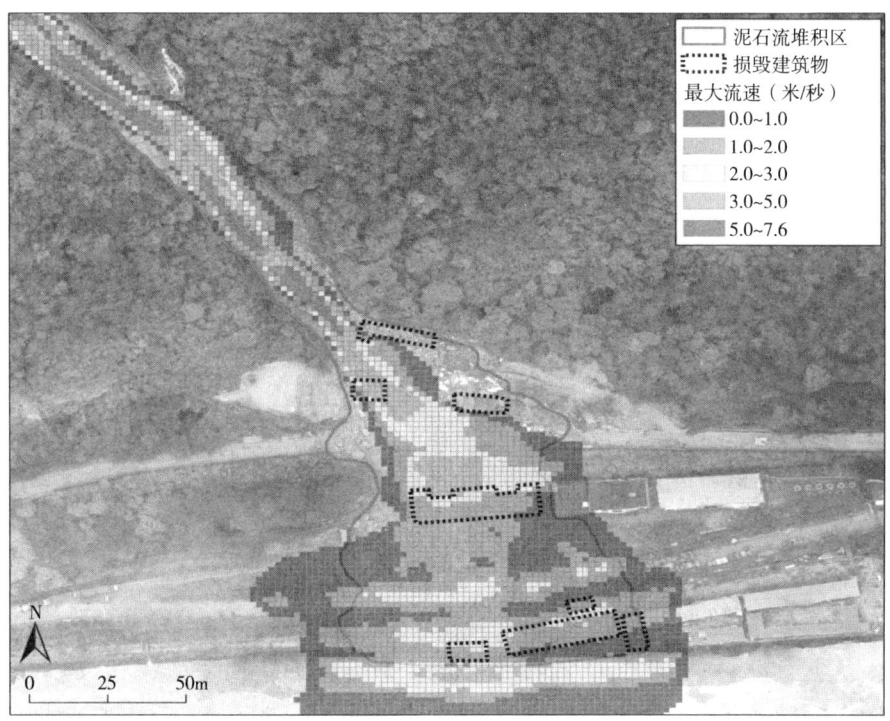

图 3　泥石流 FLO‑2D 模拟最大流速

## (三) 涉事主体单位及人员伤亡

本次灾害发生在泰宁县开善乡池潭村池潭水电厂。该水电厂隶属于华电福新能源股份有限公司,是闽江干流金溪支流的龙头水电厂,总装机容量 100 兆瓦,于 1980 年 10 月建成投产。2015 年 11 月,为充分利用池潭水库弃水发电,华电福新能源股份有限公司启动实施了池潭水电厂扩建工程(芦庵滩水电站),装机容量 100 兆瓦,总投资 3.74 亿元,施工企业为中国电建集团水电第十二工程局有限公司、中国电建集团水电第十六工程局有限公司,监理单位为湖南电力建设监理咨询有限责任公司。

2016 年 5 月 7 日晚至 8 日凌晨,沟口区域各类临时工棚里共住宿 74 人。其中靠沟口第三级平台第十二局加工厂及仓库区住宿 16 人,死亡 6 人,受伤 8 人;中间第二级平台的办公楼、水工楼、检修仓库均未住人;临河第一级平台共住宿 58 人,其中第十六局开挖队宿舍区住宿 36 人,死亡 29 人,失踪 1 人,受伤 6 人,第十六局土建队宿舍和第十二局宿舍住宿

22 人，无人员伤亡。两项合计，造成死亡 35 人，失踪 1 人，受伤 14 人。

（四）灾害成因与调查认定

2016 年 5 月 24 日，依据国务院《地质灾害防治条例》《福建省地质灾害防治管理办法》等规定和福建省政府专题会议精神，福建省政府批准成立泰宁"5·8"泥石流灾害成因调查工作组，由省国土资源厅为组长单位，省发展改革委、省经信委、省住建厅、省水利厅、省安全监管局、省气象局、省测绘局、三明市政府、泰宁县政府等单位共同参加。同时，聘请国土、水电、住建、安监等方面专家参与调查工作。

调查工作组全面收集泥石流发生区域的气象、水文、地理、地质、遥感等相关数据，以及池潭水电厂扩建项目的可行性研究、核准、勘察、设计、施工、监理等方面的资料，采取现场调查、谈话质询、核对查验、数值模拟及专家分析等工作方式，对泰宁"5·8"泥石流灾害的性质、成因、规模、发生发展过程及工棚选址、灾害预防等问题进行深入调查，基本查明了灾害成因和存在的问题，提出了加强和改进工作的措施建议。

经调查认定，泰宁"5·8"泥石流是在极端强降雨、地形高陡和岩石风化破碎等自然因素综合作用下形成的高位特大型泥石流地质灾害，同时，扩建项目各参建单位在工棚选址环节存在对自然条件认知不足、防范意识不强、执行技术规范不到位的情况。

## 二 央地协同应急救援情况

泰宁"5·8"泥石流大型地质灾害发生后，中央和地方各个层级的优势得到充分发挥，迅速集合各种应急资源，形成党、政、军、警、民等各种力量的整体合力，有效实施联合行动，保证应急救援任务科学、及时、有效展开。

（一）信息及时报送及快速应急响应

2016 年 5 月 7 日 23 时至 5 月 8 日 5 时，降雨量在 6 小时内达到 167.5 毫米。其中，5 月 8 日 2~5 时，降雨量在 3 小时内达到 109 毫米。[①] 5 月 8

---

[①] 泰宁"5·8"泥石流灾害成因调查工作组：《福建泰宁"5·8"泥石流地质灾害调查报告》（2016 年）。

日凌晨 4 时 30 分左右，芦庵沟 590 米高程右侧沟岸发生浅表性土质滑坡，滑体带动路径上的大块滚石崩堆积物，形成泥石流，冲毁了池潭水电厂扩建工程施工单位生活营地和池潭水电厂厂区旧办公楼。因时值凌晨，大部分工友还在熟睡，部分工人被泥石流掩埋。

当时从废墟中爬出来的七八个工友，互相呼喊并进行互救，帮助伤情较轻的工友离开，有工友跑到了附近的村子里求救，并打了报警电话。

4 时 38 分，泰宁县 110 接警平台接到灾害现场逃生人员报警电话，并迅速上报。

5 时 10 分，泰宁县委、县政府，三明市委、市政府主要领导获知相关信息，立即报告福建省委、省政府，并指令就近的泰宁县公安消防全力抢险救援。

6 时许，泰宁县委、县政府主要领导带领县直相关单位赶到现场，初步判断为滑坡地质灾害，并在现场成立临时救援指挥部，下设现场搜救、医疗保障等工作组，迅速布置搜救工作。与此同时，县公安、消防、国土、水利、交通等多个部门陆续赶赴现场。

7 时许，三明市委、市政府主要领导带领市直相关单位和专家赶到现场，立即投入现场搜救工作。三明市组织市级和相邻县医院的 16 辆救护车及 60 多名医务人员到现场救援，相关医院已安排抢救室、医务人员和 16 万毫升血液血浆等候急救；三明市、泰宁县消防部队调集 13 辆车和 100 多名消防官兵携带生命探测仪等施救设备展开救援，300 多名县、乡干部在现场参与施救，另有 40 余台工程机械赶往现场。①

11 时许，福建省委书记尤权、省长于伟国赶到现场，启动福建省突发地质灾害Ⅰ级应急响应，在池潭村村部设立救援现场指挥部，下设现场抢救、医疗救治、交通保障、后勤保障、救援协调、善后处理、舆论宣传 7 个小组，马上组织协调部队与地方专业、技术力量，全力搜救，同时做好善后处置和隐患排查工作。

灾害发生后，党中央、国务院高度重视。习近平总书记于 5 月 8 日当天做出重要指示，要求福建省和相关部门迅速组织力量开展抢险救援，全

---

① 《福建三明山体滑坡 30 多人被埋续：第一批增援力量跑步赴现场救援》，人民网，http://fj.people.com.cn/n2/2016/0508/c337006-28293815.html，最后访问日期：2017 年 7 月 20 日。

力搜救被困人员和失踪人员，尽最大努力减少人员伤亡，并妥善做好伤员救治、伤亡人员亲属安抚等善后工作。国务院有关部门要指导地方和企业加强各类灾害和安全生产隐患排查，强化责任落实，确保人民群众生命安全和财产安全。

国务院总理李克强做出批示，要求全力组织搜救被埋人员和救治伤员，国土资源部要立即牵头成立国务院工作组，赶赴现场指导地方做好救援工作。国家防总相关部门要指导和帮助各地进一步做好各类灾害隐患排查，安全监管总局要督促加强安全生产责任和措施，切实保障群众安全。

按照中央要求，由国土资源部牵头，国土资源部副部长汪民任组长，联合民政部、水利部、国资委、国家安全监管总局成立国务院工作组，赶赴灾害现场，提供技术支持，协助指导地方政府开展地质灾害应急调查，进一步加强隐患排查力度，做好地质灾害防范工作，严防次生灾害发生。

5月9日中午，国土资源部及福建省应急专家组初步认定本次灾害为泥石流地质灾害。

### （二）军地携手合力救灾

面对重特大自然灾害，军地携手协同应对，是世界上很多国家的通行做法，中国也不例外。接到救灾指令后，三明军分区迅速启动抢险救灾应急预案，组织300余名民兵预备役人员，携带挖掘机、推土机、平板车等33台工程机械装备，火速赶赴事发地域展开救援。由于通往事发地域的主要道路被塌方石块和泥石流阻断，某预备役通信团、泰宁县人武部80余名官兵，在军分区司令员林耀明带领下，冒着随时可能发生次生灾害的危险，携带抢险救援器材，徒步进入灾区，来到受灾最严重的点位，迅速组织现场救援和各项现场处置工作。

按照中央军委命令，武警部队副司令员戴肃军中将，武警交通部队司令员傅凌少将，武警水电部队副司令员杨全刚少将，武警福建总队司令员曹勇少将、政委吕能亚大校，公安部消防局罗永强副局长，福建省军区司令员熊安东少将、副司令员黄谨皑少将、副司令员张玉生少将等部队首长第一时间率部赶赴灾害现场。2700多名官兵携带生命探测仪、搜救犬沿沟口区三级台阶探测生命信号，同时调配了参加过汶川地震救援等重大灾害救援的、全军最好的挖机手进行重点搜救。① 2016 年 5 月 8 日 11 时 30 分，7 名被埋幸存人员被救出。

各参战部队面对山上随时会有碎石滚落的情况，蹚着泥泞冒雨连续奋战，除人员搜救外，还充分发挥优势，配合地方消防、交通、医疗和民政部门展开运送受灾物资、加强现场警戒、应急架桥、清理抢通道路、疏通受阻车辆等抢险救灾工作。

9 日，解放军和武警部队加大投入专业救援力量。陆军第 31 集团军出动机械化桥车、指挥车等救灾车辆 13 台，投入 62 名抢险救援技术骨干；武警部队出动 1000 余名兵力，120 余台（套）专业救援装备，清理土石 2 万余立方米。②

5 月 10 日，在灾害发生后的 55 个小时，除 1 人失联外，其余 35 名失联人员的遗体全部找到。

5 月 10～20 日，救援现场指挥部判断失踪的 1 人可能被泥石流冲入金溪，组织 20 艘冲锋舟 120 名官兵，沿金溪河展开地毯式、拉网式搜索，寻找最后 1 名失联人员。③

### （三）专业技术力量协同保障

**1. 各级气象部门迅速响应**

精准的气象服务是保障灾害现场应急救援顺利推进，避免次生灾害发生的基础。"5·8"泥石流灾害发生后，国家、省、市、县四级气象部门迅速响应，联合为现场应急救灾提供气象决策服务。

2016 年 5 月 8 日，根据四级气象部门会商研判结果，三明市气象局与泰宁县气象局于当日 9 时将气象灾害（暴雨）应急响应提升至二级。

8 日下午，中央气象台与福建省气象台开展天气会商，认为 8 日夜间至 9 日福建泰宁地区强降雨天气将持续，对救援工作开展极其不利，同时强降雨可能会再次诱发滑坡、泥石流等灾害，提醒现场指挥部做好防范工

---

① 泰宁"5·8"泥石流灾害成因调查工作组：《福建泰宁"5·8"泥石流地质灾害调查报告》（2016 年）。
② 《福建泰宁山体滑坡灾害救援仍在继续　军队和武警部队加大投入专业救援力量》，中国军网，http://www.81.cn/jfjbmap/content/2016-05/10/content_144044.htm，最后访问日期：2017 年 7 月 20 日。
③ 泰宁"5·8"泥石流灾害成因调查工作组：《福建泰宁"5·8"泥石流地质灾害调查报告》（2016 年）。

作。中国气象局专门发出《福建泰宁山体滑坡灾害抢险救援气象保障服务专报》。福建省气象台于8日8时40分开始逐小时发布泰宁县开善乡滚动预报，9时30分开始每半小时汇报雨量实况，为现场救援提供有力保障。①

#### 2. 国土部门应急保障

2016年5月9日上午，国土资源部启动地质灾害Ⅱ级应急响应。国土资源部地质灾害应急管理办公室紧急发出《关于切实做好当前地质灾害防范工作的函》，要求各地切实做好地质灾害防范工作，特别是严防洪涝灾害和工程活动引发的次生地质灾害，在必要时应采取强制避让措施，把确保民众生命安全放在首位。②

为配合灾后救援工作，国家测绘地理信息局快速响应，迅速行动，部署协调福建省测绘地理信息局和相关地理信息企业，组织多个无人机组紧急赶赴灾害现场并成功完成航空摄影，获取了灾区事发现场0.03米高分辨率影像，并及时将数据传回福建省测绘地理信息局和国家基础地理信息中心。接收到数据后，技术人员加班加点，赶制完成滑坡前后影像对比图，迅速生成三维立体模型。③ 通过对比，可以清晰地看出滑坡区域范围，直观了解房屋、道路等基础设施和植被受损情况，同时进一步计算出泥石流冲积扇堆积土方量、泥石流灾害源头点土方量、泥石流冲击总长度、泥石流落差、受灾区域汇水面积等精确数据，为灾区现场指挥部应急救援提供了强有力的测绘地理信息保障服务。

#### 3. 安监部门联动应急

2016年5月8～10日，泰宁县持续降雨，而灾害现场场地狭长，通往灾害现场的道路多处塌方或被山洪冲毁，给救援工作带来了极大难度。

为了尽快救出被埋人员，避免救援过程中发生二次灾害，国家安全监管总局要求中国安全生产科学研究院迅速派出专家携带边坡雷达等探测装备，赶往灾害现场参与救援。5月9日凌晨，由中国安全生产科学研究院5名救援人员组成的救灾监测小组，携带边坡合成孔径监测预警雷达（简称

---

① 《福建泰宁发生山体滑坡　多方联动开展应急救援》，新华网，http://news.xinhuanet.com/politics/2016-05/08/c_128967879.htm，最后访问日期：2017年7月20日。
② 《福建泰宁山体滑坡　国土部紧急发函严防次生地灾》，新华网，http://news.xinhuanet.com/politics/2016-05/09/c_128970859.htm，最后访问日期：2017年7月20日。
③ 《国家测绘地理信息局制作福建泰宁山体滑坡三维影像图》，红网，http://china.rednet.cn/c/2016/05/12/3982196.htm，最后访问日期：2017年7月20日。

"边坡雷达")抵达灾区，迅速开展工作。监测小组选择救援核心区、发生泥石流灾害冲沟的左岸山体为观测对象。该山体上部为裸露基岩、下部为松散土体，植被较为茂密，一旦发生滑坡将直接威胁正在搜救的救援人员和前线指挥部。

受局部滑坡影响，雷达观测站最佳位置，车辆无法通行，监测小组专家与消防部队一起，搬运设备，翻越泥石流灾区，布置测站，组装系统，调试参数，开始实时监测危险边坡。

根据本次观测的山体性质，设置雷达预警面积超过 100 平方米、6 小时累计位移超过 6 毫米、移动速度超过每小时 3 毫米为预警撤离的警报指标。当位移速度分别达到每小时 1 毫米、每小时 2 毫米时，采取提前加密观测、告知指挥部等方式进行初期预警。在实时监测过程中，5 月 10 日 0 时至 7 时，泥石流灾害受灾地区普降暴雨，雷达观测形变数据在这一时段有一定增加，最大形变位移 8 毫米，形变速度为每小时 1.14 毫米。监测小组根据位移速度变化和雨景形势，报告指挥部，建议施工救援人员下撤暂避，得到采纳。

截至 5 月 11 日 8 时，边坡雷达监测组夜以继日、风雨无阻，连续监测滑坡体达 40 余小时，采集了 240 帧雷达监测图像，获得了约 4000 万个有效的测点数据，处理了 5G 的信息。[①]

救灾监测小组还采用无人机三维摄影技术和高分卫星空间遥感技术实时监测灾害救援环境，从宏观到局部为救援过程提供科学精确的感知信息，从安全生产监管的角度，对救援现场安全隐患进行普查辨识，保证救援顺利、安全、高效进行，确保科学施救、安全施救。

监测小组 9 日进入灾区，受降雨影响，无人机无法正常起飞。监测人员时刻在现场待命，捕捉机会，抓住降雨间隙，立即升空，及时获得了较为精细的灾区影像，并调取高分 1 号、高分 2 号卫星影像，结合现场实地查看，开展了泥石流堰塞湖、沿线滑坡塌方体、电力线路安全隐患排查，并对水库大坝、水库库区安全性评估提出了意见和建议。

### （四）有效管控保证救灾生命线畅通

从泰宁县城区到开善乡池潭村中心现场的道路全程约为 28 公里，暴雨

---

① 中国安全生产科学研究院：《福建泰宁"5·8"泥石流灾害无人机三维摄影和卫星遥感隐患排查报告》（2016 年）。

冲刷造成道路出现大小塌方和山体滑坡近30处。2016年5月8日，当各地救援队伍陆续赶到时，数千台不同隶属的武警部队、不同地区的消防官兵救援车辆和大型机械，国家、省、市、县各级领导和新闻媒体采访、救灾物资运送车辆以及社会救助、殡葬使用等各种车辆涌入，通往灾区的交通面临瘫痪，情况十分紧急。为此，泰宁县公安局紧急向救援指挥部的省市领导、部队首长请示，要求授权公安机关全权进行严格的交通管制，包括各级领导用车及部队的救援军车等。这一请示得到省市领导和部队首长一致同意。

在得到指挥部授权后，泰宁县公安局立即采取交通管制和交通分流的措施，保障通往灾区的生命线畅通。他们根据实际情况，设置了3个交通卡点进行远端分流、近端管控，分别在距中心现场约20公里、3公里和1公里处，便于分流岔路口的车辆和桥梁设卡，每个卡点由县公安局领导带队指挥，对过往车辆进行劝导疏散，分段进行分流，确保大型救援设备和专业救援队员优先快速进入中心现场，受伤人员能及时送院治疗，搜救出的遇难者遗体能运到殡仪馆存放，有效保证了救灾生命线的畅通，为整个抢险救援工作赢得了宝贵时间。

截至5月11日，市县公安机关共出动警力158人次、警车69辆次，疏导保障各类车辆顺利通行3600余辆次，查堵劝返各类非必要前往灾区车辆710辆。协助公路、交通等单位清除泥石流、落石、滑坡路段10余处，通往灾区道路未发生长时间交通堵塞现象，未发生人员伤亡的交通事故，实现了灾区道路交通安全、有序、畅通，得到了上级领导和救援部队的高度肯定。①

国土资源部副部长、国务院泰宁"5·8"泥石流灾害抢险救援工作组汪民组长对本次救援的交通秩序管理给予了高度赞赏。他说："此次灾情发生在山区，只有唯一的一条道路通往中心现场，能做到所有救援抢险车辆、大型抢险工程机械车辆有序安全进出，现场管控有序，可以作为今后抢险救援的一个典型范例进行总结推广。"福建省委常委、常务副省长张志南也对本次抢险救援工作给予高度评价，认为泰宁公安在大灾面前组织有力、道路交通安全有序。

---

① 泰宁县公安局交警大队：《泰宁县"5·8"泥石流灾害抗灾抢险保畅通汇报材料》（2016年）。

## （五）宣传部门协调联动引导社会舆论

在当今网络高速发展与网民高度参与的时代背景下，由突发事件引发的政务舆情呈现出诸多新的发展态势，做好政务舆情回应工作成为突发事件应急管理的基本内容。

泥石流灾害发生后，全国共有 40 余家媒体、150 余名记者第一时间赶到泰宁采访，各级宣传部门快速反应、主动作为、积极配合、稳妥有序做好此次突发事件的信息发布和舆情回应，为应急救援工作提供了强有力的舆论支持。

**1. 快速反应，成立应急新闻机构**

在接到三明市委、市政府关于"央企华电池潭水力发电厂扩改项目建设员工生活区宿舍遭受泥石流灾害，30 多名员工失联"的重大灾情通知后，三明市委宣传部立即成立宣传报道工作领导小组，市委宣传部副部长带领新闻科的相关人员第一时间冒雨赶往泰宁。与此同时，协调市直新闻媒体记者赶往现场，并要求泰宁县委宣传部做好信息收集和记者接待工作。

当天，市、县新闻工作人员第一时间分赴灾害现场、医院病房、道路抢险、物资保障、家属安置等地方，时时了解灾情现场失联人员营救、伤员救治、道路疏通、后勤支援以及各级主要领导深入灾情现场指挥抢险救灾等情况，为新闻发布、应对舆情、主流媒体报道掌握了第一手资料。

**2. 管理源头，主动发声畅通信息**

在本次重大灾害应急宣传报道中，三明市宣传报道工作领导小组第一时间到达灾害现场，旁听了指挥部领导、调查组专家对事故的分析判断，在充分掌握客观事实的基础上，确定灾害发生源于自然，事件主体业主为华电集团池潭电厂。于是，主动加强与电视、报纸、网络等主流媒体沟通联系，始终牢牢把握宣传报道导向。在灾情发生后的当天，在省、市宣传部门领导的安排部署下，泰宁县迅速组建新闻发言组，先后两次召开新闻发布会。

2016 年 5 月 8 日晚，召开第一次新闻发布会，对社会各界关注的失联人数、救援进展以及泥石流灾害引发原因等进行通报，对公众质疑的事发生活营地选址、建设质量上是否符合相关规定标准、主干道路何时能抢通、医院救治是否有保障等问题回答了记者提问。

5月10日晚,召开第二次新闻发布会,对灾害事件遇难人数、失联人数、受伤救治等进行了通报,并就后续搜救、善后工作以及如何应对2016年异常的厄尔尼诺现象做好防汛预案等回答了记者提问。通过及时发布信息,新闻媒体向社会做出正面回应,保障了善后处置工作的顺利推进。

3. 媒体联动,形成舆论引导合力

及时协调报纸、广播、电视等传统媒体简化审稿程序,提高发稿时效,及时刊播最新动态。利用微博、微信等平台与媒体形成良好互动,实现资源共享。

组织技术人员在最短的时间内开发出在手机微信上浏览的"时时微泰宁",对"5·8"泥石流灾害实时更新图文,以专题专栏的形式,实时滚动播报灾情救援最新进展(9日每小时发布1次抗灾救灾动态),向公众和媒体记者通报灾害事件的基本情况、失联人员变动情况等,共制作发布36个(条)图文,累计转发2000多个微信群。

此外,还通过"泰宁在线"新闻网及时发布抢险救灾情况,赢得了多数网民的信任,避免了谣言的传播和可能引起的社会恐慌,从而营造了积极、正面的新闻舆论氛围。①

4. 分析研判,迅速公开澄清事实

泥石流灾害发生后,协调市委、县委宣传部安排人员24小时关注网站、微信、微博、移动客户端和博客、论坛、新闻跟帖等网上动态,及时发现、研判苗头性倾向性舆情,并向上报相关领导,同时快速对舆情做出反应。

在2016年5月8日下午发现网络微博出现"可能有建设员工生活区选址问题",舆情组立即向领导汇报,为此领导决定当晚召开新闻发布会,及时回答记者提问,向社会进行了通报,回应了质疑。

5月10日上午11时56分,个别新闻媒体报道:"5·8"池潭村泥石流灾害死亡人数达36人。当发现这一舆情时,三明市宣传报道工作领导小组感觉该报道与所掌握信息不符,立即向在一线工作的人员一一核实,事实是失联人员又联系上2人,失联人数从38人下降为36人,而非死亡人数36人,13时立即在"三明泰宁滑坡通联群"微信群、中国泰宁在线新闻网、"时时微泰宁"上发布情况,进行情况说明,使相关报道的媒体立

---

① 三明市委宣传部:《泰宁"5·8"泥石流灾害新闻宣传和舆论引导》(2016年)。

即更改了新闻,没有发生舆情危机。

**5. 积极主动,做好媒体记者服务**

灾害发生后,人民日报社、新华社、中央电视台、中新社等40多家中央、省、市媒体和150多名记者赶赴泰宁,通过报纸、电视、网站、微博、微信等多个平台报道抗灾情况。宣传报道工作领导小组建立"三明泰宁滑坡通联群",只要接触到来泰宁的记者,就将他们请入微信群,让媒体记者最快地了解灾情准确信息。通过微信群,新闻媒体记者不仅能够得到昼夜拍摄灾情现场失联人员营救、伤员救治、道路疏通、后勤支援等救援行动以及各级领导深入灾情现场指挥抢险救灾的画面及情况,还能够共享第一手素材资源。

对来泰宁采访的记者,在生活上尽可能提供帮助,解决食宿问题。在不影响现场保护、勘验检查及救援等工作的情况下,允许记者按照有关规定和程序进入现场采访。同时,向到现场采访的记者做好解释工作,必须服从现场指挥部门的管理和安排,不得干扰或影响事件的处置工作,避免引发冲突。

**6. 设置议题,穿插正能量事迹报道**

暴雨无情,人有情。在抗灾过程中,领导高度重视。习近平总书记、李克强总理、张高丽副总理等领导分别做出重要指示或批示,对全力组织搜救、尽最大努力减少人员伤亡等提出明确要求。省委书记尤权、省长于伟国都在第一时间赶往现场,指挥救援工作。武警官兵担负土石清理、人员搜救、遗体搬运、架设桥梁等任务,谱写了军爱民的感人篇章。医院的医护人员冒险赶赴现场施救,夜以继日地抢救伤员,涌现出了白衣天使救死扶伤的感人事迹。市宣传报道工作领导小组积极挖掘素材,灵活穿插于信息流中,让记者"以小见大",体现了同心同德、共克时艰的舆论氛围。

在中央、省市县多级宣传部门协调联动下,"5·8"泥石流灾害宣传报道和舆论引导做到了积极正面、及时有序,得到了中宣部的表扬和肯定。

## (六)政企并肩做好救治善后

**1. 保证伤者及时医疗救治**

2016年5月8日11时30分,7名被埋幸存人员被救出。在泥石流灾害中受伤的14名工人全部在第一时间送往泰宁县医院救治。①

救援现场指挥部成立了专门的医疗救治组,采取"一对一"专家、医护人员编组,针对受伤人员情况制订治疗方案,全力医治受伤人员,并做好心理疏导;同时开展事故现场消杀防疫工作,以保证灾后无疫情发生。

5月9日,国务院工作组,福建省委、省政府领导分别赴医院看望慰问了伤员。

### 2. 合力做好遇难者家属的接待和安抚

遇难者遗体搜救完成后,遇难者家属的安抚维稳工作成为灾害善后的主要工作。35个遇难者和1个失联人员分属于5个省份的11个县(市、区),遇难者家属及随行人员高峰时达到700余人,分别安置在9家宾馆,接待和维稳任务繁重。② 指挥部从施工单位华电公司、中电建公司、泰宁县及遇难人员的原籍党委,抽调了有群众工作经验的干部400余人,组建11个工作小组,每组均安排了公安、法院、司法干部以及医疗、心理咨询师和志愿者,一对一、全天候、全方位为每户遇难者家属提供DNA比对、食宿保障、医疗保健、心理疏导、法律咨询、交通联络等服务,全力做好来泰家属的接待、安置、安抚和补偿谈判工作。③

### 3. 及时提供民政救助

2016年5月8日5时,在接到灾情信息后,泰宁县民政局一方面立即组织人员赶赴灾害现场,另一方面则迅速调集救灾物资送往灾区。省、市两级民政部门也迅速组派专家队伍赶赴泰宁协助完成善后处置工作。

5月8日上午,与第一批帐篷、手套、照明设备、食品、蜡烛等救灾物资一起运送到现场的还有殡仪物资。在省、市两级民政系统的帮助下,泰宁县民政火速调集36个冰柜,组织31名专业人员,到达灾区现场。省民政厅专门邀请了福州圆满生命殡仪服务公司派出12个人的专业团队,配合完善殡葬工作的各个环节。

在善后处置过程中,各级民政部门工作人员、志愿者与遇难者家属进行了充分细致的沟通。为满足家属的要求及当地习俗,在殡仪馆迅速搭建

---

① 《福建泰宁泥石流灾害:现场已搜救出7人送医抢救》,新浪网,http://news.sina.com.cn/o/2016-05-08/doc-ifxryhti3993542.shtml,最后访问日期:2017年7月20日。
② 三明市公安局:《在泰宁"5·8"泥石流灾害应急处置工作座谈会上的发言》(2016年)。
③ 三明市政府:《三明市贯彻落实习近平总书记、李克强总理关于福建泰宁"5·8"泥石流灾害抢险救援工作重要指示批示精神情况汇报》(2016年)。

36间平板房分别安置冰棺，在殡葬礼仪上，尽可能做到细致入微。

5月14日上午，灾害发生的第七天，中国电建、中国华电在事发地为遇难者举办了悼念仪式，三明市、县领导以及从外地赶来的工友、参加救援的武警官兵等，为遇难者默哀并敬献鲜花。

5月17日下午，36户遇难及失联人员家属全部签订补偿协议，并在10天内全部领到补偿抚恤金。①

经过细心做好善后处置工作，遇难家属情绪总体比较平稳。14名伤员除1名粉碎性骨折的伤员仍在住院外，其余已全部康复出院，正根据伤残等级鉴定结果逐个支付残疾赔偿金。

**4. 认真完成DNA比对身份识别**

确认遇难者身份是做好灾害善后工作的关键所在。在接到泰宁县公安局求援后，三明市公安局立即在全市范围内抽调法医、DNA检验、现场勘查、刑事照相等专业刑事技术民警21名赶赴泰宁，省公安厅刑事技术总队DNA实验室主任也到三明指导工作。刑技人员分成5个尸检小组和1个遇难者家属血样提取小组，全面启动对遇难者及失联人员直系亲属的DNA取样比对和尸检工作，及时采集遇难者家属DNA血样73份，提取遇难者身上的DNA检材72份，到遇难者家中提取生前遗物8份，快速完成了35份DNA检验报告和35份已认定的亲缘鉴定书。

由于遇难者家属中有5位不是直系亲属，DNA比对受阻且时间紧急，县公安局主动与位于千里之外的湖北房县公安局取得联系，帮助采集遇难者亲属的血样后寄往三明，由于邮递方面的问题，血样迟迟未到，于是再次联系对方重新帮助采集血样，并请求有鉴定资质的湖北十堰公安局帮助做DNA鉴定，终于赶在新闻发布会召开前4个小时完成全部鉴定结果。②

**5. 尽快兑现保险理赔**

"5·8"泥石流灾害发生后，中国人保财险迅速开通24小时报案受理机制，集中系统理赔资源，设立突发事件绿色通道，简化索赔程序，畅通理赔渠道，启动预付赔款服务。

在灾害发生前，池潭电站向中国人保财险投保了建筑施工企业雇主责任险、团体建筑施工人员意外伤害保险等险种，中国人保为51名伤亡人员

---

① 相关资料及数据来自课题组2017年7月组织的三明市、泰宁县案例调研座谈会，由三明市、泰宁县民政部门提供。

② 三明市公安局：《在泰宁"5·8"泥石流灾害应急处置工作座谈会上的发言》（2016年）。

（其中35人死亡，1人失踪，15人受伤）支付赔款2621万元。三明市民政局为三明市辖区户的自然人以及在三明辖区具有暂住资格证明的自然人投保自然灾害救济救助责任保险，中国人保按每人10万元标准支付赔款360万元，加上其他项目财产赔款，"5·8"泥石流灾害人保支付赔款总数达到3180万元，较好地发挥了保险业补偿功能，对灾后重建和社会稳定起到了积极作用。①

### （七）社会力量积极参与应急救援

在泥石流灾害发生后，从池潭发电厂通往该村的10千伏线路被山体滑坡压断，现场救援指挥部所在的池潭村全村供电中断。接到抢修任务后，国家电网三明供电公司组织3支共40人的服务队，带着柴油发电机、抢修物资赶赴现场。他们迅速清理压在线上的树木，组立电杆，更换受损电线、解除后侧线路。一辆铲车在前面开道，另一支服务队驱车装载着发电机，终于在8日16时赶到了救援指挥部。一个小时后，电力抢险人员在救援现场立起了应急照明灯塔，安装好照明灯，确保了救援现场通宵达旦的救援照明需要。移动发电车也于当晚抵达救援现场待命。②

福建省内多支志愿组织组队参与现场人员搜救、土石清理、遇难人员遗体整理、搬运，遇难者家属沟通安抚等工作。来自厦门、龙岩、三明、莆田数支分队参与救援的蓝天救援队31名队员，奋战22个小时，协助清理出31名遇难者遗体。当大型机械平整场地后，队员们负责用手将遇难者自废墟、泥潭中搬运出来，进行遗体冲洗整理、防疫消毒、装袋搬运。③

灾害点所在地开善乡上百位青年志愿者和村民志愿者自发来到救援现场，协助装卸物资。当地干部群众也自发组成炊事班、送饭队，保障了2000多名现场救援人员天天都能吃上热饭。在搜救工作接近尾声之际，这些志愿者还走访周边受灾民众，和他们结对帮扶，帮助他们尽快恢复生产生活。在泰宁县医院，由县青年志愿者协会召集来的数十名志愿者则担负

---

① 相关资料及数据来自课题组2017年7月组织的三明市调研座谈会，由中国人民保险公司三明分公司提供。
② 《泰宁泥石流灾害现场：一切为抢通救援"生命线"》，中新网，http://www.chinanews.com/sh/2016/05-10/7865628.shtml，最后访问日期：2017年7月20日。
③ 《福建泰宁泥石流灾害现场：跃动的民间救援力量》，中新网，http://finance.ifeng.com/a/20160512/14379173_0.shtml，最后访问日期：2017年7月20日。

了伤员的陪护、抚慰和心理疏导工作。

## 三 案例关键问题分析

### （一）泥石流地质灾害

经泰宁"5·8"泥石流灾害成因调查工作组调查认定，泰宁"5·8"泥石流是在极端强降雨、地形高陡和岩石风化破碎等自然因素综合作用下形成的高位特大型泥石流地质灾害。①

泥石流是中国山区比较常见的地质灾害，是山区造成巨大经济损失和人员伤亡的主要地质灾害之一。现代人类的经济技术活动，对地质环境的影响相当于一种强大的外生地质营力，而地质环境对人类各种活动的干扰也会做出反应，称为地质环境的反馈作用或称地质环境的环境功能。地质环境的反馈作用，实质上是地质环境在人类经济技术活动的影响下，对人—地质环境系统动态平衡关系进行调整的一种现象。由于地质环境是一个相对稳定的系统，对于人类工程经济活动的影响具有一定的承受能力，随着人类活动加剧，一旦超出地质环境系统自动调节能力，地质环境脆弱性即表现出来，引发各种地质环境问题。因此，分析人类活动与地质环境之间关系，是拟定地质环境脆弱性对策，实现地质环境可持续利用与保护基础。在人—地质环境系统中，人处于主动位置，地质环境处于被动位置，"人"主要表现在人口规模、人口素质、工程活动、社会制度、政策导向、科学技术、经济发展水平、民族文化、风俗等社会经济因素，可将其概括为社会经济发展水平，具体可划分为低、中、高三种水平，随着中国经济社会的快速发展，人类活动的范围日益扩大，经济社会水平呈现由低至高的发展趋势。根据地质环境对人类活动的反馈作用，地质环境对人类活动亦产生影响。功能良好、可持续利用能力好的地质环境，对社会经济发展起到了很好的促进作用；反之，功能差、可持续利用能力弱的地质环境对社会经济发展，则起到严重的制约和阻碍作用。②

作为人—地质环境关系的重要体现，泥石流具有暴发突然、致灾速度快以及破坏性强等特点。一般来说，泥石流的形成必须同时具备三个基本

---

① 泰宁"5·8"泥石流灾害成因调查工作组：《福建泰宁"5·8"泥石流地质灾害调查报告》（2016年）。
② 黄义忠：《丽江市地质环境脆弱性及其对策研究》，昆明理工大学，博士学位论文，2010。

条件：物源条件、地形条件和水源条件。一是物源条件。固体颗粒是泥石流的重要物质组成，固体物质是泥石流形成的必要条件；山区的泥石流较为活跃。二是地形条件。泥石流基本具备较大面积的汇水区和沟道纵坡较大的流通区，地形条件不仅给泥石流的暴发提供了动力条件，而且为泥石流提供了汇水条件。三是水源条件。泥石流的形成必须有强烈的暂时性地表径流，它为暴发泥石流提供了动力条件。暂时性地表径流来源于暴雨、冰雪融化和坝体溃决等。

近年来，为强化对泥石流、滑坡、崩塌等地质灾害隐患的治理力度，国土部门积极推进地质灾害防治"十有县"建设。[①]"十有县"建设对提高基层防治能力、有效防范地质灾害起到了十分重要的作用。当前，必须遵循开发与保护的原则，重视对地质环境的保护，加强基础研究，编制适度的资源开发利用与工程活动方案，同时采取合理的调控手段，制定相应的对策措施，防止地质环境恶化，确保地质环境可持续利用能力，实现人—地质环境关系的和谐发展。

根据近年来全国许多地方（包括福建泰宁、四川茂县等）发生地质灾害的新情况、新特点，应充分认识地质灾害防治工作的复杂性、严峻性和隐蔽性，准确把握当前地质灾害防治工作形势，特别是高隐蔽性[②]地质灾害已经成为群死群伤主要来源这一特点，要强化措施，加强隐患排查，建立高隐蔽性地质灾害风险预警联动机制，完善群测群防机制，进一步提升高隐蔽性地质灾害精准防治水平。

（二）工棚选址

受经济利益驱动和降低成本考虑，施工单位往往选择在施工工地旁搭建简易工棚让工人和家属暂住，待工地完工后拆除，到下一个工地继续搭建，这对安全生产带来了极大的安全隐患。例如，内蒙古呼和浩特铁路隧道施工民工居住工棚"5·3"火灾，就暴露出施工企业在工程施工过程

---

① "十有"指的是有制度、有机构、有经费、有监测、有预警、有评估、有避让、有宣传、有演练、有效果。《国土资源部办公厅关于开展地质灾害防治高标准"十有县"建设工作的通知》（国土资厅发〔2013〕43号），国土资源部网站，http://www.mlr.gov.cn/zwgk/zytz/201309/t20130929_1276948.htm，最后访问日期：2017年8月20日。

② 乔彦肖：《把隐蔽的地质灾害"挖"出来——谈遥感技术在汛期地灾调查中的应用》，《中国国土资源报》（地矿版）2011年8月16日，第5版。

中，存在对施工人员生活居住及其他附属设施安全状况重视不够、管理不严等问题。在搭建临时工棚时，不仅需要考虑地质灾害，还需要采取选址规划、搭设标准、消防管理、使用管理等各项安全管理有效措施。

国土资源部《建设项目用地预审管理办法》第六条规定："单独选址的建设项目，拟占用地质灾害防治规划确定的地质灾害易发区内土地的，还应当提供地质灾害危险性评估报告。"[1] 具体而言，在工程设计中尽量保持挖填平衡，减少弃土的随意堆放，避免因弃土堆放不合理可能造成局部泥石流及边坡垮塌给管道施工及行人安全构成威胁。在管道施工过程中，应注意施工临设区的选址与安全，临时工棚、设备及材料停放区应选择在无地质灾害危险的安全区内，不能设置在滑坡、危岩边坡、泥石流沟冲淹段等地质灾害危险区内，河岸低洼地段应加强防洪，雨季施工应加强对不稳定地质灾害体的监测与避让，降低地质灾害对施工安全带来的危害。同样，建设部《关于预防施工工棚倒塌事故的通知》（建质〔2003〕186号）中提出，施工工棚是指施工现场的施工人员的宿舍、办公用房、食堂、厕所、浴室及其他临时建筑。[2] 施工工棚管理的重点有以下五个方面：施工工棚选址是否符合安全性要求，是否充分考虑周边水文、地质情况；施工工棚是否与施工作业区分开设置，是否符合施工现场总平面图布置的要求；施工工棚设计和施工是否符合有关规范的要求；装配式施工工棚是否具有产品合格证；施工工棚与周边堆放的建筑材料、设备、建筑垃圾以及与基坑是否保持足够安全距离等。

施工工棚管理的要求主要如下：一是要将施工工棚管理与建筑安全专项整治工作结合起来，认真贯彻落实《关于深化建设系统安全生产专项整治工作的通知》（建质〔2003〕158号）。[3] 在专项整治工作中要注意新材料的推广使用，禁止用钢管、三合板、竹片、毛竹等搭设简易工棚，提倡使用符合规定要求的钢结构、彩钢活动房，为实现"三最"目标而努力。

---

[1] 国土资源部：《建设项目用地预审管理办法》（中华人民共和国国土资源部令第42号），国土资源部网站，http://www.mlr.gov.cn/xwdt/zytz/200812/t20081202_112685.htm，2008年12月2日，最后访问日期：2017年8月20日。

[2] 建设部：《关于预防施工工棚倒塌事故的通知》（建质〔2003〕186号），法律教育网，http://www.chinalawedu.com/falvfagui/fg23051/21487.shtml，最后访问日期：2017年8月20日。

[3] 建设部：《关于深化建设系统安全生产专项整治工作的通知》（建质〔2003〕158号），《建筑安全》2003年第9期，第7~8页。

二是要将施工工棚管理与创建文明工地活动结合起来,认真对照《建筑施工安全检查标准》(JGJ59-99)[1]等标准规范严格要求,保证施工工棚安全。三是要将施工工棚管理与施工企业安全生产评价工作结合起来,把施工工棚的安全状况作为对企业安全生产条件评价的内容之一,将对施工工棚安全状况的监督纳入对施工企业日常的安全监督管理当中。

泰宁"5·8"泥石流灾害成因调查工作组通过调查认定[2],扩建项目各参建单位在工棚选址环节存在对自然条件认知不足、防范意识不强、执行技术规范不到位的情况。安全隐患风险辨识不到位,池潭水电厂第十二局、第十六局以及湖南电力建设监理咨询有限责任公司均未意识到综合加工区、临时工棚所在区域泥石流和山体滑坡可能存在的风险,重视防汛度汛而忽视其他灾害,重视施工现场而忽视其他辅助设施的安全检查与隐患排查工作。

综合加工区住有施工和管理人员16人,违反《建设工程安全生产管理条例》第二十九条"施工单位应当将施工现场的办公、生活区与作业区分开设置,并保持安全距离"的规定。

扩建项目部作为业主单位,执行《电力建设工程施工安全监督管理办法》(国家发改委第28号令)第10条规定不到位,未组织参建单位对变更后的生活办公营地场址进行地质灾害风险评估,未能辨识出沟口区泥石流风险,同意施工单位在临河第一级平台布设施工人员集中居住区临时工棚。

中国电建集团华东勘测设计研究院有限公司作为扩建项目的勘察、可行性研究、设计单位,执行《中小型水力发电工程地质勘察规范》(DL/T5410-2009)第9.3.4条规定不到位,未按要求编录、测绘和分析厂房围堰开挖出来的冲洪积物地质露头,未及时修订区域地质环境条件认知,未能辨识靠沟口第三级平台布设仓库和综合加工修配厂临时工棚场址泥石流风险。

湖南电力建设监理咨询有限责任公司作为扩建项目的监理单位,在审

---

[1] 住房和城乡建设部:《建筑施工安全检查标准》(JGJ59-2011),重庆市安监局网站,http://www.cqsafety.gov.cn/UserFiles/File/2013/03/26/2013-03-26-14-38-0043.pdf,2013年3月26日,最后访问日期:2017年8月20日。

[2] 泰宁"5·8"泥石流灾害成因调查工作组:《福建泰宁"5·8"泥石流地质灾害调查报告》(2016年)。

批临河第一级平台用于施工人员集中居住区时，执行《水电水利工程施工监理规范》（DL/T5111-2000）第5.4.3条规定和《芦庵滩水电站（池潭水电厂扩建工程）建设监理合同》（合同编号：池电扩〔2015〕FW-002）不到位，未全面督促勘察单位严格执行勘察规范，未对临河第一级平台进行全方位调查论证，仅凭设计单位的施工用地范围图、中间第二级平台办公楼的安全使用历史、临河及道路护坡设施的安全情况，类比评价该场址地质环境安全，审批同意用于施工人员集中居住的临时工棚布设。在实施日常监理的过程中，湖南电力建设监理咨询有限责任公司履职不到位。5月6日下午至8日上午，派驻现场的4名监理中有3名（含总监）离开项目所在地前往三明市区，仅留1名土建监理员在项目现场。总监及其他监理离开施工现场未向项目业主报告，且未在现场驻留与总监相应级别的监理工程师。

池潭水电厂第十二局作为扩建项目的施工单位之一，在布设施工人员集中居住区时，执行《水利水电工程施工通用安全技术规范》（SL398-2007）第3.2.2条规定不到位，未能辨识生活办公营地场址泥石流风险，在临河第一级平台布设用于施工人员集中居住的临时工棚。同时，在仓库和综合加工修配厂安排居住施工和管理人员16人，执行《建设工程安全生产管理条例》第29条规定不到位，未将施工现场的办公、生活区与作业区分开设置。

池潭水电厂第十六局作为扩建项目的施工单位之一，在布设施工人员集中居住区时，执行《水利水电工程施工通用安全技术规范》（SL398-2007）第3.2.2条规定不到位，未能辨识生活办公营地场址泥石流风险，在临河第一级平台布设用于施工人员集中居住的临时工棚。

（三）"三同时"制度

灾害成因调查组认为，泰宁"5·8"泥石流灾害存在一定程度的"三同时"脱节问题。① 根据福建省水利厅关于泰宁县芦庵滩水电站（池潭水电厂扩建工程）相关选址审批手续、施工组织设计等核查的意见，勘测设计单位未能揭示临时施工营地的泥石流灾害风险；施工单位提供的施工组

---

① 泰宁"5·8"泥石流灾害成因调查工作组：《福建泰宁"5·8"泥石流地质灾害调查报告》（2016年）。

织设计中的综合加工厂、综合修理厂、仓库及工棚临时场地使用审批手续齐全，但在申请使用工棚临时场地时，未能辨识泥石流灾害风险；监理单位审批工棚临时场地使用申请时，忽视了后山芦庵沟可能发生的泥石流灾害风险；业主委托地质灾害危险性评估时，评估范围未包括施工综合加工厂、综合修理厂、仓库、工棚等场地。调查组通过询问本次参建单位相关人员，均认为"灾害场址在池潭水电站建成30多年来均未发生发现滑坡、泥石流等地质灾害"。设计、施工、监理和业主等各参建单位均未认识到芦庵沟存在泥石流灾害风险。

随着经济社会的快速发展，不合理的采矿、修路、建房等人类工程活动对地质环境的破坏，是导致近年来地质灾害日趋严重的重要因素之一。要严格执行地质灾害防治工程"三同时"（设计、施工、验收）制度，严防新增地质灾害隐患。《地质灾害防治条例》第二十四条规定，经评估认为，可能引发地质灾害或者可能遭受地质灾害的建设工程，应当配套建设地质灾害治理工程。地质灾害治理工程的设计、施工和验收应当与主体工程的设计、施工、验收同时进行。配套的地质灾害治理工程未验收或者验收不合格的，主体工程不得投入生产或者使用。

为更好地保护地质环境，确保建设项目的安全，避免人为诱发地质灾害所造成的人员伤亡和财产损失，根据国土资源部《地质灾害防治管理办法》《建设用地地质灾害审批办法》的要求，各级地方政府主管部门要加强建设用地地质灾害危险性评估和监督，减少或避免由于工程活动而诱发的地质灾害，真正做到"经济建设、城乡建设与地质环境保护同步规划、同步实施、同步发展"。

## 四 对策建议

当前中国各级各部门已经形成了各具区域性特点的地质灾害应急管理体系，但近年来各地地质灾害频发高发以及由此带来的严重损失情况表明，各地的地质灾害应急体系建设仍有诸多短板和不完善之处，对整个应急工作带来较为严重的影响。有鉴于此，应认真吸取经验教训，切实把人民群众生命安全放在首位，举一反三，认真落实各项风险管理措施，不断提升协同应急管理能力。

## （一）强化风险理念及协同治理

此次中国人保财险三明分公司在灾害发生后，集中系统理赔资源，投入抢险救灾，全力配合政府和当地受灾群众做好善后处置、家属安抚、赔款支付等方面的工作，帮助灾区恢复正常生产生活秩序，稳定社会秩序，得到了各个方面的肯定。保险助力救灾，充分发挥了保险机制的经济补偿作用，为被保险人迅速恢复生产生活提供有效的保障。这对强化风险协同防控意识颇有启发。

**1. 构建基于风险协同防控的"风险—应急一体化"治理体系**

强调应急管理"关口再前移"，强化政府风险治理和应急准备工作已成全球应急管理趋势。当前中国在常态化的风险治理方面与发达国家仍存在较大差距，风险协同意识不强、风险治理工作零打碎敲，未能形成系统。未来需加强对自然风险、技术风险、社会风险的系统化治理工作，将风险意识、风险辨识和评价结果纳入应急准备环节，形成"风险意识→风险辨识→风险评估→风险缓解→应急准备→应急处置→善后恢复→风险清单变更"的全流程、闭环式"风险—应急一体化"治理体系。

**2. 加快发展基于风险协同防控的巨灾保险**

巨灾保险是应对大灾难的风险防控制度设计，有助于增强社会大众的风险防控意识。中国虽然历来自然灾害严重，造成的损失巨大，但人民群众通过购买保险来防范巨灾风险的意识却很薄弱，一般的对策是依靠政府财政拨款与社会捐助来支持灾后重建工作，这是一种消极的灾后处理机制。正是由于长期以来风险防控意识的薄弱与国家长期的救济政策，公众对利用保险分散风险的认识薄弱，风险意识不强。为此，在加强风险意识培育的同时，关键在于要使公众真正从中受益。保险行业需要加大保险品种的宣传力度，积极进行巨灾风险的预测与预防，为保险人提供知识和技术方面的支持和周到的服务，灾后及时地做好损失赔付，使公众在参与保险的过程中，提高风险管理意识，真正得到实惠。

当前，巨灾保险已成为中国巨灾风险管理的重要内容。西方发达国家在风险管理和风险评估研究方面起步较早，且在具体操作应用方面基本系统化。中国在1995年以前基本上采用原苏联的一揽子责任保险，各种财产保单和人身意外伤害保单的基本责任都包括地震、洪水风险责任，也就是说被保险人只要投保了财产保险，就同时投保了巨灾保险。1995年颁布的

《保险法》(2002年10月修订)把地震、洪水从财产保险的基本责任中剔除,洪水作为财产保险的综合责任,地震作为附加责任单独承保。由于薄弱的民众保险意识,加之保险公司的规避经营,使得中国巨灾保险业发展缓慢。国家救济、社会捐献和灾民自救成为巨灾风险管理的主要手段。

**3. 建立多层次风险意识协同治理结构**

要通过强化落实风险协同防控意识,把意识落在从国家到地方的各级行动计划中,明确各方职责,规范应急行动,构建具有法律效力的灾害应急响应体系,形成区域灾害应急响应计划、协作计划和专业救援计划。

### (二)进一步加强央地纵向协同应急

中国实行单一制的国家结构,从纵向来看,中央政府与地方政府、不同层级的地方政府之间都是领导与被领导的上下级隶属关系,地方服从中央的统一调遣和安排。在大型灾害来临时,中央统一部署抗灾救灾的决策,负责大型救灾问题的管理,而政府各个部门根据职能分工组织实施,如交通部门、能源部门、电力部门、建筑部门等全部被调动起来,为救灾工作服务。由于政府职能的单一性和党管军队原则,中国形成了地方政府服从于中央指挥,军队服从命令进行应急救助管理体制,这种体制具有极强的组织、动员能力,自上而下形成了强大的灾害应急救助管理系统。此外,中国政府强大的政治动员能力,使得党和政府在灾难时期能够动员社会各方力量,发挥有效组织和迅速协调能力,高效地开展灾害应急救援活动,社会凝聚力在灾难时期空前提升。当前,加强央地纵向协同应急需要着眼于如下几个方面。

**1. 加强央地纵向协同应急能力**

在自然灾害发生时,由国务院统一领导,在中央层面有中国国际减灾委员会、国务院抗震救灾指挥部以及全国抗震救灾综合协调办公室,这些机构为中央政府进行灾害管理提供决策服务,保证在灾害管理中政府决策的有效性。2008年,国务院办公厅发布了《国务院关于全面加强应急管理工作的意见》明确提出,要形成由政府部门主导全社会共同参与的应对模式。2011年,《国家综合防灾减灾计划(2011~2015年)》也提出在中央的统一领导下,地方政府要逐渐完善综合的减灾协调机制,加强跨部门、跨区域、跨灾种的能力。2016年12月,《中共中央 国务院关于推进防灾减灾救灾体制机制改革的意见》指出,对达到国家启动响应等级的自然灾害，中央发挥统筹指导和支持作用，地方党委和政府在灾害应对中发挥主体作用，承担主体责任。省、市、县级政府要建立健全统一的防灾减灾救灾领导机构，统筹防灾减灾救灾各项工作。这就明确了防灾减灾救灾体制机制改革要坚持分级负责、属地管理为主的原则，强化地方应急救灾主体责任。

**2. 提高现场应急救援指挥的有效协同能力**

构建以地方为主导、军地联合指挥的协同指挥体系。在应急救援行动中，地方应急指挥体系处在绝对的主导位置（第一层级），负责通盘考虑、协调整个应急救援体系。① 军队指挥体系处在协助位置（第二层级），在接受地方应急指挥体系赋予的使命和任务后，组织指挥军事力量实施应急救援和处置行动。军民融合的国防动员体系（含预备役、民兵应急分队等）和相关企业主体、各民间力量处于保障位置，全力配合地方应急保障体系，协助开展应急救援行动。要充分发挥高效协同现场应急救援指挥的巨大潜力，在人员需求、行动部署、任务执行等多个方面实现对接融合，建立政府主导、层级分明、分级响应、响应迅速的分工协作体系，实现军地两个体系的有机对接，确保能够快速反应、军地联动处置突发情况。

**（三）真正落实企业安全生产主体责任**

泰宁"5·8"泥石流灾害的一个重要启示，就是必须督促企业进一步落实安全生产的主体责任。近年来，中国陆续颁布实施了一系列安全生产应急方面的法律、法规、规章、标准规范，应急管理工作逐渐进入了制度化、规范化、法制化的轨道。要按照政府引导、部门监督，依法规范、企业落实，突出重点、强化实效的要求，落实《安全生产法》《环境保护法》《企业安全生产标准化基本规范》《安全生产条例》等法律法规规定的企业安全生产主体责任，督促企业建立健全安全生产规章制度和操作规程，完善安全生产责任体系、管理制度体系、投入保障体系、培训教育体系、隐患排查治理体系、应急救援体系，建立企业安全生产的长效机制。要坚持标本兼治、综合治理、系统建设，强化监管执法，督促企业牢固树立安全红线意识，强化主体责任意识，落实安全生产各项措施，探索建立自我约

---

① 《省域非战争军事行动指挥问题研究》，中华人民共和国国防部网站，http://www.mod.gov.cn/reports/201007/hbjdyl/2010-07/07/contentwe 4171887.htm，最后访问日期：2017年7月20日。

束、持续改进的企业安全生产长效机制，提升企业本质安全水平。

### 1. 落实企业主要责任人抓安全的责任

企业的主要负责人是本企业安全生产的第一责任人，在生产经营方面是第一责任人，在安全生产方面也是第一责任人；既要对企业的生产经营负责，又要对企业的安全生产负责。分管安全工作的其他领导也要分工明确，各负其责，共同承担起安全管理的责任。

### 2. 落实安全生产责任制和责任追究制

抓安全生产工作，关键是狠抓安全生产责任制的落实。要层层签订安全生产责任制，制定各类管理人员安全生产责任制和责任追究制，真正做到一级抓一级，逐级落实的安全生产责任追究格局。要坚持做到"抓住不落实的事，追究不落实的人"，层层落实责任，建章立制，把安全生产责任分解逐级延伸落实，把安全生产的责任落实到每个环节、每个岗位、每个人。

### 3. 做好防范和预警工作

企业应抓好应急管理工作，坚持预防与应急工作相结合，做好防范和预警工作，充分利用和整合现有资源，积极做好危险源监控、风险评估、队伍建设、应急物资储备、预案演练等工作，不断提升应急能力水平。

## （四）严格落实"三同时"制度

针对中国工程建设领域普遍存在某种程度"三同时"脱节的问题，要严格落实安全风险防范"三同时"制度。"三同时"制度是贯彻"预防为主"方针的具体体现。对经过评估须采取防治措施的项目，严格督促业主单位切实落实防治工程与主体工程"同时设计、同时施工、同时验收"制度，从源头上治理和预防安全生产隐患，防止安全设施与建设工程主体项目脱节，避免先天不足。要严格按规定实施各类建设项目的自然灾害及安全风险分析评估，科学合理确定工程设施选址和布局。这是落实《国务院关于进一步加强企业安全生产工作的通知》中加强建设项目安全管理，建立安全生产长效机制规定的举措之一。

执行"三同时"原则必须做到以下几个方面：有关部门在组织建设项目可行性论证时，必须同时对生产安全条件进行论证，不具备安全生产条件的不能立项；设计单位编制初步设计文件时，应同时编制安全设施的设计，不得随意降低安全设施的标准；建设单位在编制建设项目计划和财务计划时，应将安全设施所需投资一并纳入计划，同时编报；施工单位必须按照施工图纸和设计要求施工，确保安全设施与主体工程同时施工，同时投入使用。

(五) 着力提高科技协同保障能力

此次泰宁"5·8"泥石流灾害应急救援中投放了大量的科技力量。例如，2016年5月8~9日，省测绘院无人机应急分院提交无人机航拍应急现场真三维场景和正射影像。2016年5月11日，国家安科院专家组提交"边坡雷达"监测工作报告和无人机三维摄影和卫星遥感隐患应急排查报告。国土资源部丘陵山地地质灾害重点实验室相关技术人员利用FLO-2D模型开展的泥石流动力学过程模拟，采用RTK对沟谷两侧地质地貌进行精确定位，采用高密度电法物探方法测定了沟口横断面。省直有关部门如国土资源厅、水利厅、交通厅等组织大批专业技术设备和技术人员赶赴抢险救灾一线。可见，随着现代科技的飞速发展，要加大科学技术在风险源辨识、应急救援中的应用与实践。地质灾害应急响应是一种涉及因素多、技术含量高、时间要求紧、工作任务重和社会影响大的突发事件应急管理行为，由于问题的复杂性和应用的非常规性，为了求得应急响应的"满意解"或综合"最优解"（"有用解"），而不是科学意义上的"精确解"，需要建立大综合和大集成的科学观，提升地质灾害应急响应的科学技术工作水平，使其逐步从经验走向科学，从感性判断走向理性量化。[1]

**1. 加大3S技术应用**

未来，要加大"3S"技术的应用，包括全球定位系统（GPS）、遥感（RS）和地理信息系统（GIS）。将"3S"技术与突发地质灾害应急管理进行深度融合，在数据获取与管理、空间信息二、三维可视化表达，应急监测与分析，空间数据分析等方面，能为突发地质灾害应急管理业务应用系统提供有效参考。要通过专用移动终端信息识别系统，加大北斗应用、身份识别与跟踪系统、综合应急指挥车等在应急救援全过程中的综合应用。要充分利用云计算、大数据等先进的科技手段对突发地质灾害应急工作提供应急决策数据支撑，如预警预报数据、应急指挥调度数据等。

---

[1] 刘传正、陈红旗、韩冰、陈辉：《重大地质灾害应急响应技术支撑体系研究》，《地质通报》2010年第1期，第147~156页。

### 2. 加快军民融合式创新

要加快军民融合式创新，整合运用军民科研力量和资源，充分发挥高等学校、科研院所的优势和潜力，广泛吸纳专家强化顶层规划设计，开展联合攻关，加强基础技术、前沿技术、关键技术研究，推进军民技术双向转移和转化应用。完善军民协同创新机制，加大国防科研平台向民口单位开放的力度，推动建立一批军民结合、产学研一体的科技协同创新平台。

（课题组组长：肖文涛；主要成员：班玉冰、程宇、刘顺桂；本报告主要执笔人：肖文涛、程宇、班玉冰）

# 灾害协同应对

## ——"6·23"江苏盐城特别重大龙卷风冰雹灾害

**摘　要**：江苏"6·23"盐城龙卷风冰雹特别重大灾害发生在经济发达地区，是国内较为少见的自然灾害，造成重大人员伤亡，水电路等基础设施受损，房屋倒塌损毁和重大财产损失。灾害发生后，应急响应工作有力有序有效开展，尤其是国家、省、市、县各级协调联动，社会力量有效动员，这些灾害应对经验具有重要的借鉴意义。同时，本次灾害也暴露出在灾害监测预警、应急通信保障、公众科普宣教、基层应急能力等方面存在不足。

**关键词**：龙卷风灾害；应急响应；协同应对

## 一　灾害基本情况

江苏省是中国受龙卷风吹袭最频繁的省份，1956~2005年平均一年出现21.4个龙卷风。[1] 其强度也是中国各省份之最，1961~2010年出现28个EF-2级龙卷风，8个EF-3级或以上的龙卷风，远超其他省份。在2016年江苏盐城龙卷风冰雹特别重大灾害之前，造成江苏省最严重伤亡的龙卷风是1966年3月3日的EF-3到EF-4级的龙卷风，吹袭盐城一带，造成87人死亡，1246人受伤。[2]

2016年6月23日15时左右，江苏省盐城市阜宁县、射阳县等地出现强雷电、短时强降雨、冰雹、雷雨大风等强对流天气，局地遭受龙卷风袭击，阜宁县新沟镇等地出现速度为每秒34.6米（12级以上）的大风，射

---

[1] 许遐祯、潘文卓、缪启龙：《江苏省龙卷风灾害风险评价模型研究》，《大气科学学报》2009年第6期，第792~797页。

[2] 范雯杰、俞小鼎：《中国龙卷的时空分布特征》，《气象月刊》2015年第7期，第794~803页。

阳海河镇等地出现速度为每秒 27.9 米（10 级）的大风。龙卷风冰雹特别重大灾害造成盐城市阜宁县、射阳县 4.55 万人受灾，99 人遇难，875 人受伤，29741 人紧急转移安置；1.8 万间房屋倒塌，3.8 万间房屋不同程度损坏；农作物受灾面积 67.8 千公顷，其中绝收 2.2 千公顷；直接经济损失为 49.8 亿元。①

## （一）灾害成因

2016 年 6 月 22~23 日，西太平洋副热带高压北抬，其西侧低层有南亚季风和南海季风汇合北上，向江苏北部地区持续输送水汽和热量；与此同时，东北冷涡后部一股较强的冷空气南下，并逐渐影响江苏北部。受冷空气和西南暖湿气流共同影响，苏皖北部大气层结不稳定状态持续增强。至 23 日午后，江苏中北部附近地区汇聚了大量的水汽，大气层结极度不稳定，在这些强对流天气发生的有利条件下，出现了强风、暴雨和冰雹天气。

气象监测显示，6 月 23 日 12~15 时，盐城北部受强对流云团影响，出现强阵风、冰雹和强降水等极端天气。自动气象站的直接观测显示，14 时 20 分至 15 时 20 分，阜宁县西南部出现长 25 公里、宽 10 公里范围的 8 级以上短时大风，最大风速出现在阜宁新沟镇（每秒 34.6 米，12 级以上，时间为 14 时 29 分）；滨海天汤镇最大雨量为每小时 51.7 毫米，阜宁本站为每小时 47.6 毫米；14 时 30 分左右阜宁县城北、陈集一带出现冰雹天气，冰雹直径为 20~50 毫米。②

## （二）灾害影响

江苏"6·23"龙卷风冰雹灾害对江苏盐城地区造成严重损害，阜宁县和射阳县部分镇区出现强雷电、短时强降雨、冰雹等强对流天气，形成龙卷风恶劣天气，阜宁县硕集社区、新沟镇、陈良镇、板湖镇、金沙湖街道、花园街道、吴滩街道等 7 个镇街 22 个村，射阳县开发区陈洋办事处和海河镇 2 个镇区 7 个村遭受龙卷风袭击，造成了较大人员伤亡和财产损失。

---

① 《盐城"6.23"特大龙卷风冰雹灾害灾后重建工作新闻发布会》，盐城政府网，http://www.yancheng.gov.cn/xwzx/xwfbh/623zdzhcjgzxwfbh，最后访问日期：2017 年 8 月 27 日。
② 《气象局：初步判断盐城有龙卷风发生 还需现场确认》，中华网，http://news.china.com/focus/jszljf/11179128/20160624/22932753.html，最后访问日期：2017 年 8 月 27 日。

阜宁县和射阳县倒塌、损坏房屋将近9000户，厂房、农业大棚损毁严重。龙卷风造成电力35千伏以上线路倒杆100个左右，10千伏以下倒杆4000多个，造成13.5万户停电。阜宁移动累计130个2G/3G基站、850公里杆路，4.6万手机用户、3万宽带用户受到影响；设备直接损坏的有2个站点，性能下降的有43个站点。阜宁、射阳两县农作物倒伏2万亩、积水1.6万亩；设施农业损毁4.3万亩；畜禽圈舍倒塌受损25.1万平方米、生猪死亡1.8万多头、家禽死亡32万多只、牛羊死亡800多只；约2000亩鱼虾蟹塘受灾，30多个养虾设施大棚被毁。阜宁县阿特斯协鑫阳光电力有限公司受损情况较为严重，2栋厂房严重损毁，损毁面积达4万平方米，厂房内部存放多种危化品。[①]

## （三）灾害特点

此次灾害的主要特点如下：一是灾害发生范围较小，盐城龙卷风的影响范围呈现带状分布特点，长度达20~30公里，宽度为1.5公里左右，且临河地区居多（见图1）。二是多种气象灾害复合，盐城龙卷风灾害伴有雷暴天气、冰雹等灾害，本次灾害中有农作物因冰雹而受损，有通信基站遭雷击，影响了灾害信息的及时传递，减缓了救援进度。此外，龙卷风过后的强降雨天气也给灾后救援带来了诸多不利影响。三是灾害影响程度大，据国家气象中心强天气预报中心首席研究员郑永光介绍，江苏盐城龙卷风经专家组判定等级为EF-4级，风速超过每秒73米，风力超过17级，其造成的破坏性是毁灭性的。[②] 重灾区主要包含7个乡镇（街道）22个村（社区），共造成2000余间房屋受损。四是持续时间较短。根据阜宁灾区居民的描述，此次龙卷风在视野中只持续了1~2分钟，现场没有捕捉到龙卷风的任何影像资料。五是灾害难以预警。由于龙卷风本身尺度较小，雷达难以观测到，同时目前的技术手段仅能预测到强对流天气，对龙卷风的出现及其影响程度的预估难度较大。此次龙卷风灾害来临时，当地气象站观测到的最大风力是12级。灾害发生的第二天，气象专家到达现场实地考察，并综合气象观测资料，最终才确定此次灾害是最大风力高达17级以上的龙卷风。

---

① 数据来源：阜宁县访谈记录（2016年7月21~22日）；盐城市访谈记录（2016年7月27~28日）。
② 《专家组确认盐城"6·23"龙卷风为EF-4级 风力超17级》，新华网，http://news.xinhuanet.com/politics/2016-06/26/c_1119113517.htm，最后访问日期：2017年8月27日。

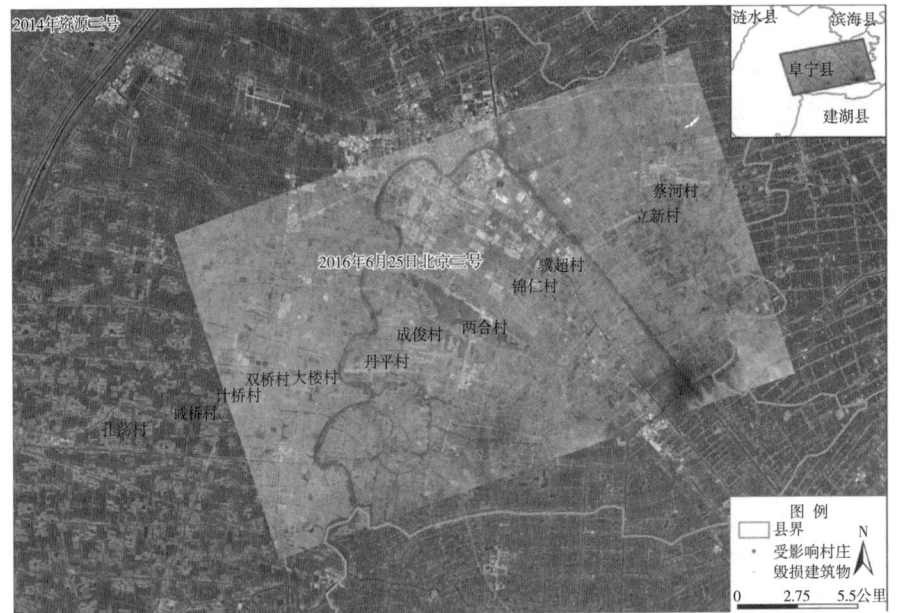

**图 1　2016 年 6 月 23 日江苏盐城龙卷风冰雹特别重大灾害遥感监测图**

资料来源：《民政部国家减灾中心针对江苏盐城龙卷风冰雹特大灾害开展卫星遥感应急监测工作》，国家减灾网，http://www.jianzai.gov.cn/DRpublish/jzdt/0000000000017385.html，最后访问日期：2017 年 8 月 27 日。

## 二　灾害协同应对

### （一）国家层面

**1. 领导高度重视**

党中央、国务院高度重视盐城龙卷风冰雹特大灾害抢险救灾工作。当时正在乌兹别克斯坦访问并出席上海合作组织峰会的习近平总书记立即做出重要指示，要求国务院派工作组前往指导抢险救灾，代表党中央、国务院慰问受灾群众。要求全力组织抢救受伤人员，最大限度地减少人员伤亡，并做好遇难人员善后和受灾群众安置工作。要求有关地方和部门强化气象监测预报和地质灾害评估等工作，做好重特大自然灾害防范和处置工作，切实保障人民群众生命财产安全。李克强总理做出批示，要求全力做好人员搜寻和伤员救治，抓紧核实受灾情况，尽快帮助受灾群众恢复正常生产生活。民政部要牵头成立国务院工作组，立即赶赴现场指导救灾。有关方面要针对主汛期各类自然灾害多发情况，指导和督促地方切实做好极端天气等灾害防范应对工作，最大限度地减少因灾损失。①

国务院副总理张高丽、汪洋分别做出批示，要求认真贯彻总书记、总理的重要指示批示，全力做好抢险救灾和受灾群众安置工作，抓紧修复被毁坏的基础设施，帮助群众尽快恢复正常生产生活，同时加强汛期地质灾害等重大自然灾害预测预警和防范应对工作，切实保障人民群众生命财产安全。

2016年6月24日，受习近平总书记、李克强总理委派，中共中央书记处书记、国务委员兼国务院秘书长杨晶率公安部副部长李伟等国务院有关部门负责人紧急赶赴盐城，指导灾害应急救援和善后处置工作，深入了解灾害抢险和应急救援情况，看望受灾群众和受伤人员，慰问在一线抢险救灾的工作人员。

**2. 开展相关支援**

2016年6月23日20时，国家减灾委、民政部针对江苏省盐城市强对流天气对受灾群众生产生活造成的严重影响，启动国家Ⅲ级救灾应急响应，由民政部、工业和信息化部、财政部、住房和城乡建设部、国家卫生计生委五部委组成的国务院工作组连夜赶赴灾区，指导和帮助地方开展应急救援和受灾群众基本生活救助工作。

国务院工作组强调，要坚决贯彻落实习近平总书记、李克强总理等中央领导的重要指示批示精神，全力以赴开展抢险救灾工作，继续做好拉网式排查搜救，做到没有遗漏、不留死角。要全力做好伤员救治，尽最大努力减少人员伤亡，并稳定受伤群众和家属的情绪，做好心理安抚工作和善后工作。要着力安置好受灾群众，过细做好过渡期受灾群众生活安排，使受灾群众基本生活有保障。要尽快恢复受灾群众生产生活，扎实开展灾害损失评估工作，为灾区重建提供科学依据，帮助大家早日重建美好幸福家园。②

国务院工作组还深入阜宁县陈良镇丹平村和硕集社区计桥村受灾现场、硕集中心小学受灾群众集中安置点、阜宁县人民医院城南分院受灾伤员救治点，实地察看灾情，看望慰问受伤群众，勉励广大群众坚定信心，

---

① 《习近平对江苏盐城龙卷风冰雹特别重大灾害作出重要指示》，新华网，http://news.xinhuanet.com/2016-06/24/c_1119102050.htm，最后访问日期：2017年8月27日。
② 《国务院工作组在盐指导抢险救灾工作》，阜宁政府网，http://www.funing.gov.cn/xwzx/ztzl/zrzhzt/gzbs/2016/06/17062816093075.html，最后访问日期：2017年8月27日。

相信在党中央、国务院的坚强领导下,在各级党委、政府的带领下,在全社会的共同帮助下,很快能够渡过难关,过上幸福生活。在阿特斯协鑫阳光电力科技公司,国务院工作组亲切慰问在一线抢险救灾的消防官兵,对他们坚持听党指挥、服务人民、英勇善战的优良传统,不畏艰难、连续作战,全力开展抢险救灾,切实保护人民生命财产安全给予了高度评价。

2016年6月25日,中央财政向江苏省紧急拨付救灾资金1.6亿元,支持受灾地区做好抗灾救灾及保生产等相关工作。其中,中央自然灾害生活补助资金1亿元,主要用于江苏盐城龙卷风冰雹特大灾害受灾群众紧急转移安置、过渡期生活救助、因灾倒损住房恢复重建和向因灾遇难人员家属发放抚慰金,帮助和支持做好受灾群众生活救助工作;农业生产救灾资金3000万元,用于支持受灾地区农民购买种子、种畜、鱼苗、化肥、饲料、农药和柴油等生产资料,做好改种、补种以及受损农业设施修复等;特大防汛抗旱补助费3000万元,用于支持防汛抢险救灾、修复损毁水利设施。①

民政部向江苏省调拨1000顶帐篷、2000张折叠床、10套场地照明灯等中央救灾储备物资,用于支持做好群众临时安置工作;国家卫生计生委连夜安排北京、上海、浙江、山东等地的国家级医疗专家和卫生应急队伍做好准备,随时根据需要赴江苏灾区支援,并于2016年6月24日早从北京、上海派出6名国家级医疗专家赶赴江苏指导和协助开展伤员救治工作;6月24日,农业部派出农业救灾工作指导组深入重灾区,实地调查了解灾情,指导当地农业部门搞好农业救灾和生产恢复,组织水稻、玉米、蔬菜等作物领域的专家和畜牧兽医工作人员深入灾区,根据农作物受灾程度和生长发育进程,提出有针对性的技术指导方案,对受灾死亡牲畜进行无害化处理,加强免疫措施,确保灾后无疫情。

(二) 省级层面

江苏省委、省政府对抢险救灾工作高度重视,省委书记罗志军、省长石泰峰第一时间就全力抢救伤员、妥善处置好死亡人员善后、确保受灾群众正常生活等做出批示,要求全力抢救伤员,妥善处理好死亡人员善后,

---

① 《中央财政向江苏省紧急拨付救灾资金1.6亿元》,新华网,http://news.xinhuanet.com/politics/2016-06/25/c_1119111376.htm,最后访问日期:2017年8月27日。

最大限度地减少人员伤亡。迅速组织抢险救灾队伍进行救助,确保受灾群众正常生活。加强对极端天气的预警预报,减少因自然灾害造成的损失。

2016年6月23日当晚,省委书记、省长紧急从南京赶赴阜宁县陈良镇、硕集社区受灾现场,察看灾情,看望受伤群众,组织指挥抢险救灾。对救灾工作提出五点要求:一要强化指挥调度,形成上下贯通、综合覆盖的救灾指挥体系。二要千方百计减少伤亡,稳定受伤群众和家属情绪,做好心理安抚工作和善后工作;省市卫生部门要做好伤员伤情评估,及时采取转院、调集专家等措施,尽最大努力使伤病员获得良好治疗。三要做好后续抢险救灾和受灾群众生活安排等各项工作,使受灾群众特别是老人和儿童的基本生活有保障。四要大力宣传抢险救灾工作中的先进事迹,激发社会正能量。五要加强社会面治安防控工作,确保大灾之后社会安定有序。

江苏省政府于2016年6月23日19时50分启动省级一级救灾应急响应。民政部门全力救灾救助,确保受灾群众生活保障基本实现"五有",即有饭吃、有衣穿、有干净水喝、有住处、有病能得到及时医治。江苏省民政厅组成2个工作组先后赶到现场,指导当地开展救灾工作。灾害发生后,江苏省民政厅紧急调运救灾帐篷350顶,帐篷应急灯700盏发往受灾现场,用于安置灾民。省民政厅会同省财政厅于24日9时将2000万元救灾资金下拨至受灾地区,此款项专项用于受灾人员的生活救助,受灾地区民政、财政部门将加强资金监管,切实保障好受灾群众的基本生活。财政部、民政部紧急安排江苏省1亿元中央自然灾害生活补助资金,分别拨付给盐城市阜宁县8148万元、射阳县1852万元。6月24日、29日,江苏省级财政也紧急安排1亿元地方自然灾害生活补助资金,分别拨付给阜宁县9400万元、射阳县600万元。① 根据《江苏省自然灾害救助应急预案》规定,省减灾委、省民政厅于6月29日10时终止省一级救灾应急响应。

2016年7月8日,江苏省财政厅、民政厅、审计厅下发《关于加强盐城"6·23"特大龙卷风冰雹灾害救灾款物使用管理的通知》(以下简称《通知》),明确救灾款物使用管理原则、使用范围、使用审批程序以及监督检查等有关内容,要求建立救灾款物快速拨付和发放机制,从严控制支

---

① 《江苏加强2亿元自然灾害生活补助资金跟踪管理》,中国新闻网,http://www.chinanews.com/sh/2016/07-15/7940624.shtml,最后访问日期:2017年8月27日。

出标准、严格审批程序,按规定程序确定救助对象,确保救灾款物依法依规使用,及时足额发放到受灾群众手中,切实用到急需使用的地方。

《通知》指出,各地要从关注民生、促进和谐、维护稳定的高度,深刻认识管好用好救灾款物的重要性,切实加强组织领导,严格审批程序,规范使用管理,坚决杜绝救灾款物使用管理工作中可能发生的分配不及时、程序不规范、擅自扩大使用范围等问题,确保救灾款物依法依规使用,及时足额发放到受灾群众手中,切实用到急需使用的地方。《通知》要求,所有救灾款物的使用管理,应当坚持节俭节约、突出重点、科学调度、手续完备的总原则。救灾款物发放的重点是重灾户,特别要保障好自救能力较差的受灾群众的基本生活,不得平均分配,不得截留、挪用。

根据财政部、民政部《自然灾害生活救助资金管理暂行办法》相关规定,中央和省级下达的自然灾害生活补助资金2亿元,主要用于受灾群众紧急转移安置、过渡期生活救助、倒损住房恢复重建和向因灾遇难人员家属发放抚慰金、遇难人员遗体火化等方面。省财政厅、民政厅、审计厅将对自然灾害生活救助资金分配使用进行全程跟踪管理,并及时向社会公示,主动接受纪检、监察和社会各界监督,确保救助资金使用公正、有效、安全。

### (三)市县层面

盐城市委、市政府和阜宁县委、县政府在灾害发生后,高度重视、反应迅速、靠前指挥、全面部署,有力有序展开各项抢险救灾工作,受伤人员得到及时有效救治,受灾群众得到妥善安置,快速恢复交通、电力、通信等基础设施,抢险救灾工作取得很大成效。

盐城市委、市政府根据《盐城市自然灾害救助应急预案》,启动自然灾害救助应急Ⅰ级响应机制和抢险救灾预案。成立救灾工作领导小组,盐城市委书记朱克江担任领导小组组长,在一线指挥;市长王荣平任第一副组长,在现场具体组织调度,其他市领导分工负责、各司其职。阜宁、射阳也迅速成立抢险救灾领导小组,县四套班子成员牵头,抽调相关人员,立即进入现场组织救人救灾。

盐城市委、市政府和阜宁县委、县政府对此次灾害的应急响应,分为三个阶段。

第一阶段(灾害发生后的前1~2小时):各部门接到上下级或其他渠

道传递过来的灾害信息后，立即根据各部门预案启动预警机制，并收集相关信息，部署工作。部分单位建立临时指挥部，负责本部门信息汇总上报和资源调动，主要部门领导陆续赶往灾区。

第二阶段（23日16时至24日10时）：部分一线部门工作人员赶到现场参与救援的应急响应，主要包括公安、交通、民防、卫生、住建、通信等部门。交通部门动用大型设备，开展道路清障工作，23日16时完成国道抢通，20时完成省道抢通，24日10时全部道路完成抢通；公安部门调集全市警力疏导交通，并在抢通后组成巡逻队保障灾区治安；民防部门24日7点派出5个单兵天线通信设备，用以传递信息；卫生部门领导下属医院，调动全市救护车运送伤员，针对不同伤情进行分类救治；市卫计委派出专家组，并在阜宁县人民医院设立省、市、县三级指挥部，防疫人员在现场做消毒杀菌作业；住建部门派出专家组，制订重建方案，排查危房；经信委连同通信公司立即进行设备抢修，并调派应急通信车作为辅助通信工具。这些工作主要集中在灾害发生的前两天，到达灾区后立刻开展，且优先程度高于其他后续工作。一般诸如信息通信、抢险设备等困难主要发生在这个阶段。

第三阶段（24日11时至响应终止）：在道路基本畅通之后，在确保救助安置工作顺利进行的同时，有的部门开始动员本部门工作人员参与物资发放、抢救粮食、组织捐赠等专业性不强、容易上手的工作。通信等提供后方保障的公共部门并没有派出更多人员直接参与救援，而是在做专业的通信保障工作，保障信息合理流通。一些社会力量甚至企业部门也自发地组织起来，参与救灾活动。这些力量既包括专业的救援队伍，也包括非专业的志愿者。

**1. 做好人员抢险救治**

灾害发生后，公安机关第一时间从全市调集1800多人赶赴灾区，数千名解放军和消防、武警部队官兵迅速对受灾地区进行拉网式排查，确保不遗漏一家一户，始终把救人放在第一位，全力以赴抢救受伤群众，成功搜救、转移安置受困群众29741人。[1] 迅速抢救因灾受伤人员，累计投入各类医疗卫生人员2.32万人次、省级以上各类医疗专家64人。针对灾害中受伤的846人，按照先救命后治伤、先治重伤后治轻伤的原则，组织现场

---

[1] 数据来源：盐城市应急办访谈记录（2016年7月27日）。

急救。对病况危及的重伤员，送至重症加强护理病房（ICU）；对相当痛苦、无生命危险的 2 级伤员，送至普通病房救治；对不太紧急的 3 级伤员，送至其他一般医院救治；对于伤情轻微的，进行现场处理。对重症病人实行精准医护，一对一救治，做到"一伤一医护""一人一档案"，152 名重症病人全部及时转诊到市级有关医院。①

### 2. 做好人员安置

妥善安置受灾群众，集中安置为主，分散安置为辅。尽力改善安置条件，确保不引发其他疾病和受伤感染。阜宁县共设置 13 个安置点，安置 1513 人；射阳县设置 1 个安置点，安置 78 人。② 每个安置点都实行标准化、规范化管理和服务，保证受灾人员有吃、有穿、有住、有医护，不出安全问题。对受灾群众全面发放生活补助，确保一户不少、一个不漏。其他受灾群众通过投亲靠友等办法全部得到有效安置。受灾群众已收的小麦将在 6 月 27 日完成收储进仓。对遇难者免除火化、化妆等一切费用，并向家属发放抚慰金。

### 3. 加强部门联动

交通、通信、消防、卫生、民政等部门全力投入抢险救灾。在抢救受伤人员的同时，继续加大排查农村危房的力度，组织基层干部到灾区所有农户进行排查走访，组织群众搬离危险房屋，确保群众生命安全，确保不发生次生灾害。充分调动各方力量，加快抢修因灾损毁的基础设施，全力抢修水、电、路、通信设施，18 小时内恢复供水，5 天内恢复供电，尽力恢复灾区生产生活。截至 25 日 16 时，所有县乡道路已全部恢复通行，阜宁县和射阳县受灾的 9 个镇区、29 个村居全部恢复供水。13.5 万停电用户已恢复供电 8.63 万户；电信、移动、联通等通信公司退服的 743 个基站已恢复 685 个。③

### 4. 动员社会力量

动员社会各界支援灾区，统一组织好接受资助和捐赠，强化资金使用管

---

① 数据来源：盐城市卫计委访谈记录（2016 年 7 月 27 日）。
② 《盐城市"6·23"龙卷风冰雹特别重大灾害抢险救灾工作首场新闻发布会》，盐城政府网，http://www.yancheng.gov.cn/xwzx/xwfbh/ycsqjzxwfbh，最后访问日期：2017 年 8 月 27 日。
③ 《盐城市"6·23"龙卷风冰雹特别重大灾害抢险救灾工作第二场新闻发布会》，盐城政府网，http://www.yancheng.gov.cn/xwzx/xwfbh/ycsqjzfbhdec，最后访问日期：2017 年 8 月 27 日。

理。灾情发生后，各级党政组织、党员干部踊跃带头捐款，社会各界纷纷伸出援助之手，奉献爱心，自发捐款捐物，大批志愿者现场开展志愿服务，应急救灾物资陆续送往灾区，有力地支持了灾区抢险救灾。截至26日10时，已收到各类捐款7713万元。① 对社会各界捐赠的资金和物品，实行统一接受、集中派送，在使用上严格监管、阳光操作、规范运行，接受社会监督。

**5. 加强卫生防疫工作**

专门成立灾后卫生防疫工作组，派员驻点开展卫生防疫工作，紧急调集875箱消杀药品等应急物资送到灾区。省、市、县共派出卫生防疫人员165人，发放消毒液、漂精粉等消杀药品432箱，全面展开受灾镇村的防疫工作，确保大灾之后无大疫。切实加强灾区警力配备，防止发生各类违法犯罪行为，保障群众财产安全。灾区未发生一起涉灾警情。

**6. 维护社会秩序稳定**

全市公安机关闻警而动、迅速集结，全警动员、全力以赴投入抗灾救援工作。一是全力以赴搜救受伤群众。省市武警消防官兵、公安民警3700余人，分组包片深入受灾的7个重点镇19个村，按照"村不漏户、户不漏人，全面见底、一个不漏"的要求，连夜全面细致排查搜救。二是全力以赴守护重点部位。调集380名警力对承担伤员救治的20家医院、卫生院、殡仪馆和受灾核心区，全面落实安全保卫措施，确保秩序平稳。三是全力以赴维护灾区治安。市公安局从机关抽调100名精干力量，组建8支"党员先锋突击队"，分别成立8个临时党小组，迅速投入灾区治安巡防。对趁火打劫等涉灾现行案件依法及时予以打击处理，确保大灾无大乱。四是全力以赴保障交通秩序。市、县两级交警部门全警上路、清障除碍、疏堵保畅，对所有运送伤员和救灾物资的车辆开辟绿色通道。五是全力以赴维护社会稳定。按照"舆情把控、信访稳控、事故严控、治安可控"的总要求，加强情报信息搜集、严控重点人员、严密社会面防控，以面保点，确保全市社会大局稳定。

**（四）社会响应**

**1. 社会捐赠工作**

截至7月1日17时，江苏省民政、慈善、红十字会系统共接收盐城龙

---

① 《灾区已收到捐款7713万元》，《新华日报》2016年6月27日，第3版。

卷风冰雹特大灾害救灾救助捐赠款物合计 33811.19 万元（含江苏省财政厅收到捐款 1000 万元、认捐数 700 万元、物资折价 6822.88 万元）。其中，民政部门和慈善会接收捐赠款物 31714.85 万元（含认捐数 700 万元），红十字会系统接受捐赠款物 1096.34 万元。① 截至 7 月 20 日 16 时，阜宁县慈善总会共收到捐款 96812863.17 元。②

### 2. 志愿者动员

在动员社会力量方面，团委系统扮演了十分重要的角色。

一是建立应急指挥机制，成立"青"字号队伍抢险救灾的指挥中心。省、市、县三级团委迅速成立联合指挥部，统筹协调共青团抢险救灾工作。主动与县委领导沟通，把工作纳入县委统一领导，每天参加县抢险救灾总指挥部工作例会，以书面形式报告团委的救灾工作动态。全市团委系统共组织 44 个青年突击队、青年志愿者队伍 1591 人次参与救灾，为灾区群众募集各类物资价值近 200 万元。利用团属微信、微博等新媒体平台矩阵优势加强宣传动员工作。各类"青"字号队伍在灾区主要承担了伤亡群众救助、救灾物资清点、搬运与发放、抢运受灾群众粮食等工作。

二是建立需求收集机制，成立汇总处理各类救灾需求的信息中心。建立热线求助电话，通过网络媒体向社会公开指挥部地址及 24 小时值班电话，承担了县"12345"政务服务热线中有关青年志愿者以及青少年救助方面的电话接收任务。建立群众需求排查队，在受灾村居的安置点安排 1 名乡镇团委书记和 2~3 名团干部组成群众需求排查队，下访摸排群众需求，每天晚上反馈给指挥部，为调配相应的工作力量提供依据。设置网络对接平台，建立"青春有爱·天佑盐城""共青团前线指挥部"两个微信工作群，参与主导"'6·23'阜宁龙卷风应急物资筹备群""'6·23'阜宁龙卷风应急响应群"等微信群，明确专人汇总社会公益组织和爱心人士可提供服务的时间、人数、专业等情况，由指挥部统筹安排对接需求。

三是建立统筹协调机制，成立整合公益组织和社会志愿者参与救灾的调度中心。组织召开工作协调会，主动将公益组织力量整合到抢险救灾总

---

① 《江苏民政系统等共接受受龙卷风救灾捐赠 33811 万》，人民网，http://js.people.com.cn/n2/2016/0702/c360303-28599701.html，最后访问日期：2017 年 8 月 27 日。
② 《阜宁县"6·23"风雹灾害接受捐赠明细表》，阜宁政府网，http://www.funing.gov.cn/xwzx/ztzl/zrzhzt/jzjz/2016/06/1716620953588.html，最后访问日期：2017 年 8 月 27 日。

体工作中去，每晚7时召开社会公益组织、青年志愿者工作协调会，帮助协调处理工作中存在的问题。设立青年志愿者联络处，重点做好外来社会公益组织和青年志愿者队伍工作协调对接、个体社会志愿者服务意愿登记和派遣、灾区青少年摸排、受灾群众需求统计等工作，避免出现公益组织各自为政、扎堆服务等乱象。派发服务对接单，每天早上派发"社会公益组织救灾服务对接单"，注明受灾地联系人和社会组织联系人、人员数量、专业特长等信息，各公益组织凭对接单才能进入灾区前线，统筹安排社会组织工作，总共派出了78批次、1500人次社会公益组织力量参与救灾工作，有效地发挥了公益组织的专业作用。

四是建立长效服务机制，成立实施受灾青少年帮扶项目的督导中心。在救灾阶段，团组织重点做好受灾青少年的服务工作，特别是围绕青少年的生活、学习以及心理状况，有针对性地开展工作。深入掌握青少年受灾情况，了解受灾群众特别是受灾青少年情况，针对不同情况，提供不同的服务项目对接。多方面筹措青少年救助资金，通过各种渠道向社会公开青基会捐款账号信息及网络捐款平台。重点关注青少年心理问题，广泛联系社会公益组织、青年志愿组织参与，针对受灾家庭青少年产生的心理问题，第一时间推出了"温心同行——'6·23'心理援助"项目，组织动员专业社会公益组织开展对受灾青少年的心理援助，先后派出17支队伍，服务青少年988人次，其中重点干预青少年个案11个。①

**3. 灾害保险**

保险业紧急应对江苏盐城"6·23"龙卷风冰雹特大灾害，当地保险企业迅速组建查勘队伍，梳理灾区承保情况，开设理赔服务便民受理点，建立沟通机制强化数据更新，开通赔款支付绿色通道。截至7月3日上午，江苏盐城"6·23"龙卷风保险报案数量为1586件，估损金额为5750.43万元，已支付赔款2286.20万元。其中，人保财险江苏省分公司就电力设施损失向国家电网预付赔款800万元。人保财险江苏公司向阿特斯协鑫阳光电力有限公司预付企业财产新损失赔款2000万元，支持阿特斯工程灾害施救和重建。②

---

① 资料来源：共青团盐城市委员会访谈记录（2016年7月27日）。
② 《盐城故事：龙卷风灾害背后的保险》，中保网，http://xw.sinoins.com/2016-07/04/content_200524.htm，最后访问日期：2017年8月27日。

### 三 经验借鉴

江苏盐城"6·23"龙卷风冰雹特大灾害能够得到有效应对，得益于多个方面的共同努力，相关的做法与经验对以后同类地区、同等尺度灾害的灾前准备、灾害预警、应急响应和灾后恢复都有重要的借鉴意义。

#### （一）以人为本，保障生命财产安全

无论是中央领导的批示还是国家、省、市、县采取的应急响应措施，始终把确保人民群众生命安全放在首位，保障受灾群众基本生活，牢固树立以人为本理念。

#### （二）分级负责，强化地方主体责任

江苏盐城"6·23"龙卷风冰雹特大灾害得到中央领导的高度重视，国家减灾委启动Ⅲ级救灾应急响应后，国家减灾委及部分成员单位立即采取相关措施：派出由民政部负责人带队、有关部门参加的联合工作组赴盐城协助指导开展救灾工作；根据灾情核定情况，财政部、民政部及时下拨中央自然灾害生活补助资金；民政部紧急调拨生活救助物资，指导、监督基层救灾应急措施落实和救灾款物发放；交通运输、铁路、民航等部门和单位协调指导开展救灾物资、人员运输工作；国家卫生计生委指导受灾地区做好医疗救治、卫生防病和心理援助工作；民政部指导社会组织、志愿者等社会力量参与灾害救助工作。

江苏省政府启动省级Ⅰ级救灾应急响应，江苏省减灾委及其成员单位立即采取相关措施：江苏省减灾委组织召开会商会议，对受灾地区抗灾救灾重大事项做出决定；省减灾委领导率有关部门赴灾区指导自然灾害救助工作；根据灾情核定情况，江苏省财政厅、民政厅按规定及时下拨自然灾害生活救助资金；省民政厅为灾区紧急调拨生活救助物资，指导、监督基层救灾应急措施的落实和救灾款物的发放；交通运输（铁路）等部门加强救灾物资运输组织协调，做好运输保障工作；省公安厅负责灾区社会治安工作，协助组织灾区群众紧急转移工作，参与配合有关救灾工作；省军区、省武警总队根据省有关部门和地方人民政府请求，组织协调军队、武警、民兵、预备役部队参加救灾，在必要时协助地方人民政府运送、接卸、发放救灾物资；省发展改革委、农委、商务厅、粮食局保障市场供应

和价格稳定；省卫生厅及时组织医疗卫生队伍赴灾区协助开展医疗救治、卫生防疫和心理援助等工作；省民政厅组织开展全省性救灾捐赠活动，统一接收、管理、分配全省救灾捐赠款物；省红十字会依法开展救灾募捐活动，参与救灾和伤员救治工作。

从国家层面和江苏省省级层面的响应级别来看，都严格遵循了《国家自然灾害救助应急预案》《江苏省自然灾害救助应急预案》的规定，按照江苏盐城"6·23"龙卷风冰雹特大灾害所造成的人员伤亡和财产损失规模，确定响应级别，并根据响应级别采取相应措施。从总体来看，国家和江苏省的应急响应措施更多的是从后方支援的角度出发，给予灾区统筹指导和支持作用。

灾害应对主要是以盐城市和受灾县两级党委和政府为主，市、县两级政府都启动了Ⅰ级救灾应急响应。在灾害应对上，市、县两级指挥机构进行了合并，在阜宁县、射阳县采取就近指挥、属地管理措施，统一指挥人员搜救、伤员救治、卫生防疫、基础设施抢修、房屋安全应急评估、群众转移安置等应急处置工作。

### （三）广泛动员，有序引导社会力量

防灾减灾救灾工作要坚持党委领导、政府主导、社会力量和市场机制广泛参与，灾害应对多元主体参与，社会公众作为防灾减灾的主体力量，尤其是要充分发挥应急志愿者在国家防灾减灾体系中的作用。江苏盐城"6·23"龙卷风冰雹特大灾害后，全国各地青年志愿者纷纷自发赶到灾区，一度严重影响交通；各类社会公益组织苦于无法与政府对接导致力量分配冷热不均；部分受灾群众特别是青少年的具体诉求得不到及时解决。针对上述问题，盐城团市委在团省委的指导下，迅速响应，主动作为，积极为抢险救灾和灾后重建服务，采取的各种措施对于志愿者规范有序地参与灾害应对工作发挥了重要作用。

### （四）党委领导，发挥先锋模范作用

在此次灾害救灾过程中，各级党委政府充分发挥中国的政治优势和社会主义制度优势，坚持党委和政府在抗灾救灾工作中的领导和主导地位。推行"一户一党员，一村一领导，一病一医护"，为抢险救灾取得成效提供了制度保障。同时，充分发挥党组织党员的先锋模范作用，按照"一户

一党员、一村一领导、一伤一医护"的要求,每户落实一名党员,帮助群众开展自救、恢复生产生活等工作。

在救灾过程中,所有受灾地都要建好集中安置点,挂党旗,科级干部带队,爱心组织结对,做到吃喝住统一标准,医护到位,保证受灾群众吃上热饭、喝上热粥热汤,有充足的床、被、席、牙膏、牙刷、脸盆、蚊香等生活用品,同时做好防火防疫等工作。把需要集中安置的户、人摸准、摸清、摸透,倒房、危房等不允许居住一人,除能投靠亲友的,其他一律到安置点居住,所有受灾农户首批生活补助全部到位,所有受灾农户的小麦收储进仓。所有受灾村居建立统一的医疗救护防疫站、治安室,挂好标牌、插好党旗,所有慰问物资一律集中到各村物资接受点,受淹农田确保排清积水,受灾村庄加大环境清理力度,排除安全隐患,做到垃圾清、倒伏清、障碍清、河道清,对群众提出的生产生活诉求实行"一天两报告"制度,稳定受伤群众和家属情绪,做好遗体火化等善后工作。

## 四  问题及改进建议

### (一) 监测预警体系建设

监测预警是突发事件应急管理的重要工作环节,是提高防灾减灾能力、防御和减轻灾害损失的重要基础。中国并不经常有影响较大的龙卷风发生,但是从历年灾害来看,江苏省是中国受龙卷风袭击最多的省份,江苏盐城"6·23"龙卷风冰雹特大灾害是江苏省近50年来发生的最严重的一次龙卷风。而中国对龙卷风预警机制的缺乏,是此次龙卷风灾害造成重大伤亡的原因之一。盐城市共有232座气象观测站,基本达到10公里范围1个站点,通过此次灾害发现站点密度太小,没能准确预测。盐城气象灾害种类较多,但是能够造成巨大灾害的主要是突发气象灾害和海洋气象灾害两类,目前盐城仅拥有东台海洋监测站,相关监测预报处于空白状态。

科学预警是实现灾害成功避让的关键环节,不断完善灾害监测预警体系,预警信息发布渠道更加丰富、覆盖范围更加广泛,为防灾减灾和抗灾救灾决策制定提供了重要支撑。基层政府要组织做好自然灾害隐患定期排查与风险评估工作,摸清辖区内自然灾害种类、次数、强度和造成的损失等情况,建立实时更新自然灾害风险数据库。加强对群测群防体系的有效管理,加快各种灾害地面监测站网建设,充分利用"3S"技术、自动化监测技术对各类自然灾害进行监测预报，建立各类自然灾害监测数据的实时采集、快速传输和汇交共享的网络系统，方便灾情信息的综合研判。加强基层监测预报信息接收传递，充分利用各类传播渠道，通过多种途径将灾害预警信息发送到户到人，显著提高灾害预警信息发布的准确性和时效性，扩大社会公众覆盖面，有效解决信息发布"最后一公里"的问题，实现自然灾害"早预警、早预防、早应对和早处置"。

（二）应急通信保障建设

在重特大灾害发生时，各级应急指挥机构需要在第一时间获取灾情信息，评估研判事态，做出决策部署，并将相关应急指令发送到抢险一线，实现有效的指挥，所有这些工作的开展都离不开有效畅通的应急通信体系。江苏盐城"6·23"龙卷风冰雹特大灾害在应急响应初期暴露出最为严重的问题是通信不畅，盐城市政府各部门难以通过公网了解到阜宁和射阳的灾害基本情况，先期抵达阜宁和射阳的应急队伍遇到了通信不畅的困难。阜宁县基站受损严重，6月23日通信问题一直没有解决，电话时断时续，一般只能使用短信。为此，向省里调用海事卫星电话，23日晚12时才调到吴滩前线指挥部，因没电无法使用。整个通信一直到6月24日下午才基本恢复。

应急通信关系到应急管理体系的整体效能，不仅是政府内部灾情信息传递的重要渠道，也是开展媒体沟通及满足公众灾害信息需求的重要机制。从目前国内外各类重大灾害应对上来看，应急通信一直是突发事件应对的短板和瓶颈，中国现有的应急通信预案、通信指挥手段、应急通信队伍、通信技术装备水平以及物资储备等方面与当前的应急通信需求有一定差距。首先，要加强应急通信预置，根据辖区内的实际情况选择有针对性的监测、预测、预警、预防应急通信技术装备，建立一套全方位、立体化的应急通信体系，采取多种渠道、多种手段确保灾害发生后的应急通信畅通，避免出现信息孤岛。其次，要整合政府信息系统，构建政府应急通信网，充分挖掘政府部门、相关行业现有的通信装备和资源信息，加强彼此信息沟通与分享，形成一个主次分明、衔接有序的体系，实现应急通信统一指挥，健全指挥管理体系。最后，要加强应急通信储备，加大应急通信投入，加强平时应急通信双向储备，加强新型通信装备、器材的储备配备，当前要重点加大县（市）、乡（镇）两级应急通信手段建设，使之拥有应急通信车、机动基站、卫星通信终端等通信手段，便于及时报送灾情和科学指挥调度，在重点省份建立国家级的应急通信物资储备库，或者在重点的市州建立省级的物资储备库，以保障当地的应急处置需要，同时能够辐射周边地区，满足周边地区的应急通信需求。

### （三）加强公众科普宣教

应急管理科普宣教工作可以增强社会公众对于灾害风险的认识、强化防灾减灾意识、提升自救互救能力。在中国，由于龙卷风生成数量少，普通民众对其认识也普遍处于一种相对模糊的境地，且国内气象部门没有单独针对龙卷风的语境，而是将其归于强对流天气预警之中。对于发生龙卷风灾害，该如何避险逃生，江苏盐城"6·23"龙卷风冰雹特大灾害反映出社会公众应急管理知识与自救互救能力的缺乏。如前文所述，盐城地区上一次出现同等破坏力的龙卷风是1966年3月3日，距离灾害发生之时已有50年，不少群众之前从未经历过如此强度的龙卷风，因此大部分受灾群众并没有意识到此次是龙卷风。正如现场的不少群众称"当时天已经完全黑了，只是以为要下大雨了"，面对突如其来的灾难，受灾群众缺乏及时而有效的应对措施，生活在龙卷风高发区的民众对防御龙卷风的知识仍然比较缺乏。

许多灾难事件证明，公众在灾后的第一时间开展自救互救是至关重要的，公众防灾减灾意识与自救互救能力的提升离不开常态化的科普宣教工作。应急管理科普宣传是一项系统性工程，公众的安全意识和应急能力是公共安全体系建设的重要基础，需要做好总体谋划。建立起实体阵地和媒体阵地相结合、公众宣传与专业培训相结合、宣传讲解与应急演练相结合、校园教育与公众科普相结合、政府引导与媒体宣传相结合、专业队伍与志愿者相结合的科普宣教模式，丰富内容、创新手段，开展主题鲜明、形式多样的科普宣教活动。加强各类应急管理科普宣教基地建设，开发应急管理培训课程及配套教材，有针对性地对不同群体进行应急管理宣教培训，形成特色鲜明的公共安全文化氛围。

### （四）重视基层应急能力

正所谓"基础不牢，地动山摇"。在灾害事件发生后，基层是受灾害影响最直接的单元，是最先响应的单位，基层是应急能力的基础。社区防灾减灾能力是国家应急能力的根本，防灾减灾是社区建设的重要内容。此次灾情最严重的阜宁县，50岁以下的中青年人群基本在外务工，农村人口以妇女、儿童和老人为主，均属弱势人群，脆弱性程度高，无法应对各种灾害的冲击。

公共安全事关人民群众生命财产安全，事关改革发展稳定大局。维护公共安全，要从最基础的地方做起，要着力提升基层基础应急能力，尤其是广大农村地区的基层应急能力。突发事件应对强调属地为主，基层是突发事件应对的第一响应主体，基层一线作为公共安全的主战场，提升基层先期处置能力与公众疏散避险能力，要坚持重心下移、力量下沉、保障下倾，切实提高社区防灾减灾能力。要加强基层救灾物资储备体系，扩大储备库覆盖范围，优化储备布局，完善储备类型，丰富物资储备种类，提高物资调配效率和资源统筹利用水平。

（项目负责人：邹积亮；主要成员：翟进、陈武、嵇仁豪；本报告主要执笔人：邹积亮）

# 重大事故联合科学救援

## ——山东省临沂市平邑县万庄石膏矿区"12·25"采空区重大坍塌事故

**摘　要**：2015年12月25日上午，山东省临沂市平邑县一石膏矿发生垮塌事故，多人被埋井下。12月30日，救援人员通过生命信息钻孔探测系统发现4名幸存者，并与他们取得了联系，救援人员向井下输送给养。2016年1月29日22时49分，4号井井底4名被困人员全部安全升井。"12·25"采空区重大坍塌事故救援展示了重大生产安全事故联合救援与科学救援过程。中央与地方之间，省、市、县之间，军队与地方政府之间，政府、企业与社会救援力量之间，国内专家与国外专家之间，充分协作，联合起来开展救援行动。在救援过程中，采用了国内外专家的意见，使用了专业的救援设备，制定了有效的救援方法，体现了救援的科学性。此次救援是我国首例大直径钻孔成功救援案例，也是世界第三例，在矿山救援史上具有里程碑意义。

**关键词**：联合救援；科学救援；"12·25"平邑石膏矿垮塌事故

## 一　事件的基本情况[①]

2015年12月25日7时56分，山东省临沂市平邑县万庄石膏矿区发生采空区坍塌事故，造成玉荣商贸有限公司玉荣石膏矿（以下简称玉荣石膏矿）井下29名作业人员被困。

事故发生后，党中央、国务院、山东省委、省政府、国家安全监管总局对救援工作高度重视，张高丽、马凯、杨晶、王勇等国务院领导分别做

---

[①] 本研究有关"12·25"平邑石膏矿垮塌事故的资料，主要来自山东省安监局《临沂市平邑县万庄石膏矿区"12·25"采空区重大坍塌事故调查报告》、课题组在当地调研访谈结果，以及媒体公开报道。

出重要批示。国家安全监管总局副局长徐绍川率领工作组迅速赶赴现场，指导救援工作；国家安全监管总局局长在救援攻坚阶段赶到现场指导工作、慰问救援人员。山东省省委书记姜异康、省长郭树清以及省委常委、秘书长于晓明，副省长张务锋等省委、省政府领导率领省委宣传部、安监局、国土资源厅、公安厅、卫生厅等部门主要负责人第一时间赶赴现场，并当即成立由山东省副省长张务锋为总指挥的救援指挥部，立即开展抢险救援工作。

（一）万庄石膏矿区的基本情况①

万庄石膏矿区位于山东省临沂市平邑县境内，在矿区范围内共有8对石膏矿井，其中7对石膏矿井已停产、关闭或废弃，只有玉荣石膏矿仍在生产。坍塌区东西长约为1220米，南北宽约为660米，最深处约为7米，涉及万枣、玉荣、保太三个石膏矿，面积约为0.61平方公里。

**1. 万枣、保太石膏矿基本情况**

（1）万枣石膏矿。平邑县万枣膏业有限公司（以下简称万枣石膏矿）是平邑县保太镇万庄村与枣庄市市中区郭里集煤矿合资建设的，前身为平邑县保太镇果园石膏矿，始建于1994年7月，1994年临沂矿务局设计室编制了简易开采设计，1995年11月首次获得采矿许可证，生产规模为每年10万吨，1996年7月建成投产。

2005年10月，临沂恒泰安全技术评价中心编制了《平邑县万枣膏业有限公司石膏矿现状评价报告》。2006年3月，邯郸市大地矿产资源开发设计有限公司编制了《平邑县万枣膏业有限公司石膏矿初步设计（补充）》，临沂市安全生产监督管理局以临安监函字〔2006〕159号文件批复。最近一次的采矿权证由临沂市国土资源局颁发，有效期自2010年11月10日至2013年11月10日。采矿许可证到期后未延续。安全生产许可证由山东省安全生产监督管理局颁发，有效期为2011年10月19日至2014年10月18日。安全生产许可证到期后由山东省安全生产监督管理局注销。

矿井采用竖井、斜井开拓，浅孔房柱法开采，设计矿房宽为8米，连续矿柱宽为6米，不连续矿柱为6米×6米，两者间隔布置。留护顶膏厚

---

① 《山东省临沂市平邑县万庄石膏矿区"12·25"采空区重大坍塌事故调查与后续防范措施》，《中国应急管理》2016年第11期，第74~79页。

度为 1.5~2.0 米，护底膏厚度为 1.0~1.5 米。2011 年 9 月 27 日，济南斯泰普咨询有限公司进行安全现状评价，评价结论为："该矿山现状符合国家有关法律法规、规章规范的要求，其安全生产条件符合安全生产许可证延期的相关规定，能满足《安全生产许可证条例》（第 397 号国务院令）第六条的要求。"至 2011 年末采空区累计面积为 12.33 万平方米。2012 年 4 月 29 日，济南斯泰普咨询有限公司编制了《安全评估报告》，评估结论为"具备安全生产条件"。当地国土资源部门每年组织对矿产资源开发利用情况进行监督检查，在 2007 年 7 月的检查中，发现该矿与玉荣石膏矿间有一条 3.2 米 × 2.2 米的平巷贯通，当即责令封堵。

2012 年苍山县石门铁矿发生 "3·15" 坠罐重大事故后，按临沂市政府要求 2012 年 3 月 15 日停产，后未达到《临沂市地下非煤矿山复工验收实施办法》（临政办字〔2012〕49 号文）的要求，平邑县政府未批准申请验收，各生产系统相继停止运行。经调查了解，至 2012 年 4 月 29 日安全评估时，矿山按设计开采，无顶板垮塌和矿柱失稳现象。

（2）保太石膏矿。保太石膏矿位于玉荣石膏矿南部，建于 1992 年，2003 年闭坑。2016 年 1 月 3 日，在原保太石膏矿地面出现陷落坑，约为 26 米 × 18 米，深度约为 10 米，陷落坑发生在 "12.25" 坍塌事故之后的第 10 天，经调查分析，因保太石膏矿无上覆石灰岩层，地面陷落主要受坍塌区域水位变化诱发采空区冒落所致。

**2. 万枣、保太、玉荣三矿之间关联情况**

（1）万枣石膏矿和玉荣石膏矿关联度紧密，相互影响度高。

首先，两矿为开采同一矿体的相邻矿山。万枣石膏矿位于玉荣石膏矿浅部的西南，开采深度为 +115 米~ -110 米，玉荣石膏矿开采深度为 +120~ -322 米。万枣石膏矿北部边界和玉荣石膏矿的西北部南边界平行对应，东部边界和玉荣石膏矿南部的西边界平行对应。

其次，两矿均开采Ⅲ层石膏，万枣石膏矿北部和玉荣石膏矿的西北部南部采空区相邻，东部和玉荣石膏矿南部的西部采空区相邻，按采矿权属在平面上分开（见图 1）。

再次，两矿上覆石灰岩层相同且完整，无断层切割，只是厚度不同。万枣石膏矿的上覆灰岩的厚度为 30~120 米，玉荣石膏矿为 85~200 米。

最后，开采工艺相同，设计矿柱有所不同。两矿均采用房柱法开采，设计矿房宽度均为 8 米，万枣石膏矿设计采用连续矿柱和间断矿柱，连续

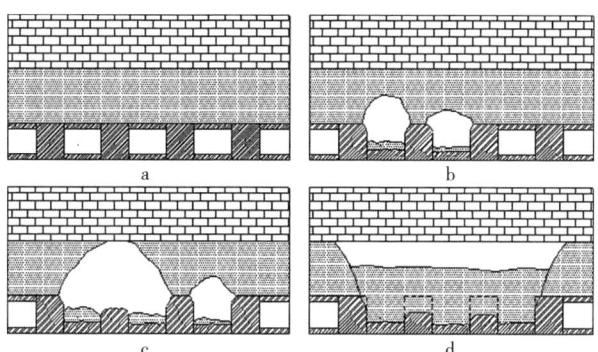

**图1 万枣、玉荣矿位置关系剖面示意图(走向剖面)**

资料来源:《山东省临沂市平邑县万庄石膏矿区"12·25"采空区重大坍塌事故调查与后续防范措施》,《中国应急管理》2016年第11期,第74~79页。

矿柱宽为6米,间断矿柱为6米×6米,连续矿柱和间断矿柱间隔布置;玉荣石膏矿设计全部采用连续矿柱,宽为6米。两矿《矿产资源开发利用方案》和开采设计通过计算及同类工程类比,确定开采参数,符合有关规程规范的规定。

(2)保太石膏矿与万枣、玉荣石膏矿关联度低,相互影响小。保太石膏矿位于玉荣石膏矿南部,万枣石膏矿东南部。该矿上覆岩层以紫红色砂岩为主,灰岩层尖灭,与万枣、玉荣石膏矿顶板岩层不直接相连。

### 3. 万枣石膏矿整合情况①

2012年3月15日万枣石膏矿停产后,开始与玉荣商贸有限公司商洽整合事宜。2012年6月18日,玉荣商贸有限公司与万枣石膏矿签订整合协议,一次性支付给万枣石膏矿600万元,万枣石膏矿将全部资产整体移交玉荣商贸有限公司。整合协议明确载明:"双方签字后经国土资源部门批准后生效。"2012年7月9日,平邑县国土资源局对玉荣商贸有限公司申请扩界和与万枣膏业有限公司进行整合出具了审查意见。2012年7月17日,办理了法人代表变更登记,矿山名称仍为万枣膏业有限公司。2012年10月25日,平邑县政府上报《平邑县矿业结构调整和资源整合方案》,拟将万枣石膏矿作为被整合对象与玉荣石膏矿整合。2013年3月,临沂市政府在组织专家审查后批准了县政府提报的矿产资源整合方案(临政办字

---

① 资料来源:《山东省临沂市平邑县万庄石膏矿区"12·25"采空区重大坍塌事故调查与后续防范措施》,《中国应急管理》2016年第11期,第74~79页。

〔2013〕42号）。市、县国土资源部门按照矿山整合程序，上报山东省国土资源厅。2013年5月24日，山东省国土资源厅下发了《关于平邑玉荣石膏矿扩界的批复》（鲁国土资字〔2013〕615号），确定矿区范围和生产规模，并预留期限一年办理采矿登记手续。因登记要件未达到相关要求，在预留期限内未能办理采矿登记手续。至事故发生前，整合手续仍未完成，仍为两个独立的矿山。

### （二）事故单位基本情况

#### 1. 事故矿井概况

玉荣石膏矿隶属于玉荣商贸有限公司。该矿位于平邑县保太镇德埠庄村南，由平邑县万庄膏业有限公司和原平邑玉荣商贸有限公司玉荣石膏矿于2008年整合而成，生产规模为每年40万吨，法人代表尹升，营业执照由平邑县工商局颁发，有效期为2003年4月18日至2023年4月17日，企业性质为有限责任公司，现有员工360余人。2008年7月，山东省永隆工程开发设计院进行开采设计；2009年6月，临沂恒泰安全评价技术中心进行安全验收评价，评价结论为："平邑玉荣商贸有限公司玉荣石膏矿各系统已经基本形成，安全防护设施基本齐全，基本具备安全验收的条件。"2009年7月玉荣石膏矿竣工投产。采矿证由山东省国土资源厅颁发，有效期为2012年8月31日至2017年8月31日，安全生产许可证由山东省安全生产监督管理局颁发，有效期为2015年7月16日至2018年7月15日。[①] 玉荣石膏矿证照齐全、合法有效。

矿山采用竖井开拓，对角式通风，房柱法开采，开采标高为120~322米，面积为2.2636平方公里。可采矿层为Ⅱ、Ⅲ两矿层，至坍塌前，仅开采Ⅲ矿层，该石膏层平均厚度为20米，设计矿房宽度不大于8米，采高不大于10米，长为45~50米，矿柱宽度不小于6米。事故前累计形成采空区面积33.03万平方米。

据调查，矿柱实际留设宽度为7米，采高不大于10米。国土资源部门每年组织对矿产资源开发利用情况进行监督检查。2014年7月，平邑县国土资源局检查发现，玉荣石膏矿进入隔离矿柱开采石膏3947.3吨，处罚

---

① 资料来源：《山东省临沂市平邑县万庄石膏矿区"12·25"采空区重大坍塌事故调查与后续防范措施》，《中国应急管理》2016年第11期，第74~79页。

14.9997万元。近年来，该矿采矿权年检结论均为合格。2015年3月，山东信力安全技术有限公司对该矿安全生产条件现状进行了评价，出具了该矿采空区属于"相对稳定类"的结论。2015年9月，平邑县聘请山东公信安全评价有限公司对该矿进行矿山安全会诊检查，编制了《平邑玉荣商贸有限公司玉荣石膏矿矿山安全会诊检查报告》，未发现采空区存在问题。2015年10月，平邑县国土资源局委托山东省地质勘察五院对该矿2015年度井巷工程实测，实测报告和日常监管均未发现越界开采行为。企业针对该矿石灰岩顶板属于富含水层不能放顶的实际，采用先进设备设施对采空区进行监测，安装了岩音报警仪、视频监控探头、顶板位移报警器、地压在线监测系统，同时，采用土洋结合，使用糊纸法、"标记法"等多种方法进行监测。矿井通过动态报警和位移监测装置监测采空区变化，设有专人每天进入空区观测记录，事发前未发现异常。

**2. 事故发生前井下作业情况**

2015年10月21日，山东天宝化工股份有限公司发生爆炸事故，造成9人死亡，2人受伤。为吸取事故教训，平邑县安全生产委员会下发了《平邑县安全生产委员会关于非煤矿山企业停产检修的通知》（平安发〔2015〕14号），玉荣石膏矿按照要求停产检修。2015年11月7日，平邑县安全生产监督管理局聘请山东信力安全技术有限公司组成专家组对玉荣石膏矿是否具备复工条件进行了现场检查，查出了19条问题，并提出5条整改建议。玉荣石膏矿于2015年12月2日安排有关人员对上述问题进行整改。据对升井人员、企业管理人员进行询问调查及互相印证后证实，事故发生时井下共有29人，分3个班组，对上述问题进行整改施工作业。①

**（三）事故发生经过及原因分析**

**1. 事故发生经过**②

据中国地震台网和山东省地震台网测定，2015年12月25日0时17分，在万庄石膏矿区西部曲阜市小雪镇武家村（北纬35.50°，东经

---

① 资料来源：《山东省临沂市平邑县万庄石膏矿区"12·25"采空区重大坍塌事故调查与后续防范措施》，《中国应急管理》2016年第11期，第74~79页。
② 《临沂市平邑县万庄石膏矿区"12·25"采空区重大坍塌事故调查报告》，山东省安监局网站，http://www.sdaj.gov.cn/index.php?s=/Article/detail/fromstr/search/articleid/17544.html，最后访问日期：2017年8月27日。

117.00°）发生 M2.4 级地震，震源深度为 10 公里，在万庄石膏矿区东约 10 公里的费县牛岚山地震台网也有测定。12 月 25 日 7 时 56 分，又测得万庄石膏矿区能量相当于 3.5 级的地震，之后记录到 7 次能量相当于 0.9～2.9 级的地震，持续震动时间为 14 分钟。

据目击者描述，先感觉像地震，后看到黄色烟柱先后从万枣石膏矿竖井、玉荣石膏矿 5 号、4 号、3 号和 1 号井口喷出，再听到类似飞机起飞的刺耳啸叫声，之后看到地面塌陷变形。感觉塌陷时地面像跳舞状起伏波动，方向由万枣石膏矿自西向东。塌陷涉及万枣石膏矿、玉荣石膏矿，原保太石膏矿地面出现陷落坑。坍塌造成玉荣石膏矿当班 29 名井下作业人员被困。

**2. 事故原因分析**

（1）万枣石膏矿采空区经多年风化、蠕变，采场顶板垮塌不断扩展，使上覆巨厚石灰岩悬露面积不断增大，超过极限跨度后突然断裂，灰岩层积聚的弹性能瞬间释放形成矿震，引发相邻玉荣石膏矿上覆石灰岩垮塌，井巷工程区域性破坏严重，是造成事故的直接原因。

（2）玉荣石膏矿采空区迅速垮塌的原因。

首先，玉荣石膏矿和万枣石膏矿开采同一层矿体，地层条件相同，人为划界，无断层切割，采空区相距很近，具备震动波双向传播、互相扰动破坏的条件。

其次，万枣石膏矿采空区坍塌，石灰岩层发生断裂和矿震，释放的大量弹性能对外部产生地震效应，石灰岩层本身产生巨大的应力波，破坏了石灰岩层的完整性和连续性，并传导至相邻矿山采空区。

再次，万枣石膏矿采空区的坍塌相当于 3.5 级地震能量的矿震，即相当于 180 吨 TNT 当量。据计算，引发矿震的初始垮塌点 300 米之内的采空区矿柱和护顶石膏的质点移动速度远超过允许值，造成相邻矿采空区部分强度较弱的护顶石膏层折断，护顶石膏和软弱直接顶板垮塌，形成新一轮石灰岩坍塌，造成次生矿震破坏。

最后，两矿之间的隔离矿柱为 40 米，虽符合设计规范要求，但不足以抵抗万枣石膏矿发生矿震后对玉荣石膏矿采空区顶板的扰动破坏。

（3）万枣石膏矿长期停产期间采空区发生局部垮落，未能及时发现和治理，是事故发生的主要原因。玉荣商贸有限公司与万枣石膏矿签订整合协议后，因采矿手续至事故发生前没有办理完毕，一直将万枣石膏矿作为停产矿井而不是正常生产矿山管理，未履行对万枣石膏矿采空区的监测和治理责任。

（4）对房柱法开采石膏上覆巨厚石灰岩层大面积断裂坍塌的危害性缺乏认识。

（5）地方政府及有关部门对停产矿山采空区监测和治理监督监管不到位。

## 二 事故救援的主要过程

### （一）联合救援

#### 1. 中央、地方联合救援

事故发生后，党中央、国务院高度重视，张高丽、马凯、杨晶、王勇等中央领导分别做出重要批示，要求科学制订方案，千方百计全力抢救被困人员，严防发生次生灾害，保持社会稳定。

国家安全监管总局局长第一时间派出工作组赶赴事故现场，指导协调救援工作。在事故救援的30多天时间里，杨焕宁每天调度现场救援情况，对井下如何修复掘进救援通道、救生钻孔是否下套管等重要节点，提出明确要求，并于2016年1月13日专门赶到现场，慰问救援施工人员，与山东省委、省政府领导和救援指挥部共同研究完善救援方案。国家安全监管总局副局长孙华山听取了专题汇报，多次与事故现场视频连线，与现场同志通电话，对救援工作提出了明确具体的要求。国家安全监管总局副局长徐绍川4次赴事故现场，带领工作组与救援指挥部一同研究救援方案，制定安全措施，圆满完成了指导协调工作。

#### 2. 省、市、县联合救援

事故发生后，平邑县、临沂市于事发当天8时10分，启动市、县两级应急响应。迅速通知有关领导、相关部门和救援队伍赶赴现场，并将相关情况逐级上报。9时30分左右，临沂市政府应急办有关人员和平邑县政府主要负责人赶到事故现场指挥救援。10时20分左右，临沂市政府副市长马崑赶到事故现场指挥救援。12时30分，临沂市委副书记、市长张术平赶到事故现场，并确定成立市救援指挥部，市长张术平任总指挥，分管副市长马崑任副总指挥，下设现场救援、伤员救治、家属安抚、媒体应对、后勤保障、原因调查6个组，分别由市、县相关部门主要负责人任组长，要求各组立即开展救援工作。

山东省政府接到事故报告后，立即依据《山东省非煤矿山重特大生产安全事故应急预案》启动应急响应，山东省委书记姜异康，省长郭树清，省委常委、秘书长于晓明，副省长张务锋、武警山东总队司令员李苏鸣等第一时间赶赴事故现场，组织开展抢险救援工作。事故发生当天13时40分，山东省副省长张务锋赶到事故现场，14点左右，省委书记姜异康、省长郭树清赶到事故现场。14点30分，山东省委、省政府召开事故救援会议，确定成立由张务锋副省长任总指挥、张术平市长任副总指挥的"12·25"事故救援指挥部，负责统筹调集全省力量，统一领导救援工作，临沂市指挥部指挥权移交山东省指挥部，在山东省指挥部领导下，做好救援工作。救援指挥部下设现场救援、伤员救治、家属安抚、新闻发布、后勤保障、事故调查6个组，在救援指挥部统一领导下分头开展救援工作。

### 3. 军、地联合救援

事故发生后，指挥部调集了山东省军区、武警山东总队官兵和公安、消防干警等开展联合救援。这些救援力量具体包括：武警山东总队266人，山东消防总队400人，平邑交警大队38人，临沂市公安局30人，临沂市公安消防支队救援队100人，平邑交警大队28人，山东省公安消防总队全勤指挥部15人，平邑县公安消防大队救援队40人，临沂武警支队210人，平邑县公安局180人，外县增员民警170人，平邑大队38人，费县大队增员20人。①

### 4. 政、企及社会力量联合救援

在事故救援过程中，指挥部调集了专业救援队伍、井下抢险施工队伍、社会救援力量和电力、通信、医疗等保障人员，共计1000余人参与抢险救援。②

矿山救援队：枣矿集团救护大队29人，龙矿集团矿山救护大队21人，临矿集团救护大队27人，淄矿集团矿山救护大队27人，兖矿救护队51人。

施工单位：国家矿山应急救援淮南队40人、开滦队5人，中煤第三建设集团机电安装工程处21人，中煤地质工程总公司北京大地特勘分公司

---

① 数据来自课题组调研时的救援指挥部资料。
② 数据来源于课题组调研时的救援指挥部资料。

135 人，山东黄金归来庄金矿 60 人、金信石膏矿 21 人，枣矿集团蒋庄矿 9 人、高庄矿 8 人、田陈矿 13 人，新汶矿业集团孙村煤矿 63 人，孙村煤矿杰诚公司 43 人，山东省第八地矿勘察院 13 人，山东省煤田地质局三队 28 人、第二勘探队 41 人、第一勘探队 38 人，鲁南地质工程勘察院 43 人，平邑县自来水公司 29 人，株柏煤矿 19 人，古城煤矿 35 人，兖矿集团东滩煤矿 34 人，山能重装鲁南装备 8 人，三一重工 20 人，蓝天打井队 20 人。

电力保障：国网供电公司彩虹应急服务队 46 人。

医疗保障：山东省卫计委 8 人，临沂市卫计委 5 人，临沂市市级专家 77 人，平邑县卫计局 22 人，仲村镇中心卫生院 3 人，平邑县心理医院 18 人，平邑县中医医院 20 人，柏林医院 4 人，保太镇卫生院 4 人，平邑县疾控中心 4 人，平邑县人民医院现场救援队 9 人，平邑县人民医院院内救援 18 人。①

**5. 国内外专家联合救援**

救援指挥部和国家安全监管总局工作组，先后从国土资源部、中国安全生产科学研究院、中国煤炭科工集团、山东科技大学和山东省内有关单位调集了钻探、安全工程、采矿、地质、水文、通风、机电、矿压与岩层控制等方面的专家 50 余人，为救援提供技术支撑。4 名德国钻探专家专程从德国赶到现场，保障淮南救援队大口径救生钻机作业。不少钻探与地质方面的专家自发从全国各地赶来，积极为钻孔救援工作出谋献策。

## （二）科学救援

事故发生后，山东省立即成立了以副省长张务锋为总指挥、临沂市市长张术平为副总指挥的救援指挥部。国家安全监管总局副局长徐绍川带领由国家安全生产应急救援指挥中心、监管一司有关人员组成的工作组，全程指导协调抢险救援工作。

救援指挥部根据事故矿井提供的事故发生前人员作业地点分布及矿井开拓布局等情况，及时组织有关专家和人员进行了认真研究分析，制定了从井下和井上两个方向，打通 5 条救援通道（井下 3 条、井上 2 条）的救援方案，并在确保被困人员生命安全的前提下确定提人方案。救援过程中科学利用黄金救援时间、科学采用专业设备和先进技术、科学进行生命维

---

① 数据来源于课题组调研时的救援指挥部资料。

持和心理干预，最终成功施救。

**1. 科学利用黄金救援时间开展救援工作**

（1）企业自救。玉荣石膏矿发生坍塌事故后，矿长孔凡印立即将事故发生情况向董事长马丛波报告，并启动应急响应，马丛波、孔凡印和1号、3号分矿矿长按照应急预案成立了应急救援小队和后勤保障组，组织人员全力展开救援。应急救援小队负责井下抢险，由孔凡印等6人组成；后勤保障组负责通信畅通、提升系统运转和救援物资供应。

应急救援小队立即从1号井下井救援，通过搜救，发现4名被困矿工，并协助他们脱险升井。随后，矿方应急救援队员与增援的矿山救护队指战员一起，在救援指挥部的统一领导下参与了井下其他被困矿工的搜救。

地面塌陷变形破坏了4号井区域的供电系统，造成4号井提升系统瘫痪，矿井救援人员无法进入4号井井底车场搜救被困矿工。在地方供电部门的协助下，12月25日13时10分提升系统供电恢复正常。

（2）井下搜救。事故发生后，山东能源临矿集团、枣矿集团首先接到山东省政府安全生产委员会的指令，临矿集团救护大队、枣矿集团救护大队分别于12月25日12时50分和13时20分到达救援集结地玉荣石膏矿1号井工业广场，共同接受了救援指挥部的指令，简要了解事故矿井情况后，随即实施紧急搜救行动，争分夺秒全面探查搜寻井下被困人员和可能存在被困人员的通道及地点。

按照救援指挥部的指令，兖矿集团救护大队3个小队及东滩煤矿施工人员34人，于12月25日22时4分到达事故现场。23时33分，兖矿集团副总工程师王振平、大队长张军义带领救护队下井探查，基本探清了1号井井下井巷破坏情况，并及时向救援指挥部汇报，为井下救援决策提供了第一手资料。①

A. 1号井搜救情况。

枣矿集团救护大队总工程师程良秀率领1个小队到1号井井下11路平巷进行探查，发现该区域有7名被困矿工（其中4名受伤不能行走、2名轻伤、1名被大块矸石压到胸部以下）和1名遇难人员。尽管巷道处处有冒落的不规则巨石，顶帮部有危岩悬矸，且随时都存在冒顶片帮的危险，在救援难度极大的情况下，救援人员克服困难，科学组织施救，在矿方人

---

① 数据来源于课题组调研时的救援指挥部资料。

员的协助下，至12月25日23时10分将6名被困人员施救升井；12月26日0时15分，临矿救护大队中队长燕廷军带领救护队又与矿方救援人员一起将11路平巷的第7名遇险矿工成功救出升井。同时对该区域作业下落不明的3名矿工进行搜寻。

同时，临矿集团救护大队对1号井5路通往4号井底的通道进行探查，寻机解救4号井井底车场附近被困的14名矿工。经探查，井下通往4号井井底的5路东平巷全部冒实。

临矿、枣矿集团救护大队再次申请下井救援时，救援指挥部根据遇难人员区域（11路平巷17号、18号矿房）沿途上部冒顶高（6米多）、后路冒顶距离长、断面狭窄、出口低矮（最矮处仅有0.4米）、巷道仍在不断冒落、断面继续缩小，再次进入后路极有可能被阻断、风险极大，且11路平巷以里没有发现生命迹象的实际情况，对救援工作进行了重新安排。

B.4号井搜救情况。

12月25日13时10分提升系统供电恢复正常后，救援指挥部安排立即山东黄金集团归来庄金矿救援队对4号井提至地面的北部罐笼人员出入两侧焊接了护板，以防止垮落的井壁碎渣崩入伤人。此时，4号井井架向西北发生倾斜，井口部分开裂了30厘米。在对1号井进行井下搜救的同时，救援指挥部安排临矿集团救护大队1个小队从4号井乘罐笼下井查看井筒和井下情况，探查搜救井底车场被困人员，12月25日14时25分到达4号井井口。据矿方把钩工介绍，井下坍塌时曾听到井底有人呼救，这时井筒井壁还在不断垮塌，在简要了解情况后，14时35分临矿集团救护大队总工程师郑培勇带领1名小队长和1名矿方技术管理人员，携带救生索（30米长）、铁锤和1根钢钎乘北罐入井探查并寻机实施救援，联络方式采用对讲机和铁锤敲击罐笼发声。随着罐笼缓慢下降，救援人员发现井壁东侧出现大量裂隙和涌水，西部局部发生垮落，越向下越严重，当罐笼下放至50米左右时，由于下部上升中的南部罐笼被井壁卡住，造成北罐骤停，无法继续下放，15时23分返回地面汇报救援指挥部后，改由山东黄金集团利用视频探头对井筒下部进行探视，同时准备利用小吊桶实施救人。经探视发现，马头门上部尚有1.3米的空间，并有灯光照射。山东黄金集团救援队将南罐提升钢丝绳拆除，以保证北罐能运行，拆除后，对罐笼进行了空载运行，北罐只能下行到距马头门12米处，21时5分，救援指挥部决定，安排1名消防战士和1名矿方人员携带30米长救生索，再次乘北罐入井探查并实施救援，当罐笼下放至170米左右时，发现井壁横向错位变形严重，坍塌掉落的井壁混凝土块和岩石已基本将井筒底部全部埋住，遂放弃探查升井，在探查过程中，每10米向地面汇报一次井筒状况。此后山东黄金集团继续利用视频探头对井筒下部每两个小时探视一次，发现该空间逐渐缩小至0.5米和0.3米，至26日凌晨4时，整个马头门已被垮落的井壁填实。

在此期间，国家安全监管总局工作组安排从淮南队调集小型机械提升设备，力争进入4号井井底车场搜救被困矿工。小型机械提升设备于12月26日4时赶到事故现场时，因4号井井筒严重扭曲变形，下部垮塌严重，马头门堵塞，救援无法展开而停止。

在短短10个小时的紧急搜救过程中，山东能源枣矿集团、临矿集团救护大队，在救援指挥部的领导下，发扬矿山救护队特别能战斗的精神，发挥了精湛的救援技能，在井下坍塌垮落不断、救援难度极大、救援风险极高的状况下，利用救援黄金时间，成功将11名被困在坍塌区域受伤难以自主逃生的矿工救出升井。

**2. 综合研判制订科学救援方案**

因矿井坍塌破坏严重、地质及水文条件复杂、井下救援难度极大，救援指挥部根据救援的进展及现场变化情况，及时调整救援组织机构，分别成立了井下现场救援指挥部和地面钻孔救援指挥部，通过井下救援与地面钻孔的配合，最终钻孔贯通并确定提人方案。

（1）科学制订井下救援方案。① 11名遇险矿工被安全救出后，根据救援指挥部安排，成立了枣矿集团董事长刘成录任指挥，临矿集团董事长张希诚任副指挥，各矿业集团、山东黄金集团副总经理和各救护大队长为成员的井下现场救援指挥部，下设现场抢险、现场施工、现场技术、后勤保障、调度5个工作小组，在国家安全生产应急救援指挥中心副主任高广伟、山东省安全生产监督管理局局长付伟和山东煤矿安全监察局局长王端武的组织指导协调下，及时研究、调整、完善井下救援方案，全力组织井下现场救援工作。主要是开辟井下救援通道，探查和修复掘进相结合，极力扩大搜救范围。

12月26日，根据掌握的情况，确定17名被困和1名遇难人员位于11

---

① 课题组采访调研资料。

路平巷17号、18号矿房（3名被困和1名遇难人员）和4号井井底车场附近（14名被困人员）2处地点。井下现场救援指挥部决定，一是从地面对3号、5号井筒进行探查，尽量增加开辟新的救援通道。二是从井下对通往两个被困人员地点的11路平巷、11路上山等巷道进行探查，11路上山下车场等巷道也已经冒实，根据人员被困地点及巷道连通情况，确定修复1号、2号两条救援通道。三是适时启动5号救援通道的修复掘进。四是建立井下救援基地。

3号、5号井筒探查：利用视频探测设备对3号、5号井筒井下进行探查，根据井筒的现状组织专家进行分析，确定是否可以作为救援通道。

1号救援通道：沿11路平巷向17号、18号矿房推进；修复掘进沿途巷道，搜救11路平巷17号、18号矿房的3名被困矿工和1名遇难人员。

2号救援通道：沿五路东绞车道绕过11路下山下车场向上通往4号井井底车场，修复掘进沿途巷道，搜救4号井井底车场的14名被困矿工。

5号救援通道：从5号下山上车场修复掘进5路东平巷至4号井井底车场，搜救4号井井底车场的14名被困矿工。

设立井下救援基地：在1号、2号救援通道外部设立井下救援基地，安排各救护队指挥员轮流值班，建立井上井下通信系统。

（2）科学制订地面钻孔救援方案。2015年12月26日7时，根据事故前井下作业人员的分布地点，经分析认定，有14名矿工被困在4号井井底车场附近，国家安全监管总局工作组提出：抓紧调集救援钻机，做好向被困地区人员打钻并投送通信器材、食品和饮用水等的准备工作。紧急调集救援钻机赶赴事故现场。

在12月27日9时召开的救援指挥部会议上，国家安全生产应急救援指挥中心副主任高广伟提出，指挥部调集的4台钻机，其中1台钻孔直径可以达到711毫米，一旦与被困人员取得联系，可以通过打孔方式直接将被困人员提升至地面。第一次提出钻孔救援方案。

12月30日，2号救援探查孔与4号井井底车场巷道打透，并发现4名幸存矿工。由于井下现场救援受阻，救援指挥部确定将救援重心转移到地面钻孔救援，决定成立地面钻孔救援指挥部，临沂市副市长马崑任指挥，国家安全生产应急救援指挥中心技术装备部副主任高寿峰任副指挥，山东省安全生产监督管理局、山东煤矿安全监察局、临沂市政府有关人员为成员，下设综合组、钻井救援组、专家技术组、后勤保障组和医疗救护组，在国家安全监管总局工作组的指导下，开展地面钻孔救援工作。

（3）科学制定钻孔贯通与提人方案。1月23日，由于5号救生孔钻进到设计位置后，钻孔发生偏斜，未与被困人员所处巷道贯通。按照救援指挥部指令，井下现场救援指挥部连夜组织了相关专家认真研究分析，确定了多套方案，决定采用从7号孔将打眼器具、炸药送至井下，对贯通过程分段放炮的施工方案，根据现场实际情况，随时调整掘进方案。1月25日，利用7号救援探查孔将风镐、压风管路、电缆、手持电钻和炸药等设备工具送至井下，安排用手机录制了风镐、电钻等工具的安装、使用方法视频，通过7号孔送到井下，并通过电话指导被困人员施工。在被困矿工努力下，1月27日16时10分，巷道与孔壁贯通，成功实施了井下巷道与钻孔贯通工程。

**3. 科学采用专业设备和专业技术开展救援工作**[①]

救援过程共分为三个大的阶段：井下现场救援阶段、地面钻孔救援阶段、钻孔贯通及提人救援阶段。

（1）井下现场救援阶段。

A. 井下救援通道施工过程。

a. 3号、5号井筒探查工作：井下现场救援指挥部组织专家和归来庄金矿救援队，携带视频探测设备，在矿方人员的配合下，利用视频探测设备对3号、5号井筒进行探测，发现3号、5号井筒均坍塌变形严重，根据井筒现状组织专家进行分析后，认为3号、5号井不具备上下人员的条件。

b. 1号、2号救援通道施工情况：1号、2号救援通道的修复掘进于12月26日6时开始施工，由于事故矿井原有的供电系统及运输系统已被破坏，不具备施工条件，所有下井物料设备全部依靠施工人员手抬肩扛，边运料边施工，影响施工进度；且巷道变形严重、冒落区处于失稳状态，两侧矸石林立，随时都存在大面积塌落及冒顶和上部报废关闭矿井老空区积水突水的潜在威胁，井下救援人员时刻冒着不可预测的危险进行救援施工，救援通道施工难度极大，特别是2号救援通道由于巷道压力大，修复后又压垮、变形、再修复、再压垮，造成1号、2号救援通道修复掘进十分艰难，进度缓慢。

至12月28日14时20分，由于1号救援通道外部二级下山下车场处

---

① 课题组采访调研资料。

水量增大，巷道水深达1.1米以上，淹没了井下救援基地，且水量增大的趋势越来越明显，同时后路顶板垮落越来越严重，对井下施工和救援人员的安全造成了严重威胁。为确保井下救援人员的安全，救援指挥部决定暂停1号、2号救援通道施工，立即下令人员全部升井，至12月28日14时47分井下救援施工人员全部撤至地面。同时，在二级下山下车场安装3台潜水泵排水，待此处水位降低后再进行施工。至此，1号救援通道修复239米，2号救援通道修复88米。

12月29日5时，枣矿救护大队准备下井探查时，因绞车运行出现故障，下井口视频监控图像中断，未能及时下井。7时20分，为安全起见，在绞车试运行前，救护队员将2只手套和2只胶靴放入罐笼进行下放试验，罐笼上提后，发现水浸至罐笼底以上1米，手套已冲走，胶靴一只冲走、一只位移。10时该矿人员反映，二级下山下车场1号潜水泵可能没有切断电源，继续向1号井井底水仓排水，1号井井底车场标高低于周边巷道，导致水仓满仓后外溢，淹没了井底车场。

井下现场救援指挥部了解这一情况后，派救护队下井探查1号井井底泵房水位，条件允许开启井底泵房水泵。10时50分，龙矿救护大队大队长徐孟利带队下井探查水情，自管子道进入泵房，开启泵房水泵。经探查，泵房水位至水泵基座以上8厘米。11时15分，1号井井底泵房1号、2号水泵启动开始排水，至12时10分，泵房水位下降5.5厘米。同时，停止二级下山下车场1号潜水泵排水。

12时20分，龙矿救护队升井时发现井筒淋水明显变大。经观察，排水管地面出水口流量无明显变化。经了解，建井时在井筒中部建有水仓（该矿称中间水仓），排水管在此位置安装有通向中间水仓的水管，并安设闸阀。初步判断，该闸阀没有完全关闭，一部分排水排入中间水仓，水仓水满后外溢造成淋水加大。因井筒淋水及雾气较大，看不清该处情况。井下现场救援指挥部决定，一是关闭向中间水仓排水闸阀，继续排水，启动3号泵；二是观测泵房及井底车场水位变化。17时，兖矿救护队下井，泵房水位降至水泵基座以下12厘米；20时56分泵房底板无积水，启动3号泵，井下排水恢复正常。

c.5号救援通道施工情况：考虑到1号、2号救援通道暂时无法推进，报救援指挥部同意后，井下现场救援指挥部决定启动5号救援通道，由于5号下山倾角为30度、斜长170米，运料极为艰难，上山中部存在不稳定冒落区；5路东平巷全部冒实，需放炮掘进，施工难度非常大。

2015年12月30日8时，为确保1号井主提升绞车的运行安全，井下现场救援指挥部决定，由枣矿集团全面接管保障1号井提示系统，枣矿集团分别安排高庄、蒋庄、田陈、柴里4个矿的机电矿长带班，每班出勤13人，轮流负责绞车操作、上下井口把钩，绞车保护系统完善、液压系统改造及日常维修工作等。

2016年1月3日13时15分，5号救援通道施工进度至27.5米时，5号井（4号井西南约220米）附近地表突然发生大面积塌陷，地面形成约26米×18米、深度约10米的塌陷坑，地表变形开裂严重。同时根据实时监测，南部多个废弃矿井内大面积采空区积水以平均每小时2厘米的速度累计下降了2.1米，形成了比井下施工地点高出180米的巨大高吊水体（预计达100万立方米左右），存在发生突水的可能；且救援后路多处顶板不断冒落，随时有大面积坍塌的可能，严重威胁井下救援施工人员的安全。在此期间，同一时间在井下救援施工的人员最少时50余人，最多时达80余人。为防止次生灾害发生，保证井下救援施工人员的安全，救援指挥部果断命令井下所有救援施工人员停止作业、立即升井。2016年1月3日13时42分，井下救援施工人员全部升井。

B. 井下救援施工组织管理。

为了确保安全、加快井下救援施工进度，井下现场救援指挥部明确了井下1号、2号和5号救援通道的施工组织、班次、施工单位，确定了监护方式、方法和救护队伍，对救援施工安全提出了具体的要求。为加快施工，两条救援通道巷道修复采取"四六"作业制，将参加施工的136人分为6个小组轮流施工，分为白夜两班进行，施工由临矿、兖矿、新矿集团负责，枣矿、临矿、兖矿、淄矿集团救护队分班负责监护和探查；龙矿集团救护队作为预备队，负责井上下灾情监控及下井巡查人员的监护。

为了统筹协调各方救援力量，提高现场救援工作效率，井下现场救援指挥部实行"工作任务落实单"制度，明确任务下达人、下达时间、任务内容、完成时限、受令单位及受令人、工作联系人、联系电话等，受令人在工作中有疑问可直接向联系人咨询，任务落实后及时汇报并注明完成时间、完成情况，存档备查，闭合管理；井下现场救援指挥部、施工单位、救护监护单位、矿方及地方政府安排人员实行24小时不间断值班制度，认真填写值班签到表和值班电话记录表，确保各方衔接顺畅，遇到紧急情况能够快速应对处置；每日早 7 时、晚 6 时召开碰头会，调度进展情况，研究安排调整救援措施。为了确保井下救援施工安全，井下现场救援指挥部先后编制完善了《玉荣石膏矿"12.25"坍塌事故现场救援冒顶片帮现场处置方案》《玉荣石膏矿"12.25"坍塌事故现场救援突水现场处置方案》《抢险救援工作应急救援预案》，并给每支参加救援的救护队配备了 6 台对讲机，加大对救援过程中突发事件和救援难题的攻坚处置力度。

C. 井下救援施工技术工作。

a. 地质水文技术工作。

为了查清井下涌水来源和水量变化情况，2015 年 12 月 27 日，井下现场救援指挥部成立了水文观测组，开始在南部采空区已废弃风井实时 24 小时不间断检测老空水水位变化情况，直到抢险救援工作结束。同时，对井下水和南部采空区废弃风井水取样，送至新矿集团进行水质化验，救援指挥部安排水文专家对水质化验结果进行了分析，初步认为，1 号井井下水硫酸根离子含量较高，地面水井水含量较低，单从水质分析，差别较大；地面水井水为地表浅部水，不能完全代表水井深部老空区积水的水质；井下水样由于没有历史分析数据，缺乏对比性，但两处水都属于碳酸盐水一个类型。截至 2016 年 1 月 29 日 23 时，南部采空区积水水面深度已由 2015 年 12 月 27 日 10 时的 19.5 米下降到了 25.07 米，总下降 5.57 米。

b. 井下救援安全条件论证。

2016 年 1 月 3 日，井下现场救援指挥部邀请的矿压专家宋振骐院士到达事故现场。1 月 3~4 日，救援指挥部组织宋振骐院士和专家组对矿井坍塌区域动压显现情况、老空水威胁程度及 5 号线路是否具备安全复工条件进行论证。经分析论证认为，万庄石膏矿区采空区上覆巨厚石灰岩层坍塌后尚未稳定，存在继续垮落的危险性；南部多个废弃矿井内大面积采空区积水水位标高比井下施工地点高出 100 多米，且过水通道不明，存在发生突水的可能。宋振骐院士等专家认为，井下目前尚不具备保证救援人员安全的条件，5 号线路仍不具备安全复工条件。

D. 井下排水保障钻孔救人。

2016 年 1 月 3 日 13 时 42 分，井下救援通道的修复和开掘被迫停止，井下现场救援指挥部把主要精力放到排水、全力保障钻孔救人上。救护队的工作重点开始转入井下探查、排水和监测。在此阶段，主要采取了以下措施。

a. 完善排水系统,为钻孔救援赢得时间。

井下现场救援指挥部安排救护队每 2 个小时下井对井下排水系统运行及水位情况、通风及空气成分进行 1 次监测,并根据需要调整开泵数量和运行时间,确保井下排水正常。此时,1 号井井下形成了两级排水系统,为 4 号井地面打钻救援赢得时间:二级下山下车场安装了 3 台潜水泵、额定能力达每小时 240 立方米;1 号井井底通过扩排改造、额定排水能力达每小时 200 立方米,现阶段二级下山保持 1 号潜水泵正常运转、1 号井井底维持 2 台泵正常运转。

在做好井下排水工作的同时,为防止水量突然加大,研究安排部署了 1 号井井筒强排水工程,采用 2 台额定排水能力为每小时 500 立方米的潜水泵进行强排,以控制井下水位,防止 4 号井井底车场淹没而危及被困人员安全。该工程前期准备工作已就绪,3 台稳车、2 台水泵等设备已就位,具备随时作业的条件,一旦发生突水问题,将尽全力保证水位不上升到 4 号井井底车场。同时,调派肥矿集团配合 4 号井救援工作,在 4 号井实施井筒底部注浆封堵水,井筒内安装 2 台水泵保证正常运行。安排新矿集团配合 5 号孔套管焊接及打钻运料工作。

在此期间,井下现场救援指挥部要求做到"三个到位",即救援队伍到位、专家到位、设备到位,保证救援队伍人员不减、精神不减、正常交接班,全力保障大口径挖钻机运行,保障排水和后续救援。

2016 年 1 月 14 日 2 时 10 分,1 号井井底马头门以上 100 米区域出现多处变形裂缝及混凝土脱落。1 月 19 日 2 时 45 分,二级下山 1 号潜水泵不上水,探查后发现水位已上升导致开关触水跳闸,将二路下山下车场第 96 个台阶淹没,故安排黄金集团施工队伍在二路下山下车场安装 3 台每小时 80 立方米的潜水泵,2 台向井底泵房水仓排水(1 号泵、3 号泵),1 台向采空区排水(2 号泵)。20 时 50 分,3 台水泵陆续安装完毕并开始排水,井底泵房 4 台水泵全部开启运行,防止井下水位上升过快。为确保 4 号井井底车场人员安全,1 月 21 日井下现场救援指挥部又安排在南部采空区废弃风井安装了 2 台水泵排水;在 3 号井井筒底部实施堵水工程;在 1 号井深部采空区对应地表实施打钻孔安泵排水工程;制订施工组织方案,随时启动 1 号井井筒强排水工程。

b. 实施井筒注浆堵水,减少了井下排水压力。

井下现场救援指挥部先后组织了在地面对 4 号、3 号井筒底部采取注水泥、水玻璃双液浆封水措施，有效防止了因井筒坍塌造成石灰岩水下泄，降低了井下排水压力和水位上升速度。特别是4号井井底以上85米区域坍塌严重破坏，露出了富含水的石灰岩，大量积水在4号井井底坍塌物上部形成大量积水淤泥，下泄后堵塞井底巷道，导致2号救援探查孔无法向井下被困人员输送食品等物资，严重危及4号井井下被困人员的安全，同时增加了井下排水的压力。井下现场救援指挥部确定了堵水方案，肥矿集团施工人员从1月4日11时30分至20时连续奋战，用425#水泥配40Be水玻璃向4号井筒连续注入130立方米的双液浆，达到了有效封堵隔水的目的。同时，山东黄金集团施工人员在井筒内安装了2台排水能力为每小时80立方米的潜水泵，保证了4号井井筒涌水造成的积水不下泄、水位不上升，确保了4号井井底被困人员的安全。

1月25日18时40分至1月26日1时10分，肥矿集团对3号井筒底部实施封堵工程，共注入双液浆110立方米，其中水泥65吨、40Be水玻璃45立方米；由于3号井筒底部填堵不实，造成漏浆，封堵效果不理想。1月26日23时至1月27日6时10分，又对3号井井底实施了第二次封堵工程，填土120立方米，填袋装土与水泥混合物30立方米，填石膏渣100立方米；随后对3号井井底实施了第二次注浆工程，再次向3号井井筒底部注入双液浆110立方米，达到了有效封堵隔水的目的。

至1月29日22时49分，4名被困人员全部升井，井下、地面各水泵一直正常排水，并通过对4号井、3号井井筒底部注双液浆，使2路下山水位仅上升至第27个台阶以上5厘米，累计水位仅上升9.9米，仍与4号井井底高差达70余米，保证了钻孔救援施工的顺利进行和4号井井底车场4名被困人员的安全。

E. 井下现场救援施工工程及设备。

a. 累计修复救援通道354.5米。其中，1号救援通道施工239米、2号救援通道施工88米、5号救援通道施工27.5米；累计架设木垛21个、支设木点柱338棵、支设液压单体支柱32棵、架设木棚17架。

b. 建立了完善的井上下排水系统。二级下山和2路下山分别安装每小时80立方米潜水泵3台，铺设管路4000米；对1号井井底泵房进行扩排改造，安装潜水泵1台，并对管路进行了改造；在4号井井筒内安装潜水泵2台；地面安装每小时80立方米潜水泵3台，管路1400米，将地面排水引至东南方向400米处。

c. 建立地面强排水系统。在南部报废关闭矿井采空区建立了排水系统，安装排水泵2台；1号井强排水工程安装3台稳车、2台每小时500立方米的潜水泵。

d. 实施井筒注浆堵水工程。先后在4号、3号井井筒底部采取了注水泥、水玻璃双液浆350立方米的堵水工程，有效防止了因井筒坍塌造成石灰岩水下泄，确保了4号井井底被困人员的安全。

e. 建立完善井下供电系统。对井下供电系统进行改造，铺设电缆600米，安装315千伏安变压器1台、11.4千伏安干式变压器2台，修复井下供电系统1套，新增井下供电系统1套。

f. 改造矿井提升运输系统。对1号井提升系统进行完善，井下修复运输轨道160米，安装运料绞车1台。

g. 实施井下监测。对井下水位、气体、通风及排水和供电系统等进行全程监测监控，确保井上下排水、通风和供电系统的正常运行。

h. 指导实施5号钻孔与巷道贯通工程。组织相关专家认真研究分析，制订多套方案，利用7号救援探查孔将风镐、压风管路、电缆、手持电钻和炸药等设备工具送至井下，指导实施了5号救生孔与巷道贯通工程。

(2) 地面钻孔救援阶段。

A. 地面救援钻孔方案实施。

2015年12月26日，救援指挥部确定在4号井井筒东西两侧各打一个救援探查孔，国家安全监管总局工作组组长高广伟提出，施工人员虽然多集中在4号井西侧，但不排除东侧有被困人员，应在4号井井底车场东西侧各打一个救援探查孔，先布置在西侧，后布置在东侧。第一支赶到的莒县蓝天打井队在4号井井筒西侧30米施工1号孔，坐标X：3934933，Y：5654470.9；第二支赶到的山东省煤田地质局第二勘探队（以下简称煤田地质二队）在井筒东侧施工2号孔，2号孔受地面绞车房和工具房影响，决定布置在井筒东侧16米，坐标X：3934933.85，Y：565516.74。

12月27日，救援指挥部确定在1号孔与4号井井筒之间施工3号救生孔，由淮南队施工。12月28日，因大口径钻孔潜孔锤施工振动很大，恐加剧扭曲变形的4号井井筒继续垮塌，影响2号钻孔的稳定，暂停3号钻孔施工。12月31日，确定淮南队专场施工，彻底报废3号钻孔。

12月28日，救援指挥部研究决定，在4号井井筒东侧约50米打4号救生孔，由国家安全生产应急救援指挥中心抽调国家矿山应急救援大地特勘救援队（以下简称中煤大地救援队）美国雪姆T200大口径挖钻机进行施工。经测量，确定坐标X：3934910.85，Y：565544.43（回风道与井底车场交汇处）。

12月31日，鉴于1号钻孔打通后，一直未与4号井井底车场西侧被困人员取得联系，地面钻孔指挥部决定在1号钻孔西侧再布置6号孔，坐标X：3934936.31，Y：565459.07，由煤田地质二队施工（使用2号孔钻机转场）。

12月31日，国家安全生产应急救援指挥中心副主任高广伟提出，3号孔停止，在东侧人员所处井下回风道上方施工5号孔，同4号孔形成双保险，并在4号孔、5号孔之间和5号孔上方预留钻孔位置，如4号孔、5号孔不成功，可以再布置新的救生孔。现场确定在回风道向上40米处（离4号井井筒58米），坐标X：3934885，Y：565534，由淮南队施工。地面钻孔救援指挥部同专家组确定，5号孔浅部地层使用旋挖钻机钻进，调天津德国宝峨旋挖BG38钻机。

12月31日，发现4号井筒积水，并向井下渗水渗泥，2016年1月5日，2号孔底部巷道泥水淤积严重，4名井下被困人员不能取用食品等物资，救援指挥部决定增加一个7号救援探查钻孔。7号救援探查钻孔位于4号井井筒东侧，坐标X：3934920.26，Y：565548.21，由中煤大地救援队大口径改小口径施工。

2016年1月5日，国家安全监管总局工作组、地面钻孔救援指挥部和专家组确定由胜利油田固井公司对大口径钻孔进行固井，调用胜利油田固井队伍及装备。4号孔、5号孔多次固井均保质保量完成。

B. 钻孔施工情况。

地面打钻救援指挥部在国家安全监管总局工作组的指导下，根据事故前井下作业人员的分布地点，4号井井底车场巷道、硐室布置及断面情况，并随着钻孔救援过程中出现的问题，及时修改调整完善地面钻孔救援方案。在整个救援过程中，在4号井工业广场共施工钻孔7个，其中救援探查孔4个，分别是1号孔、2号孔、6号孔、7号孔；救生孔3个，分别是3号孔、4号孔、5号孔。

a. 1号救援探查孔施工情况。

2015年12月26日上午，莒县蓝天打井队携带施工设备赶到事故现场，23时开始在4号井井筒西侧施工1号孔，采用直径216毫米钻头（内直径 115 毫米）钻进，216.8 米破顶，218.1 米落底，12 月 27 日晚与井底车场西侧巷道贯通。钻杆未取出，没有发现生命迹象。

b. 2 号救援探查孔施工情况。

12 月 26 日 16 时，山东省煤田地质局第二勘探队奉命赶到现场，在 4 号井筒东侧施工 2 号孔，12 月 28 日下午 6 时开始施工，采用直径 216 毫米钻头钻进；12 月 29 日 8 时打到预定的 213 米位置，下直径 177.8 毫米套管，使用膨胀橡胶封水；采用直径 152.4 毫米钻头于 12 月 30 日 8 时与 4 号井井底车场东侧巷道贯通，立即下放西安科技大学研制的生命信息钻孔探测系统。10 时 55 分，监控视频中发现了一只戴手套的手，经通过语音与井下联系，获知有 4 名被困矿工存活的信息。经与井下被困矿工进一步核实，坍塌事故发生后，4 号井井底车场有 8 人存活，其中 4 人留在井底车场东侧，走向西侧的 4 人处于失联状态。随后救援人员通过 2 号钻孔输送了营养液、饮用水、矿灯、衣物等食品和物资，并建立井上下电话联络。2 号救援探查孔的成功实施为救援工作带来了转机和希望，为救援争取了充足的时间；同时了解掌握井下被困人员所在位置周边的状况，为救援决策提供了第一手资料。

c. 6 号救援探查孔施工情况。

鉴于 1 号钻孔一直未与 4 号井井底车场西侧被困人员取得联系，地面钻孔指挥部决定在 1 号钻孔西侧再布置 1 个钻孔。2016 年 1 月 1 日 22 时，山东省煤田地质局第二勘探队开始施工 6 号孔。采用直径 216 毫米钻头钻进，1 月 3 日 10 时打到预定的 206 米位置，由于 40~80 米处为出水段，破碎带多，出现坍塌掉块现象，提钻时将管钳牙掰断，下直径 177.8 毫米套管，使用膨胀橡胶封水。采用直径 152.4 毫米钻头于 2016 年 1 月 4 日 4 时 50 分打到预定位置，216.8 米破顶，218.1 米落底。

2016 年 1 月 3 日，地面钻孔救援指挥部确定 6 号孔贯通后搜救方案，4 日透巷后，立即下放生命信息钻孔探测系统，进行声光通信联系，未收到回应。经国家安全监管总局工作组、地面钻孔救援指挥部研究，延长搜寻时间，在 6 号孔投放漂浮食品、警示光源和直通地面的警示拉绳，并派消防战士 24 小时值守，直到救援结束都未发现生命迹象。

d. 7 号救援探查孔施工情况。

2015 年 12 月 31 日，发现 4 号井筒积水，并向井下渗水渗泥，2016 年 1 月 5 日，2 号孔底部巷道泥水淤积严重，4 名井下被困人员不能取用食品等物资，救援指挥部决定增加一个 7 号救援探查钻孔，取代 2 号救援探查孔，作为与井下被困人员联络和输送物资的新通道，由中煤大地救援队施工。暂停 4 号孔施工。

2016 年 1 月 5 日 17 时 40 分，中煤大地救援队采用美国 T200 钻机，一开采用直径 311 潜孔锤钻进，钻至 40 米处，提钻下直径 244.5 毫米套管，用 2 吨水泥固井，候凝 6 小时。于 1 月 6 日 8 时精确测点时，发现与预定巷道透点水平偏差 2.4 米。

指挥部发现，7 号孔开孔位置同井下预透点水平偏差 2.4 米并已施工 40 米，经专家组讨论并听取中煤大地救援队意见，同意救援队采用定向施工，曲线透巷技术。

从 1 月 6 日 8 时 20 分开始，二开钻进，采用直径 216 毫米钻头钻进，为保证施工进度和精度，使用无线随钻测量仪和单弯螺杆，采用泥浆正循环定向钻进工艺，调整钻进方向，按照倾斜轨迹朝预透点钻进。1 月 7 日 10 时 40 分钻至 207 米时起钻，下直径 177.8 毫米套管，用 5 吨水泥固井，候凝 6 小时。三开采用直径 152.4 毫米钻头钻进，于 1 月 8 日 11 时 15 分打到预定位置，顺利透巷，钻孔深度为 216.6 米，恢复了食品和物资输送通道，并增加了一条通信线路。

e. 3 号救生孔施工情况。

2015 年 12 月 27 日 13 时 30 分，按照国家安全生产应急救援指挥中心的指令，淮南队携带德国进口宝峨 T90 大口径挖钻机及相关装备到达施工现场，12 月 29 日晚开始施工 3 号孔，采用直径 711 毫米钻头，钻进 16 米。12 月 30 日救援指挥部研究决定，因 3 号大口径钻孔潜孔锤施工振动很大，恐加剧扭曲变形的 4 号井井筒继续垮塌，影响 2 号钻孔的稳定，故停止 3 号钻孔施工。

f. 4 号孔施工情况。

2015 年 12 月 30 日，救援指挥部决定调遣中煤大地救援队，在 4 号井东侧布置 4 号救生钻孔，解救 4 名被困人员。2016 年 1 月 2 日，中煤大地救援队开始 4 号孔的钻井施工，4 号孔采用直径 215.9 毫米潜孔锤打导向孔，至 1 月 3 日 9 时钻进至孔深 200.8 米，导向孔施工结束。19 时开始采用直径 711 毫米潜孔锤钻进，1 月 3 日 16 时钻进至 23.50 米时遇破碎裂隙地层，循环介质漏失严重，孔内岩粉无法返出井口，致使潜孔锤无法正常工作，并伴有卡钻现象，钻进无法进行。专家组建议，采取使用水泥封固井段加固井壁的措施，报地面钻孔救援指挥部批准后，使用2吨水泥进行固井，候凝至24时。1月4日4时，继续采用直径711毫米潜孔锤钻进至24.30米，孔底又出现泄压、漏气、卡钻等现象，中煤大地救援队决定改用旋挖式钻头，采用旋挖抓斗捞取岩石的方法成孔，但效果不佳，机长携带照相机、矿灯、撬杠等工具利用简易罐笼顺井孔下至孔底查看情况，由于钻孔位置地下坍塌比较严重，地层受坍塌变形的影响，岩石松动、裂隙十分发育，任何循环介质都无法形成正常循环，孔底情况极其复杂，致使钻进工作无法正常进行。

地面钻孔救援指挥部十分关注4号孔的施工情况，多次召开现场会议，对复杂地层钻孔施工工艺也提出了具体的意见，经多次尝试仍无法顺利施工，分析认为上部岩层受坍塌扰动影响产生变形断裂，破坏了原有岩溶地层的稳定性，依靠循环介质的钻井工艺不适应这种特殊地层条件下的大口径钻孔钻进。2016年1月5日，经国家安全监管总局工作组、地面钻孔救援指挥部和专家组研究决定，改变钻井工艺，采取旋挖成孔的工艺技术，以解决上部地层难以钻进的问题，把表层松散破碎的地层旋挖后，下入套管对孔壁采取保护再进行潜孔锤钻进工艺，重新确定孔位，调山东省地矿局鲁南院天津新购德国宝峨旋挖BG20钻机。

2016年1月9日23时，4号孔重新定位后，采用旋挖式钻机施工，一开使用直径1500毫米钻头施工5米，下直径1250毫米孔口套管；二开使用直径1200毫米钻头钻进，1月14日旋挖至57米，下入直径760毫米套管7根，总长57.20米，并用水泥封固，保证了上部地层成孔的完好。

2016年1月15日19时，开始采用直径215.9毫米潜孔锤打导向孔，在施工至125米时有含水层出现，伴有掉渣和坍塌现象。1月16日5时，钻进至160米孔深时，由于地层倾角变大，造成井斜偏移角度变大，考虑钻孔位置和巷道实际情况，为确保钻孔的精准度，使用无线随钻测斜仪不断地测斜、纠偏，导致钻进速度缓慢。至1月18日16时，钻进至预定的196米，停止导向孔施工。1月18日17时，三开采用直径711毫米潜孔锤反循环钻井工艺开始钻进，1月21日7时，钻进至142米，孔内发生坍塌，岩粉无法排出，专家组立即对钻孔的复杂情况进行研讨分析，为避免类似于5号钻孔在钻进过程中发生孔壁垮塌、埋钻等特殊复杂情况，专家组与钻井队研究决定改用泥浆正循环钻井工艺，为避免钻孔介质漏失，使用胜利油田固井车对孔内进行水泥封固，然后泥浆正循环钻进。

2016年1月26日10时，钻进至175.5米时测斜，发现井斜增加3度，钻孔将偏离巷道，专家组决定封堵井斜段重新施工导向孔。1月27日2时，下入直径244.5毫米技术套管至154米，然后采用直径215.9毫米钻头钻进至206米结束导向孔。1月28日10时，又重新采用直径711毫米钻头钻进，1月29日晚上钻进至175米时，被困的4名矿工通过5号救生孔救出，救援指挥部决定4号救生钻孔停止施工。

g. 5号救生孔施工情况。

5号钻孔由淮南队施工，钻孔布置在4号井井筒东侧，井下4名被困矿工所处巷道相对应的地面位置，距离井筒58米，坐标X：3934885，Y：565534；2016年1月1日开钻，1月29日完成，历时29天，孔深226.25米。

旋挖钻进施工阶段，4号井浅部地层软硬互层、岩层破碎、溶洞发育含水，使用RB－T90大口径救生钻机易造成循环介质漏失严重，难以钻进；地面钻孔救援指挥部紧急从天津调集宝峨BG38旋挖钻机，1月1日16时安装到位，一开直径1500毫米钻头旋挖3米后，下直径1450毫米孔口套管；18时二开直径1250毫米钻头旋挖钻进，1月4日20时旋挖至54.15米，下直径820毫米套管，1月6日1时下管完成，17时套管底口及外环固井结束。

潜孔锤空气反循环钻进阶段，1月6日下午RB－T90钻机进场，1月7日进行钻机组装，配套美国寿力空压机4台、英国直径711毫米潜孔锤等组合钻具的安装，10时30分正式开始直径711毫米潜孔锤空气反循环钻进，20时钻进至孔深80米；1月8日10时30分钻进至孔深147米、20时30分钻进至孔深170米时候，回转阻力突然增大，动力头提升力超负荷到101吨（额定90吨），依然提不动，发生了埋钻情况，11.46米的加重钻具被垮塌的碎块埋了26米。

钻孔埋钻发生后，救援指挥部高度重视，国务院安委会安全生产专家咨询委员会秘书长王晋中主持召开了国家安全监管总局工作组、地面钻孔救援指挥部和专家组参加的紧急会议，同德国操作手多次沟通，分析研究5号孔埋钻处理方案，最后确定采用吊车下入直径50毫米钻杆，接入石油固井车高压水冲刷，利用高压水扰动被埋钻具周围的破碎岩块；再用吊车下入直径73毫米油管及直径15.24毫米高压软管，作为气举排渣管，用气水反循环将孔内沉渣排出。在高压水扰动管进入扶正器、气举排渣管路接近阻风环的位置时，立即强力提升钻具，提升力约100吨，至1月12日16

时，钻具全部提出，埋钻处理完成。

1月14日，王晋中会同地面打钻救援指挥部、专家组研究决定，5号孔170米埋钻处理结束后，提前下三开直径610毫米套管进行护壁，下部钻孔使用直径565毫米牙轮钻头钻进。

提钻结束后，采用吊车下直径73毫米油管、直径139.7毫米石油套管气举反循环清渣3天，RB-T90大钻机下直径610毫米套管1天，石油固井车固井1天。用直径565毫米牙轮钻头清扫直径610毫米套管内遗留50米水泥柱2天。

在牙轮空气（泡沫）正循环钻进阶段，1月21日1时20分，80立方米新泥浆配制完成，准备四开直径565毫米牙轮钻进。直径565毫米牙轮钻头在处理直径610毫米套管底口沉渣时，排出的碎块越来越多且越来越大（最大直径大于50毫米），发生严重堵塞钻头及双壁钻杆的情况，无法钻进；地面钻孔指挥部研究决定采用直径565毫米牙轮钻头空气（泡沫）正循环钻进工艺，防止堵塞钻头。1月21日22时，并联7台空压机（6台使用、1台备用），先开4台同时供风，后陆续增开到6台；1月22日2时，从双壁钻杆中心进气，封住排渣口，形成空气正循环钻进，至1月23日10时钻进至216米。在进行正循环施工时，有大量泡沫从井口溢出，但孔内岩屑返出地面极少，大量岩屑和破碎残渣仍滞留孔内，经视频探测器探测，孔底约有20米残渣；地面钻孔救援指挥部决定再次更换空气反循环工艺，一边排渣一边钻进。

在牙轮空气（泡沫）反循环钻进阶段，地面钻孔救援指挥部同专家组研究，采用德国技术人员在大口径空气潜孔锤钻进过程中，使用空气泡沫钻井技术。1月24日18时，再次下入直径565毫米牙轮钻头反循环钻具，1月25日0时30分下钻至180米开始排渣，3时30分排渣至200米时，直径565毫米牙轮钻头再次被堵不返渣，故起钻清理；15时开始再次下钻排渣，1月26日11时排渣到孔深216米，21时40分钻进至226.25米起钻。

1月27日3时，下强磁探管测孔斜，多次尝试均只能下到孔深182米处，测量孔斜没有成功；1月28日3时，下摄像头探查井壁，井壁局部垮塌严重，摄像头被卡住。王晋中会同地面打钻救援指挥部、专家组研究决定，下四开直径508套管稳定下部变形的砂质泥岩地层钻孔，12时20分正式开始下套管，24时直径508毫米套管下至204.5米；1月29日，分别再下入直径 73 毫米油管、直径 450 毫米和直径 310 毫米通渣盘清理孔壁突出黏附的岩屑，再经过视频探查井壁合格，具备了钻孔救生条件，至此 5 号救生孔施工完成。

C. 地面钻孔救援施工工程及设备。

a. 累计打钻 1889.65 米。共施工救援钻孔 7 个，其中救援探查孔 4 个，钻进 869.4 米；大口径救生孔 3 个，钻进 417.25 米；导向孔 603 米。

b. 共计下套管 1327.2 米。其中救援探测孔下套管 682 米，救生孔下套管 491.2 米，4 号孔下技术套管 154 米。

c. 使用钻井设备 6 台套。德国宝峨 RB-T90 钻机、美国雪姆 T200 钻机、美国雪姆 T685 钻机、德国宝峨旋挖 BG38 钻机、德国宝峨旋挖 BG20 钻井、小型钻机各 1 台套。美国寿力空压机 12 台套，配套泥浆泵 3 台，泡沫泵 2 台，救生舱 6 个。

d. 使用各类材料。使用各类管材 6200 多米，其中套管 1500 多米，油管 500 米，高压软管 500 多米，排水管路 3700 多米；工程使用油料 150 多吨；定制大型钻头 4 个，其中牙轮钻头 2 个，刮刀钻头 1 个，潜孔锤钻头 1 个；水泥 223 吨，泥浆 160 立方米，砼 10 吨，烧碱 3 吨，纤维素 1.5 吨。

e. 使用工程车辆 47 辆，其中起重机车 4 辆，固井车 2 辆，救生舱提升车 2 辆，铲车 6 辆，消防车 5 辆，油罐车 1 辆，医疗救护车 8 辆，泥浆车 15 辆，水泥罐车 4 辆。

（3）钻孔贯通与提人阶段实施。确定钻孔救援后，提人方式为救生舱提升。国家安全生产应急救援指挥中心调淮南队直径 640 毫米、三一重工直径 618 毫米两部救生舱及提升设备，陕西煤田地质局自发送来自行研制的直径 610 毫米救生舱。

5 号孔三开使用直径 610 毫米套管，内径为 590 毫米，现场 3 套救生舱均无法使用，地面钻孔救援指挥部委托三一重工设计加工直径 580 毫米救生舱，因救生舱与套管间隙过小，地面钻孔救援指挥部委托专家组组长杜兵建重新设计救生舱，设计直径 560、540 毫米两种规格救生舱。救生舱加工完成后，国家安全监管总局工作组、救援指挥部认为救生舱缺乏保护系统，要求在保持三一重工原救生舱安全设施基础上进行缩径改造，三一重工在保持救生舱顶部通信及保险系统的基础上，将救生舱直径改为 540 毫米。

2016 年 1 月 27 日 16 时 10 分，井下巷道与 5 号孔贯通。1 月 28 日，在进行5号孔探测时发现,孔内局部垮塌严重,决定下直径508毫米(内径490毫米)套管护壁,地面钻孔指挥部安排加工直径460毫米救生舱备用。直径508套管只能下至204.5米,距贯通点还有10.5米裸孔,探测发现204.5~206米孔内变形,孔型为椭圆形。

1月28日17时,救援指挥部召开会议时,高广伟明确提出救生舱难以下放。张务锋要求可将全身式安全带提人作为备用方案,但必须加强各突出部位防护,责成消防支队进行演练并制作培训视频。

1月29日17时21分,救援指挥部会议上,王晋中通报了5号救生孔升井施救前各项准备工作情况,由于508毫米套管根部有轻微内撬,套管底部孔壁一侧有5.7厘米的台阶,采用罐笼提升方式存在卡孔风险。为确保幸存矿工升井安全,决定采用全身式安全带方式,提升井下被困幸存矿工。同时全力做好4名被困幸存矿工升井获救前后各项工作。

**4. 科学进行生命维持和心理干预,开展救援工作**[①]

2015年12月30日10时50分,从打通的2号救援探查钻孔发现4名被困人员后,国家安全生产应急救援指挥中心副主任高广伟立即安排救援人员向井下投放电话,并责成医疗救治组当即成立了由营养、呼吸、消化、心理等学科专家组成的专门团队,与井下被困矿工进行沟通。医疗专家团队针对井下巷道潮湿黑暗、空间小、仍在不断坍塌,2名被困矿工肢体有轻伤、皮肤出现擦伤和发炎过敏症状,身体处于极度缺水,缺食物的实际情况,采取了如下几个措施:一是第一时间了解他们的身体状况和心理状况。考虑到沟通的时间和效果,安排了熟悉地方语言的当地专家负责通话,主要是让被困矿工保持安静,选择一个表达能力好的人员接电话,向地面传达他们的身体状况、生存环境、情绪状态及生活需要等,同时也向他们传递地面的救援情况,让他们感觉到各方的救援力量,增加他们的安全感和信心。二是安排投放药品及消杀物品,指导被困矿工科学自治自救,维持生存环境的卫生。三是精心制订专门的营养方案,科学搭配营养物质,循序渐进地采取流质、半流质、普通饮食方式。四是将食物和药品用奶瓶和矿泉水瓶封装方式,投放供给井下被困人员。

12月30日11时30分,第一次投放饮食以流质为主,用肠内营养粉3勺、生理盐水100毫升、温水100毫升配成流质,用奶瓶盛放,共投放11

---

① 课题组采访调研。

瓶。隔 1 小时后用肠内营养粉 4 勺、生理盐水 100 毫升、温水 100 毫升配成流质，在其中添加药品达喜 2 片以保护胃黏膜，用奶瓶盛放，共投放 8 瓶。5 个小时后用肠内营养粉 16.5 勺、生理盐水、温水配成每瓶 550 毫升，用矿泉水瓶盛放，共投放 8 瓶。另外，给予投放奥美拉唑片、盐酸左氧氟沙星胶囊以保护胃黏膜及预防肠道感染。

12 月 31 日，早餐每人给予鸡蛋 1 个、大米 100 克、菜 50 克、油 10 毫升、盐 2 克配成混合流质饮食，投放药品盐酸左氧氟沙星胶囊、小檗碱片、庆大霉素片，详细写明用法。午餐每人给予鸡蛋 1 个、大米 100 克、菜 50 克、肉 50 克、盐 2 克配成半流质食物。晚餐同午餐，另外每人再加 1 个长条馒头（100 克）、咸菜少许；并给予投放无淀粉火腿 60 根、皮蛋 120 个、压缩饼干 76 包、营养快线 105 瓶、巧克力 80 包、牛奶 96 瓶、冰糖 1.5 千克、矿泉水 150 瓶、21 金维他 4 瓶作为食物储备。

2016 年 1 月 1 日，早餐每人给予鸡蛋 2 个、馒头 2 个、小米稀饭 1 瓶、水 1 瓶、咸菜少许。由于矿工腿上都有水泡，个别矿工还有感冒症状，故投放阿莫西林、维 C 银翘片、金霉素药膏、喷昔洛韦乳膏、碘附、棉棒等药品和消毒液给予治疗。午餐未送。晚餐共给予小米稀饭 8 瓶、菜 5 瓶、馒头 10 个、包子 6 个。

被困矿工身体逐渐恢复后，其饮食亦逐渐恢复至普通饭，每日投放的食品主要包括辣椒炒肉、辣椒炒鸡蛋、芹菜肉末、冬瓜肉丁、薏米红豆粥、牛奶、水、金锣火腿、金锣香肠、鸡蛋、咸鸭蛋、小米煎饼、馒头、多元维生素片等。

在此后的救援过程中，医疗专家团队一直坚守在现场，进行指导饮食、用药指导和心理疏导。

1 月 25 日 16 时 30 分，因 5 号救生孔未能直接与被困人员所在的巷道通透，被困 4 名矿工抱头痛哭，情绪十分低落。为此，心理专家先后与井下被困人员通电话 30 余次，国家安全生产应急救援指挥中心副主任高广伟专门安排救援人员用手机录制了地面救援现场和各位领导、专家对他们的嘱托视频，通过 7 号救援探查孔送到井下，被困矿工看到视频后，心理压力才得到释放，情绪基本稳定。

1 月 29 日，4 名矿工在升井时，面临着一个升井顺序的问题，心理专家让他们自行商讨，并告知他们先后升井都是机会和风险并存，但也会把救援的实际成功条件传递给井下，让他们互相协助做好升井的准备措施，掌握升井技巧（比如升井时要紧闭眼睛，免受外界强光刺激以保护眼睛等）。

1月29日21时21分，在首名矿工被成功升井到地面时，心理医生担心矿工的情绪波动问题，升井后，医护人员抓着他的手，陪在身边（其中一名医护人员负责立即将其眼睛蒙住），起到稳定情绪的作用；在第三名被困矿工成功升井后，井下只剩一个人时，心理专家安排地面他熟识的矿领导一直保持通话，陪伴指导他的升井准备。这对他的情绪起到了稳定作用，最后得以顺利升井。

最终，经过不懈努力，2016年1月29日22时49分，4号井井底4名被困人员全部安全升井。在这次升井过程中使用全身式安全带提升救人，属于世界首例，创造了钻孔救援史上的新模式。

### 三 救援的成功经验、存在的问题及措施建议

#### （一）成功经验

**1. 中央与地方救援工作的协调联动**

事故发生后，党中央、国务院，山东省委、省政府，国家安全监管总局对救援工作高度重视。张高丽、马凯、杨晶、王勇等中央领导分别做出重要批示。山东省委书记姜异康、省长郭树清第一时间赶赴现场，成立事故救援指挥部，部署救援工作。2016年1月13日，省长郭树清再赴现场与国家安全监管总局局长进行现场指导、慰问救援人员，与井下被困幸存矿工通了电话，并连夜召开会议研究救援方案，对救援工作提出新的要求。山东省委、省政府委托常务副省长孙伟两次到现场慰问、指导。①

在救援指挥部的直接指挥下，临沂市委、市政府把救援工作作为首要任务，启动应急预案，集中人力、物力、财力全力展开救援。各方力量迅速集结，团结协作，合力救援。经过近千名现场救援人员的艰苦努力，事故救援工作克服重重困难，取得了阶段性重要成果。

---

① 《平邑坍塌事故仍有13人失联 已对事故展开调查并追责》，大众网，http://www.dzw-ww.com/shandong/sdnews/201602/t20160201_13788356.htm，最后访问日期：2017年8月27日。

## 2. 坚持以人为本的救援理念

在这次救援过程中,救援指挥部始终坚持"以人为本、安全第一、生命至上"和"不抛弃、不放弃"的救援理念,指导救援工作。①

一是保障救援人员的绝对安全。当井下垮塌不断、涌水加大时,及时下令井下救援人员撤离;当地面出现塌陷坑时,为防止井下再次发生大面积冒落造成救援人员伤亡,决定立即撤离井下所有人员。经矿山压力及岩层控制专家分析研判井下不具备保证救援人员安全的条件时,决定暂停井下救援施工工作。

二是全力保护井下被困人员的安全。救援方案均以不危及被困人员生命为前提,钻孔通过含水层时,及时下套管固井、堵水,防止泥水沿钻孔泄入井下巷道。2 号救援探查孔打通后,第一时间投放营养液、食品、矿灯等,建立了通信联络,及时对被困矿工进行心理干预。4 号井井筒的淤泥积水泄入井底车场,造成 2 号孔孔底巷道淤泥持续增加,危及 2 号孔安全时,准确研判并及时封堵了 4 号井、3 号井井筒底部。被困人员最后升井时,经反复研究确定不采用救生舱提升,而选用把握性更大的全身式安全带方式提人。

## 3. 坚持科学安全施救

救援指挥部坚持科学决策,每项重要决策都充分吸纳工作组、专家组和救援队伍的意见,每个重要节点目标都有 2 个以上实现路径,同步推进、多手准备,井下、地面钻孔救援同步实施;对救援过程中遇到的难题,及时果断制定应对措施,统筹调集队伍、专家和设备参加救援。组织实施了打通"5 条救援通道"(井下 3 条、地面 2 条)方案,从多个方向搜救被困人员。井下现场救援,采取了先搜救、再探查、后掘进的救援方案,累计修复掘进救援通道 354.5 米②,先后救出 11 名被困矿工。此后,因井下巷道坍塌严重、救援难度极大、水位快速上升,危及救援施工人员生命安全,救援指挥部决定暂停井下救援,及时调整救援思路,井下现场救援以排水保障被困矿工安全为主,加快地面钻孔救援施工进度,先后成功打通 4 个小直径救援探查孔,在发现 4 名被困矿工后,又先后打了 3 个大口径

---

① 课题组采访调研资料。
② 张雯婷、于鹏、高昌洁:《平邑"12·25"救援幕后:井下涌水持续塌方极富挑战性》,齐鲁网,http://news.iqilu.com/shandong/yuanchuang/2016/0129/2673409.shtml#g2679907=1,最后访问日期:2017 年 8 月 27 日。

救生孔,最终通过打通的 5 号大口径救生孔,采用全身式安全带方式,成功将被困 36 天的 4 名矿工安全救出。

### 4. 充分发挥专家组的集体智慧

救援指挥部先后调集了钻井、安全工程、采矿、水文、地质、通风、机电、矿压与岩层控制等方面的专家 50 余人,参与事故救援工作。在救援过程中,遇到了多个技术难题。仅以 5 号救生孔施工为例:2016 年 1 月 9 日,5 号救生孔累计进尺 170 米时,发生埋钻;1 月 14 日,发现 5 号救生孔底约有 25 米深的泥渣;1 月 21 日,5 号救生孔钻进时出现反渣困难;1 月 22 日,发现地下水通过垮塌变形的 3 号井井筒涌入井底,井下水位不断上涨,威胁被困人员安全;1 月 24 日,5 号救生孔钻进至预定深度后发现孔底有 20 米深淤泥,钻孔未与巷道直接贯通;1 月 27 日,通过钻孔探测发现,5 号救生孔下部裸孔部分出现局部坍塌。救援指挥部与国家安全监管总局工作组、救援专家组反复会商、集体决策,研究提出科学的针对性解决方案,由救援指挥部组织实施,确保了 5 号救生孔顺利贯通。

### 5. 先进的救援技术装备

近年来,国家安全生产应急救援指挥中心积极推进安全生产应急救援体系建设工作,申请中央财政投资 40 多亿元,建设了 68 支国家级安全生产应急救援队伍,配备了一大批国内外的先进救援装备,目前建设成效正在逐步显现。在本次救援过程中,国家安全监管总局工作组在第一时间确定了钻孔救援的技术方向,调集了淮南队的德国宝峨 RB-T90 大口径挖钻机、三一重工提升机和救生舱,开滦队的大口径潜孔锤钻头、空压机和泡沫泵,中煤大地救援队的美国雪姆 T200XD 大口径挖钻机,兖州救援队的卫星指挥通信车和多功能集成式救援装备保障车,西安研究中心的生命信息钻孔探测系统等先进装备[1],在搜寻被困人员、形成救生通道、救出被困人员与救援信息传输等重要环节都发挥了关键作用。虽然大口径钻孔救生技术在中国首次用于矿山救援实战,但在救援人员群策群力、攻坚克难、密切配合下,圆满完成了钻孔救援任务。

### 6. 解决了一批打钻技术难题

一是解决了浅部不稳定地层大口径成孔问题。钻孔施工地层因井下大面积坍塌,施工过程地层一直处于运动状态,井下在不断坍塌,导致地表

---

[1] 课题组采访调研资料。

开裂严重变形，且一直在持续发展。按常规，这种不稳定的地层是不具备打大口径钻孔的地层条件的，在国内外无相关类似施工案例。实施大口径钻孔钻进时均出现地层变化、裂隙增加、坍塌频发。在浅部钻井施工过程中多次出现循环介质漏失严重、泄压、漏气、卡钻等现象，造成孔内岩粉无法返出井口，致使潜孔锤无法正常工作。经专家组和施工队伍多次分析研究，改变钻井工艺，采用旋挖钻机开凿浅部岩层，5号孔旋挖54米，4号孔旋挖57米，顺利通过了浅部地层。

二是解决了工艺选择与地层矛盾问题。大口径救生钻孔要求快速高效，原则上不能使用水、泥浆作为介质来钻进，以防止对井下被困矿工造成二次伤害。但是，砂质泥岩孔壁缺乏保护，钻进时加剧了不稳定地层的垮塌，不利于钻孔钻进和成孔。采用多级套管护壁的办法，解决了砂质泥岩段孔壁坍塌的问题；改用牙轮钻头正循环解决了泥岩堵塞钻头问题；使用牙轮反循环解决了排渣问题。

三是首次使用了定向技术施工救援探查孔。在7号钻孔的施工过程中，为加快施工速度，第一时间建立食品和物资输送通道及通信联络线路，在未精确定点的情况下，中煤大地救援队采用美国T200钻机在预定区域开钻施工40米。在精确测点时，发现与预定巷道透点水平偏差2.4米，施工中采用了无线随钻装备（MWD无线随钻仪器）和单弯螺杆，及时监测和调整钻进方向，按照倾斜轨迹朝预透点定向钻进，1月8日11时15分打到预定位置，顺利透巷，钻孔深度为216.6米。

四是解决了大口径钻具埋钻问题。5号孔钻进至170米时出现了埋钻的情况，采用常规提钻方式处理无效，经专家组分析研究，确定采用高压水扰动沉渣，气举反循环排渣处理埋钻，钻头顺利提出。

五是开创了垂深200米以上钻孔全身式安全带提人先例。由于地层不稳定，孔壁变形，4次下套管后孔内直径只有490毫米，钻孔底部10米为裸孔。救生舱难以下放到位，救援指挥部和专家组经多次分析研讨，确定了采用全身式安全带提人方案，由消防战士在地面进行演练，对头、肩、膝及其他裸露部位使用专用防护用具，并录制操作录像送入井下安排被困矿工学习，于2016年1月29日22时49分，通过打通的5号救生孔，采用全身式安全带，成功将被困的4名矿工安全救出。

### 7. 社会力量广泛参与

安全生产涵盖各地区、各行业、各领域，事故灾难多种多样，何时何地发生何种事故，以及会造成什么样的后果，都具有高度的不确定性。而处置不同类型和规模的事故灾难所需的技术、装备、队伍差别也很大。各级地方政府及其所属部门在处置事故灾难时，无论是在人力、技术方面，还是在物资、装备、队伍方面，都有很大的局限性。这就决定了政府在安全生产应急管理中只能起主导作用，安全生产应急管理必须广泛动员社会力量积极参与。①

在本次事故救援中，救援指挥部调集了专业救援队伍，井下抢险施工队伍，公安消防，社会救援力量和武警部队，电力、通信、医疗等保障人员，共计1000余人参与抢险救援。社会各界纷纷伸出援助之手，支持救援工作，捐献了大量的救援物资和生活用品。德国宝峨公司从天津及时送来了2套大型旋挖钻机，为2个大口径钻孔完成了50米表土层的钻进。三一重工公司在第一时间从北京送来了2台大型吊车，昼夜开展装卸钻杆及其他吊装服务。② 不少钻探与地质方面的专家自发从全国各地赶来，积极为钻孔救援工作出谋献策。

**8. 充分做好医疗救护和心理安抚**

在积极实施救援的同时，救援指挥部针对本次事故遇险人员的情况，从山东省内各大医院调集了重症医学、骨科、消化科、胸外科、呼吸科、普外科、神经外科、营养科、精神科和心理科等医疗专家，赶赴救援现场开展医疗救护和心理安抚工作，省、市、县三级共派出专家5600余人次。安排了充足的医疗急救专家和救护车昼夜在事故救援现场待命，并配备了相应的急救药品和医疗器材。

针对井下4名被困矿工的身体状况，成立了由营养、呼吸、消化、心理等专家组成的医疗团队，专门配制了营养液，12月30日通过2号救援探查孔与井下4名被困矿工取得联系后，利用2号孔（后改为7号孔）及时投放了营养液、药品等物资。同时，救援指挥部及时安排了多名心理专家为他们进行心理疏导，开展心理安抚工作，密切关注他们的情绪波动情况，及时给予心理疏导。被困矿工被安全救出后，医护人员立即采取了蒙眼、保温、输液等保护措施，以最快的速度送往医院住院观察治疗。

为保证现场救援施工人员的身体健康，救援指挥部分别在井下和钻孔

---

① 王亦君、于林：《应急管理需引入社会力量》，《中国社会报》2007年8月13日，第3版。
② 课题组采访调研资料。

救援现场设立了 2 处医疗保障点，并派驻了医务人员，实行 24 小时轮班值守，为现场救援施工人员及时提供医疗卫生服务。共调配颗粒剂 500 盒、桂枝汤 6500 余瓶，现场发放感冒类、跌打损伤类、止痛类、胃肠治疗类及慢病治疗类药物 2600 余次，诊疗 7500 余人次。[①]

**9. 正确引导新闻媒体做好宣传报道**

救援指挥部高度重视事故救援宣传报道工作，成立了新闻中心，建立了新闻发言人制度，指定了 3 名新闻发言人，对新闻稿件严格审核，统一口径，第一时间对外发布事故及救援信息。及时召开事故救援情况新闻通报会，在整个救援期间，共召开了 4 次情况通报会，向媒体公布事故和救援工作进展情况，并积极主动配合新闻媒体采访，密切关注社会舆情，及时分析研判，正确引导媒体客观公正、实事求是向社会各界报道事故和救援工作开展情况，注重将救援工作面临的多方面困难和不确定性如实向社会发布，取得了社会广泛理解和支持。据不完全统计，新华社、中央电视台、中央人民广播电台、大众日报社、山东广播电视台等主流媒体记者 30 余人参与了事故及救援工作新闻报道。中央电视台在《焦点访谈》《新闻联播》《新闻面对面》等栏目播发了 160 多条新闻；《人民日报》头版发了要闻、评论和通讯；新华社发了长篇通讯；中央人民广播电台发了即时新闻；《中国安全生产报》发了 3 个专版；等等。国家安全监管总局人事司（宣教办）及国家安全生产应急救援指挥中心积极组织协调中央主流媒体和国家安全监管总局媒体记者坚守在宣传岗位，积极协调中宣部、中央媒体，及时主动正面发声，为现场救援工作提供了强大的社会舆论支持。

**（二）存在的问题**

**1. 非煤矿山救援体系建设不健全**

国家"十二五"规划中明确指出，要"完善我国应急救援体系，提高事故救援和应急处置能力"，深入开展我国的应急救援体系建设工程。党的十八大报告提出，要构建体系完备、科学规范、运行有效的制度体系，党和国家的重大战略部署对建设我国矿山应急救援体系提出了更高更严格的要求。[②]

---

[①] 数据来自课题组调研时的救援指挥部资料。
[②] 邓军、李贝等：《中国矿山应急救援体系建设现状及发展刍议》，《矿山开采》2013 年第 6 期，第 5~9 页。

目前,我国非煤矿山应急救援体系建设差距较大,救援力量薄弱。本次事故救援,不管是地面钻孔救援还是井下现场救援力量,主要依靠国家矿山应急救援淮南队、国家矿山应急救援大地特勘救援队、国家区域矿山应急救援兖州队和山东能源枣矿、临矿、淄矿、龙矿救护队,各专业的专家、工程技术人员和施工救援力量绝大多数是煤炭系统的,没有一支真正的非煤矿山专业救援队伍参与本次事故救援。

### 2. 大口径挖钻机配套不完善

大口径挖钻机能在各种复杂地质情况下开展塌方救援工作,具有操作简便、工作环境要求低、推进速度快和挖掘深度大等优点,被广泛应用于各类矿山塌方事故救援工作。

这次参加事故救援的2台大口径挖钻机,均只配备直径711毫米潜孔锤钻头,没有分规格配备系列钻头、地面正反循环配套井下接头,必须现场进行定制;没有配套的铁钻工,钻杆拆卸只能使用人工操作,影响了救援进度和效率。

### 3. 大口径救生钻孔施工技术有差距

2016年1月8日21时,5号救生孔钻进至170米时出现埋钻,直至1月12日15时30分,钻头提出,处理孔内沉渣至1月14日16时30分,共影响施工工期139.5个小时。事故的出现不是偶然的,主要是没有及时起钻检查钻头、阻风板、扶正器等各部钻具组件,是否有钻头泥包及损坏等情况,导致埋钻的发生,增加了施工的难度,延缓了救援时间。

本次救生钻孔使用的是大口径潜孔锤空气反循环钻井技术,在国内尚属首例,国际上也少有使用。虽然此项技术工艺在本次救援中成功使用,但还有许多方面不完善,需要加强改进。例如,钻头上部应正确使用扶正器,避免增加卡钻或埋钻处理难度;大口径气举反循环钻效率高,适用于岩性稳定的地层,不适用于易塌、破碎、松软地层。

由于平时操作人员对大口径挖钻机等先进救援装备的培训演练不到位,对设备性能了解掌握不够,施工工艺陌生,造成事故救援时施工人员操作不熟练,致使先进救援装备的效能未得到充分发挥,在一定程度上影响了救援进程。

5号大口径救生孔打到预定位置后,未与巷道贯通,钻孔偏离巷帮0.8米,但从地表标定位置与井下巷道见到位置,实际偏斜近3.0米。究其原因,一方面是因为钻孔实际发生了偏斜,无有效手段进行跟踪监测和及时纠偏；另一方面是因为井下巷道标定可能发生偏差，造成钻孔"被偏斜"。①

**4. 应急救援经费得不到保障**

矿山应急救援队伍作为隶属于煤矿企业的特殊组织，不能直接创造经济效益，但又承担着社会服务职能。当前，煤炭市场持续低迷，90%以上的煤炭企业亏损，生产经营十分困难，加之近几年煤矿安全生产形势好转，重大事故逐年减少，致使多数主管企业对其重视程度不够，很难投入足够的资金促进矿山应急救援队伍的发展，国家和各级地方政府又未建立矿山应急救援资金保障机制，致使矿山救援队伍资金紧张，救援装备更新不及时，缺乏高精尖的设备；队伍组织机构不健全，人员不稳定；培训演练不正常；应对重特大灾害的综合能力不足。同时，参加社会救援所耗的材料、设备、人员工资和交通费用往往得不到补偿。此次参加事故救援的国家矿山应急救援淮南队所耗各类费用合计300多万元，救援结束后，经费得不到及时补偿。

### （三）政策建议

**1. 深入剖析本次救援案例，指导规范钻孔施工**

建议组织相关专家对本次救援案例进行深入分析，全面总结救援经验与教训，同时吸收国外同类事故案例，编制《矿山事故钻孔救援技术指南》，其内容包括钻孔救援的适用条件、装备、技术、工艺以及难题解决方法等，以指导今后类似事故的钻孔救援工作。

在进行地面钻孔救援时，需提前充分做好准备工作，钻机系列钻头、地面正反循环配套设备、井下接头等要准备齐全，防止出现救援现场需要使用的时候临时加工的情况，以免影响救援方案制定和施工进度。

**2. 研究改进钻孔工艺，确保钻孔施工的精确性**

研究改进大口径钻孔施工工艺，对于地质条件复杂的地层，可先行施工一个小口径钻孔。一是前期作为地质资料探查孔，获取钻孔区域地层资料；根据资料合理设置大口径救生钻孔结构方案，尽可能优化、减少下套管层数，避免技术风险。二是后期可作为大口径钻孔的导向孔，钻进过程中随时测量钻孔倾斜度和方位，一旦发生偏斜，及时使用定向测量仪和纠

---

① 课题组采访调研资料。

偏工具进行定向纠偏，保证导向孔打到设计位置。然后再使用带导向的大口径钻头完成施工。另外，大口径钻孔开孔前钻孔的偏斜规律、钻井开孔位置、井上下关系、钻井偏斜轨迹等，都需要慎重研究、科学决策。

**3. 强化技术培训工作，完善救援设备配套**

针对在本次救援过程中暴露出的施工人员操作与技术不熟练等问题，今后应强化国家矿山救援队的培训工作，培训演练内容包括钻机操作、小口径救援钻孔技术、大口径救生钻孔技术、复杂地层钻孔技术、钻孔事故预防与处理等。同时，要加强实战演练，理论结合实际，使人、技、装高度匹配融合，切实提高救援指战员的技战术综合素质，确保在进行事故救援时，操作人员能够熟练操作和正确快速维修，有效提升救援效率。

应尽快完善大型先进救援装备配套，特别是要进口大型钻机的配套装备，如大口径救生钻机各规格型号的系列钻头、地面正反循环配套井下接头等，确保救援时做到高效省时。

**4. 拓宽矿山救援投入渠道，建立救援资金保障机制**

近年来，中央财政投资的救援装备逐步到位，但受国家级安全生产应急救援队伍依托的企业效益下滑等因素影响，救援队伍经费不足已成为制约救援能力的重要因素。建议协调财政部尽快下达中央投资安全生产应急救援装备运行维护费用，配齐完善装备的配套备件、工具等，保障钻机、水泵等大型重点装备得到良好的维护保养，形成快速高效的救援能力。同时，建议进一步完善有关法律法规，建立应急救援资金投入保障机制。

**5. 加大科技装备的研发力度，提升救援技术水平**

加强政策引导，建立和完善科技创新的投资机制和激励机制，开展矿山救援关键技术装备研究与开发，如灾变后被困人员的精确定位、钻孔的快速施工、大口径钻孔的纠偏、大口径潜孔锤正反循环等新钻进技术、井下无线移动通信技术研究等；提高救援队伍装备配置水平和救灾能力，最终实现应急救援水平总体提升的目标。同时，国家应该挑选一批钻探、地质、水文等专业高水平的专家，吸纳充实到国家矿山应急救援专家库中。

**6. 完善应急救援体系建设，提高救援整体能力**

一是健全完善非煤矿山应急救援队伍体系建设，不断提高技术装备水平和应急处置能力，各级政府应结合辖区内非煤矿山企业分布实际，尤其是非煤矿山较为集中的省、市、县，要尽快研究相关措施，建设本区域非煤矿山救援队，督促指导有条件的大、中型非煤矿山企业组建专职救援队伍；不具备单独建立专职救援队伍的小型矿山企业组建兼职救援队伍，并与邻近专职救援队伍签订救援协议，完善区域救援网路。二是加强危险化学品、油气长输管道救援基地建设，提升危化领域应急救援能力。三是加强培训演练基地建设，提升各级各类队伍专业救援能力。四是完善应急救援指挥机制，建立健全相关标准，规范事故救援协调指挥的程序、方式等。五是设立全国统一的安全生产应急救援标志，统一专业救援人员服装。六是加强应急救援通信指挥体系建设。

（课题组组长：程振峰；成员：郑周元、仝鹏、栾盛磊、杜秀桂、孙维雁、房芳、马红、贾若冰、周朔琦；本报告主要执笔人：郑周元）。

# 跨省突发事件应急联动

## ——"11·23"甘陕川跨省水污染事件

**摘　要**：2015年11月23日，位于陇南市西和县的陇星锑业尾矿库发生泄漏，造成跨甘肃、陕西、四川三省的突发环境事件，对沿线部分群众生产生活用水造成了一定影响，并直接威胁四川省广元市西湾水厂的供水安全。事件发生后，党中央、国务院高度重视，环保部迅速派出工作组和专家组赶赴现场协调指导，甘肃、陕西、四川三省相继启动应急预案，组织开展应对工作。应急期间，三省应对各有侧重：甘肃——断源截污；陕西——治理降污；四川——饮水保障。三省通过采取切断源头、筑坝拦截、水利调蓄、技术降污、河道清污和饮水保障等具体措施，经过共同努力，事件得到有效控制。"11·23"水污染事件案例研究表明，必须着力解决"政府主体、多头指挥、联动失灵"的现实问题，树立全局性、整体性、系统性应急思维，构建政府主导、部门联动、专家支撑、民众参与、企业担责、市场协作的全方位立体化的应急联动机制。

**关键词**：突发事件；跨省应急联动；"11·23"水污染事件

## 一　事件背景

2015年11月23日，位于陇南市西和县的甘肃陇星锑业有限责任公司选矿厂发生锑尾矿浆泄漏，造成跨甘肃、陕西、四川三省的突发环境事件，对沿线部分群众生产生活用水造成了一定影响，并直接威胁到四川省广元市西湾水厂的供水安全。事件发生后，党中央、国务院高度重视，环保部迅速派出工作组和专家组赶赴现场协调指导，甘肃、陕西、四川三省联动，相继启动应急预案，组织开展应对工作。经过共同努力，2015年12月26日，陕川交界处持续稳定达标，2016年1月28日，甘陕交界处持续稳定达标。应急期间，三省通过开展沿线水质调查检测、通告群众停用受污染水源、安排车辆送水、引其他清洁水源和实施水厂除锑工艺改造等措施，保障了沿线群众生产生活用水安全。环保部将此次事故定性为重大突发环境事件，并启动突发环境事件调查程序。①

(一) 涉事企业：甘肃陇星锑业有限责任公司

发生事故的甘肃陇星锑业有限责任公司（以下简称陇星锑业）成立于2003年9月11日，是在原"甘肃锑厂"破产后收购组建的股份制民营企业，注册资金为3122万元，主业是采、选、冶及锑深加工。主产品为锑精粉、精锑、锑白及锑酸钠。该公司所属崖湾锑矿锑金属储量居全国第三、西北第一。公司总部位于甘肃省西和县县城北郊。

发生事故的陇星锑业崖湾山青尾矿库，位于甘肃省陇南市西和县太石河乡山青村，紧邻嘉陵江二级支流太石河。尾矿库设计坝高为59.4米，设计总库容为168万立方米，事发时尾矿库坝高约为53米，堆存尾砂量约为140万立方米。尾矿库设计有1号和2号排水井，其中1号排水井已于2010年封井。太石河是西汉水的支流，西汉水为嘉陵江一级支流。事发地距陕甘交界处120多公里，至西汉水入嘉陵江口约为150公里。西汉水是嘉陵江上游一级支流，发源于天水市秦州区齐寿山，流经天水市、陇南市礼县、西和县、康县、成县后经陕西略阳县注入嘉陵江，全长279公里。嘉陵江干流自陕西凤县向南与西汉水汇合后流经略阳县、阳平关入川，过广元市，在昭化区接纳白龙江。西和县陇星锑业公司溢流井发生漏砂事件，对太石河及嘉陵江一级支流西汉水造成水体严重污染，污染区域跨甘、陕、川三省。

(二) 污染物：锑浓度超标

事件主要特征污染物核定为锑。事发后，调查组对尾矿库内存留尾矿进行了检测，结果表明尾矿中含有锑、铜、铅、锌、镉、砷、汞等重金

---

① 本研究有关"11·23"水污染事件的资料，主要来自环保部调查组的调查处理情况通报、课题组在当地调研访谈以及媒体公开报道。2016年10月14日，环保部正式公开甘肃陇星锑业有限责任公司尾矿库泄漏事件调查结果。参见《环境保护部公布甘肃陇星锑业有限责任公司"11.23"尾矿库泄漏次生重大突发环境事件调查结果》，环保部网站，http://www.mep.gov.cn/gkml/hbb/qt/201610/t20161016_365567.htm，最后访问日期：2017年5月10日。

属。2015 年 11 月 24 日，甘肃省对相关流域重金属指标监测结果显示，部分断面铅、砷、锑出现不同程度的超标，11 月 25 日除锑以外的其他 6 项重金属浓度均达标。因此，确定此次事件特征污染物为锑，并将地表水体中锑浓度达标［0.005 毫克/升，参照《地表水环境质量标准》（GB3838-2002）中"集中式生活饮用水地表水源地特定项目标准限值"］作为应急处置工作目标。中国《生活饮用水卫生标准》（GB5749-2006）中规定锑的限值为 0.005 毫克/升。在污水综合排放标准中，锑被列为第一类污染物。

锑是一种银白色、有光泽、硬而脆的金属元素，呈鳞片状晶体结构，可制成棒、块、粉等多种形状。锑对人体及环境生物具有毒性作用，最小致死量（大鼠，腹腔）100 毫克/千克，有刺激性。锑的毒性很强，根据《中华人民共和国国家标准污水综合排放标准》，锑属于第一类污染物（即能在环境或动植物体内蓄积，对人体健康产生长远不良影响者），其最高允许排放浓度为每升 0.1 毫克。精锑（锑锭）、锑的化合物用途广泛。金属锑广泛用于合金、玻璃、陶瓷搪瓷、阻燃材料、医药、化纤、防腐等各个领域。

（三）尾砂与尾砂库

尾砂是选矿厂在特定的经济技术条件下，将矿石磨细，选取有用成分后排放的废弃物。一般由选矿厂排放的尾矿矿浆经自然脱水后形成的固体矿物废料构成，可视为一种复合的硅酸盐、碳酸盐等矿物材料。

尾矿库是指筑坝拦截谷口或围地构成的，用以堆存金属或非金属矿山进行矿石选别后排出尾矿或其他工业废渣的场所。尾矿库一般由尾矿堆存系统、尾矿库排洪系统、尾矿库回水系统等几个部分组成（见图 1）。尾矿库是矿山选矿厂生产不可缺少的设施。尾矿库是一个具有高势能的人造泥石流危险源，存在溃坝危险。事实一再表明，尾矿库一旦失事，容易造成重特大事故，将给工农业生产及下游人民生命财产造成巨大的灾害和损失。

世界各国都非常重视尾矿库的安全。美国、加拿大等国都把尾矿库安全列为该国劳动部门安全监察的重要内容。为了加强对尾矿库的管理，我国以立法的形式特别强调了对尾矿设施的安全监督。目前由国家和地方政府安全生产监督管理部门行使安全生产监督管理职权。

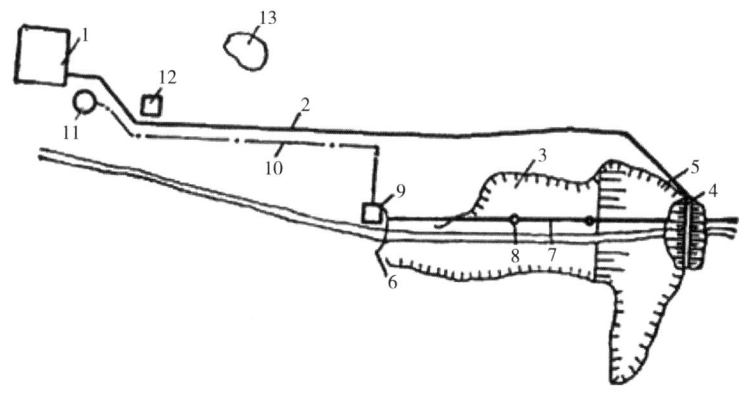

1. 选矿厂；2. 尾矿运输管；3. 尾矿沉淀池；4. 初期坝；5. 尾矿堆积坝；6. 进水头部设施；7. 排出管；8. 排水井；9. 水泵房；10. 回水管路；11. 回水池；12. 中间砂泵站；13. 事故沉淀池

**图 1　尾矿设施示意图**

资料来源：《尾矿库》，百度百科，https：//baike.baidu.com/item/%E5%B0%BE%E7%9F%BF%E5%BA%93/7219790？fr＝aladdin，最后访问日期：2017 年 5 月 10 日。

### （四）太石河、西汉水与嘉陵江

太石河流经甘肃陇南武都区、礼县、西和县，流域面积为 425 平方公里。是西汉水的支流，是嘉陵江的二级支流。

西汉水地理位置介于东经 104°30′~106°04′，北纬 33°16′~34°31′，为嘉陵江一级支流。西汉水有南北两源。南源发源于甘肃天水县（今麦积区）大门镇之寨子山，海拔 1920 米，俗称南河；北源为正源，发源于甘肃省天水市平南乡齐寿山（古名嶓冢山），在天水镇前与南源南河汇合后始称西汉水，在陕西省略阳县汇入嘉陵江。西汉水在天水市秦州区流经齐寿乡、平南镇、天水镇，进入礼县流经盐官镇、祁山镇、永兴镇（原永兴乡）、城关镇后折转向南，流经石桥镇、江口乡、龙林乡、于雷坝镇（原雷坝乡）急转向东，然后进入西和县、康县、成县，在陕西省略阳县注入嘉陵江，全长为 279 公里，流域面积为 9569 平方公里。西汉水为嘉陵江上游的重要支流，也是嘉陵江乃至整个长江流域含沙量最大的河流。

嘉陵江干流发源于秦岭，起凤县，经陕西省、甘肃省、四川省、重庆市，注入长江。干流全长为 1345 公里，干流流域面积为 3.92 万平方公里。四川省广元市昭化区以上为上游，昭化至重庆市合川区为中游，合川至重庆河口为下游。传统上，嘉陵江有两源：东源陕西省凤县代王山的东峪河和发源于甘肃省天水市秦州区齐寿乡齐寿山的西汉水。还有专家认为，发源于甘南碌曲县郎木寺镇若尔盖草原的白龙江。2011年10月长江水利委员会确认，东源陕西省凤县秦岭代王山为正源。在甘肃省境内，古称西汉水，自陕西凤县在两河口入甘肃省境，再西南流，经两当县和徽县，在吴王城复出省境至陕西略阳县。在陕西省境内，嘉陵江流经凤县，入甘肃再回陕西，经略阳县和宁强县出陕。它在陕西境内属于河流上游段，长为244公里，约占总河长的30%；在陕西境内的流域面积为9930平方公里，多年平均径流量为56.6亿立方米。在四川省境内，嘉陵江干流自陕西凤县向南与西汉水汇合后流经略阳县、阳平关入川。过广元市，在昭化区接纳白龙江，南流至阆中市，东河自左岸来汇，在南部县和蓬安县接纳西河至合川区，渠江、涪江分别在左、右岸汇入，于重庆市朝天门注入长江，在省境内河长为796公里（见图2）。

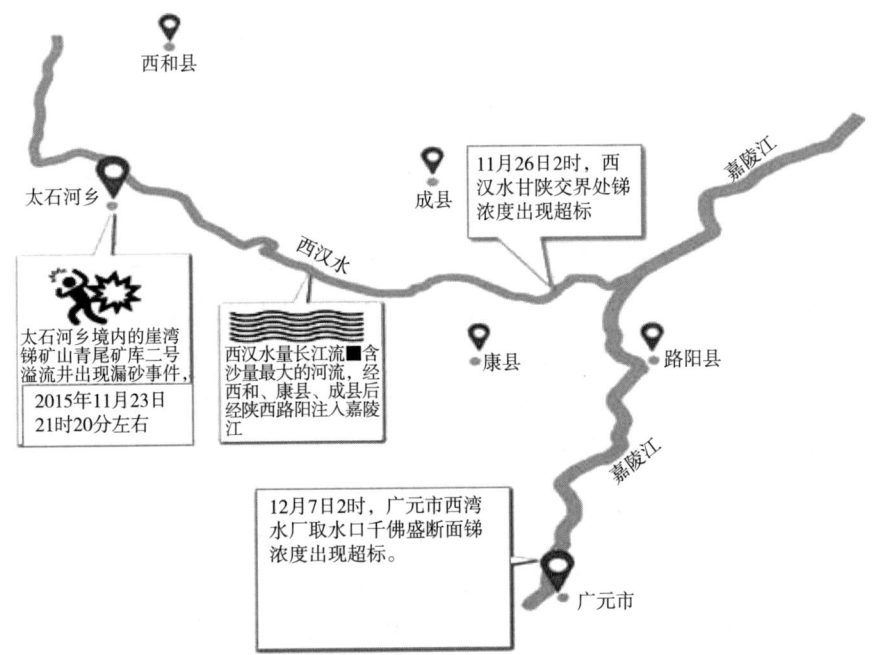

**图2　西汉水与嘉陵江流域示意图**

注：课题组对图中部分内容做了改动。

资料来源：《陇南锑泄漏致嘉陵江上游支流水质污染　广元全城储水》，四川新闻网，http://scnews.newssc.org/system/20151201/000624752_2.html，最后访问日期：2017年5月10日。

## （五）水库与水电站

### 1. 红河水库

红河水库位于甘肃省陇南市礼县县城东北，在境内长35公里，东至十字路，西至固城尖山沟。红河水库是一座以灌溉为主的中型水库，总库容为2137.5万立方米，防洪面积为150平方公里，有效灌溉面积为2万余亩。同时，政府进行了旅游规划和综合开发，包括秦牌坊门、红河山庄、水上游览区等项目。

### 2. 苗河水库

甘肃省礼县苗河水库位于长江流域嘉陵江水系西汉水一级支流燕子河中游的罗坝乡苗河村，距下游礼县县城27公里。水库坝址以上流域面积为421平方公里。工程于1971年动工兴建，1976年10月起蓄水运行，2006~2009年进行了安全除险加固后，总库容为912.6万立方米，其中死库容为396万立方米，兴利库容为142.4万立方米，防洪库容为374.2万立方米。工程枢纽由大坝、输水洞、溢洪道、坝后电站组成。

### 3. 葫芦头水电站

葫芦头水电站位于陕西省略阳县境内的嘉陵江支流西汉水干流上，坝址位于西淮坝乡下游11公里处，距下游略阳县城42公里，厂房建于坝址下游河弯山后2.5公里处。大坝为重力式溢流闸坝，坝顶长为197.6米，最大坝高为43米，坝顶高程为703.0米，水库蓄水量达1000万立方米。

### 4. 张家坝水电站

张家坝水电站位于陕西省略阳县葫芦头水电站下游9公里处。2014年投产，所有制形式为民营，装机容量6800千瓦，坝高5米，水库库容250万立方米，坝型为闸坝。

### 5. 巨亭水电站

巨亭水电站位于陕西省宁强县境内嘉陵江干流上，坝址位于宁强县巨亭镇上游约5公里处。该电站上游有乐素河水电站，下游有阳平水电站，总库容为3265万立方米。枢纽建筑物由重力坝、泄洪闸发电厂房及开关站组成。正常蓄水位为599.0米，最大坝高为40.0米，总库容为3265万立方米，为径流式电站，机组满发引用流量为每秒256.60立方米，最大发电水头为23.36米，布置3台贯流式水轮发电机组，总装机4万千瓦，保证出力5500千瓦，多年平均发电量为13150万千瓦时，年利用3280小时，工程规模属Ⅲ等中型工程。

**6. 西湾水厂**

四川省广元市西湾水厂，为广元首创水务有限公司（简称"广元首创"）旗下公司，而广元首创为上市公司北京首创股份有限公司（简称"首创股份"）全资子公司。首创股份主营业务一是为城市供水，二是进行污水处理。工程概况如下：规模近期（2010年）用水量为每天5万立方米，远期（2020年）用水量为每天10万立方米；占地3.92公顷。在净水处理工艺方面，采用网格絮凝斜管预沉、网格絮凝斜管沉淀和气水反冲滤池的处理工艺。在污泥处理系统方面，滤池反冲洗废水直接回收至配水井，预沉淀池排泥水经过浓缩池、储泥池、脱水机房，采用离心机脱水后，泥饼外运。西湾水厂是四川广元市城区第一个取用地表水为水源的水厂，源水取至嘉陵江，采用两极沉淀汽水反冲及重力式输水工艺。西湾水厂的自动化程度高；产水量稳定，产水量达到每天10万吨；水质检测达到国家规定的106项，水质更优，水量充沛。

## 二 事件经过

### （一）事故突发，跨省污染

2015年11月23日21时20分左右，陇星锑业发现位于太石河乡境内的崖湾山青尾矿库二号溢流井隔板破损，尾矿库排水涵洞发生尾砂泄漏，导致溢流井周围大量尾矿浆经太石河进入西汉水，形成了自甘肃省西和县境内太石河至四川省广元市白龙江入嘉陵江前、长度为346公里的污染带，造成甘肃境内太石河约23公里河段、甘肃和陕西境内西汉水约125公里河段、陕西和四川境内嘉陵江约196公里河段的水体锑浓度超标，一度超过标准120倍。污染区域跨甘、陕、川三省，处置难度极大、风险较高，情况相当复杂。

### （二）初期响应，报告迟缓

得知事件发生后，陇星锑业未及时向西和县安监部门上报尾矿库泄漏事故信息，未向西和县政府报告事件信息。太石河乡党委、政府迟报、漏报事件信息，未有效建立应急值班和信息报告制度；未向西和县政府和西和县安监局报告事件信息。西和县安监局未有效建立西和县安监局应急值班制度。西和县环保局迟报、漏报事件信息，未有效建立应急值班和信息报告制度；未及时有效接报事件信息，未及时向西和县政府、陇南市环保局报告事件信息；未及时向康县、成县环保部门通报事件信息。西和县委、县政府未在规定时限内向陇南市政府报告事件信息；未及时向康县、成县政府通报突发环境事件信息；在事件初期对污染严重性预见不足，未及时采取有效拦截处置污染措施。陇南市政府未在规定时限内向甘肃省政府及有关部门报告事件信息；未全面核清事件情况，错误地将已对太石河及下游西汉水造成水体污染的事实，向甘肃省政府上报为可能对太石河及下游西汉水造成污染；在事件初期对污染严重性预见不足，未及时采取有效拦截处置污染措施。

2015年11月24日9时，西和县接到报告，该县陇星锑业公司崖湾山青尾矿库二号溢流井隔板破损出现尾砂泄漏。经初步勘察，该溢流井由澄清水向下第六层约8块井圈发生断裂，导致约3000立方米尾砂溢出，流入太石河及下游西汉水，通过省界断面进入汉中，造成河水污染。

（三）高层关注，部委指导

事件发生后，国务院高度重视，中共中央政治局常委、国务院副总理张高丽做出重要指示。

环保部迅速反应，部长陈吉宁、副部长翟青赶到现场指导处置，要求三省按照"甘肃省断源截污、陕西省降污减荷、四川省保障供水"的应急处置思路开展工作，并先后派出甘、陕、川三路工作组和专家，采用总体上协调三省联动、各地分头督促指导的方式，全面掌握现场工作进度，从技术、措施、任务落实等多方面提出意见和建议，在指导的同时对治污设施建设、加药降解、应急输水管线建设等关键环节进行现场督办。同时，按照《突发环境事件调查处理办法》的有关规定，环保部启动了突发环境事件调查程序，组织有关专家成立调查组，赴地方有关市县开展全面调查。水利部、住建部也分别派出工作组和专家组协调指导地方政府开展应急处置。

（四）环保督导，三省联动

事件发生后，环保部立即派出西北督查中心、西南督查中心两个工作组，分别赶赴甘肃陇南和四川广元协调地方政府做好现场处置和应急准备工作。同时，受环保部部长陈吉宁委托，副部长翟青紧急带领工作组和专家赶赴现场。

2015年11月24日，陇南市启动了环境污染突发事件应急预案和三级响应，成立了领导小组和应急指挥部。26日，将应急响应级别提升为二级，全力以赴开展源头封堵、河道截流和水体降污等工作。

根据2015年11月24日陇南市环境监测站的监测数据，锑超标317.4倍。

11月25日7时30分，在距事故点68公里的西汉水成县毛坝大桥检测到锑污染团最高超标231倍。

11月25日8时40分，甘肃省环保厅启动突发环境事件内部响应。

11月26日6时，距离事发地117公里的甘肃出省断面锑浓度开始超标。

11月26日17时，甘陕省界10公里处特征污染物锑监测浓度为0.673毫克/升，超标120.5倍。

甘肃省委、省政府主要领导分别就做好应急处置各项工作做出安排部署。省纪委、省监察厅立即成立调查组，赴实地提前介入开展调查。调查组通过调阅资料、谈话了解、实地察看、走访群众等方式，对企业在安全和环保工作方面存在的问题以及市县两级党委、政府和有关监管部门履行职责的情况进行了初步调查。

11月27日10时，甘肃省政府启动《甘肃省突发环境事件应急预案》二级响应，开展水体污染应急处置工作；成立了由甘肃省委常委、副省长李荣灿担任总指挥的省政府应急处置指挥部，并在陇南市成县成立现场指挥部，组建了源头堵截、数据监测、污染物处置、新闻和综合信息4个专项工作组，省市联动、现场指挥。

11月27日，环保部工作组紧急赶赴现场指导、协调三省联合开展应对。

11月27日晚，环保部工作组在陕西略阳县召开甘陕川三地政府及相关部门负责同志会议，对各地污染防治工作提出明确要求。

11月27日，污染源头被彻底切断。

11月28日，环保部宣布启动突发环境事件调查程序。

11月28日3时，甘肃省政府派出的环保组通过对甘陕交界西汉水建村断面水质采样分析，特征污染物锑检出超标18.6倍（0.098毫克/升），污染河流已经进入陕西省境内。

11月28日,陕西省汉中市环保局网站发布显示,当天嘉陵江干流上游水质检测结果显示,西汉水甘陕入境锑含量为0.1071毫克/升,葫芦头水电站库区锑含量为0.1544毫克/升;分别超标20.4倍、29.9倍。当日,西汉水嘉陵江入口、嘉陵江陕西出境锑含量分别为0.0034毫克/升、0.0020毫克/升,两处水质均达标。

(五) 污染减小,监测达标

截至2015年11月30日14时,陇南市监测数据显示,西汉水毛坝下游省界流量峰值由19.6立方米/秒下降到10.5立方米/秒。甘陕省界10公里处锑监测浓度由11月26日17时的0.673毫克/升,超标120.5倍,降到11月30日12时的0.024毫克/升,超标3.8倍。

11月30日,陇南市通报了西和县尾砂泄漏事件最新进展,称目前源头已无污染物进入河道。

陇南锑泄漏事件发生后,广元市委书记马华,市委副书记、市长王菲分别做出指示,立即启动相关应急预案、应急响应。为防止水质污染对广元及嘉陵江下游造成影响,广元市政府、四川省环保厅多次组织召开专题会议,通报本次水污染事件及应对处置情况。

11月30日上午,广元市政府再次组织召开专题会议,市长王菲要求千方百计确保嘉陵江流域人畜饮水安全。

11月30日上午,四川省环保监测总站专家到达广元,并对水质取样监测方案、分实验室建设和处置方案进行共同研判。同时,国家环保部门正在积极组织力量,并会同陕西、四川相关专家,力争将污染水团控制在陕西境内。

11月30日14时,广元环保部门最新监测结果显示,嘉陵江入川断面、朝天大中坝自来水厂取水点上游1公里、广元西湾水厂取水点上游1公里等5个监测断面锑浓度均达标,水质未出现异常。

11月30日晚,环保部部长陈吉宁专程赶到略阳县召开处置锑矿泄漏突发环境事件甘陕川三省协调会,传达中央领导重要批示精神,分析研究存在的问题,安排部署下一步工作。

12月1日2时,甘肃经过省、市、县三级共同努力,西和县陇星锑矿尾矿库溢流井破损口封堵工作完成,太石河姚孔村河段实现封堵断流。

截至 12 月 1 日 23 时 59 分，陕西省汉中市环保局网站发布的《关于甘肃省陇南市锑污染事件汉中境内应急监测情况的通报》显示，西汉水在甘陕入境处锑超标 4.85 倍，葫芦头水电站库区锑超标 13.4 倍，西汉水嘉陵江入口锑超标 30.4 倍。

12 月 2 日，中国环境监测总站组织甘肃、陕西、四川三省就锑污染事件应急监测技术进行商讨。

12 月 3 日，环保部环境损害调查评估前期工作启动。环保部环境规划院相关专家以事故现场为起点，沿太石河、西汉水下行，沿途开展环境损害评估前期调查工作。

12 月 4 日 18 时，距离事发地 262 公里的嘉陵江陕川交界处锑浓度出现超标。

12 月 7 日 2 时，距离事发地 318 公里的广元市西湾水厂取水口上游 2 公里的千佛崖断面锑浓度出现超标。

12 月 12 日 17 时，实施溢流井临时加固工作。

12 月 25 日，环境损害评估正式启动。

12 月 25 日，环保部组织甘肃、陕西、四川三省应急处置工作相关负责人，在四川广元市召开甘陕川跨界锑污染事件调查工作启动会，决定成立由环保部应急办副主任闫景军为组长的事件调查组，下设管理、技术、污染损害评估及后勤保障 4 个工作组，正式启动事件调查程序。

12 月 26 日 0 时，即事发 33 天后，陕川交界处持续稳定达标。

12 月 31 日，广元市解除保障供水应急处置状态。

2016 年 1 月 14 日，溢流井永久性加固工作全面完成。

2016 年 1 月 28 日 20 时，即事发 67 天后，甘陕交界处持续稳定达标。

（六）公益诉讼，调查问责

2016 年 1 月，为维护公众环境权益，中华环保联合会对陇星锑业提起环境公益诉讼。中华环保联合会共提出 5 项诉讼请求，其中包括：判令陇星锑业支付环保应急主管部门基于消除危险而采取应急措施时所支出的费用；承担因本次事故所造成的太石河、西汉水流域生态环境修复费用；承担上述生态环境受到损害至恢复原状期间的服务功能损失费用。

《环境保护法》第五十八条规定，对污染环境、破坏生态，损害社会公共利益的行为，符合下列条件的社会组织可以向人民法院提起诉讼：

——依法在设区的市级以上人民政府民政部门登记；

——专门从事环境保护公益活动连续五年以上且无违法记录。

符合前款规定的社会组织向人民法院提起诉讼，人民法院应当依法受理。

提起诉讼的社会组织不得通过诉讼牟取经济利益。

据考证，中华环保联合满足以上资格，公益诉讼主体资格合法。

《环境保护法》第六十六条提起环境损害赔偿诉讼的时效为三年，从当事人知道或者应当知道其受到损害时起计算。事故发生于2015年11月，公益诉讼事件是2016年1月，没有超出诉讼时效。

2016年5月，甘肃省陇南市中级人民法院正式受理此案。[①]《最高人民法院关于审理环境民事公益诉讼案件适用法律若干问题的解释》第六条规定："第一审环境民事公益诉讼案件由污染环境、破坏生态行为发生地、损害结果地或者被告住所地的中级以上人民法院管辖。"此次事故发生地在陇南市，按法律可以由陇南市中级人民法院受理公益诉讼案件。

2016年10月14日，环保部正式公布对陇星锑业"11·23"尾矿库泄漏次生重大突发环境事件的调查结果。经调查认定，陇星锑业、甘肃省有关地方党委政府及部门、有关中介机构存在与事件责任相关的违法违规问题。

经甘肃省有关部门进一步调查处理，相关责任单位和人员被严肃问责。因涉嫌犯罪，司法机关已对陇星锑业总经理马健康等9人依法立案侦查并采取刑事强制措施。按照《党政领导干部生态环境损害责任追究办法（试行）》，陇南市委、市政府向甘肃省委、省政府做出深刻检查，西和县委、县政府向陇南市委、市政府做出深刻检查。陇南市政府、西河县委、县政府、太石河乡党委、政府、西和县安监局和环保局等单位的11人分别受到党纪政纪处分。其中，陇南市副市长尚桢受到行政记过处分，西和县委书记曹勇受到党内警告处分，西和县县长郝爱龙、太石河乡党委书记刘峰、西和县安监局局长王四各、西和县环保局局长赵云受到党内严重警告处分，并被免去现任职务。此外，西和县安监局副局长席晓舟、西和县环保局环境监察大队大队长尹志远因涉嫌违法，司法机关已对其立案侦查。

---

[①]《尾矿泄漏致三省水污染 甘肃陇星锑业被提起公益诉讼》，央广网，http://china.cnr.cn/NewsFeeds/20160514/t20160514_522142963.shtml，最后访问日期：2017年5月10日。

在甘肃陇南、陕西汉中、四川广元三省相关部门的共同努力下，通过采取断源截污、治理降污、饮水保障等措施，此事得到了妥善处置，保障了嘉陵江沿线群众饮水安全。

## 三 事件原因、定性与影响

### （一）直接原因

调查组按照"科学严谨、依法依规、实事求是、注重实效"的原则，通过现场勘察、资料核查、人员询问、检测试验及专家论证，认定事件发生的直接原因是陇星锑业选矿厂尾矿库2号排水井拱板破损脱落，导致含锑尾矿及尾矿水经排水涵洞进入太石河，造成太石河、西汉水、嘉陵江约346公里河段锑浓度超标。

**1. 排水井拱板破损情况**

陇星锑业尾矿库2号排水井井座上第1层井圈、水面下约6米处、东北偏北方向的井架两立柱间8块拱板破损脱落，形成了高约2.2米、宽约2.4米、面积约5.28平方米的缺口（见图3）。造成排水井周边、缺口以上约2.5万立方米尾矿及尾矿水从缺口处泄漏。

**图3 2号排水井泄漏位置及拱板安装缺陷**

资料来源：《甘肃陇星锑业有限责任公司"11.23"尾矿库泄漏次生重大突发环境事件调查报告》，环保部网站，http://www.mep.gov.cn/gkml/hbb/qt/201610/t20161016_365567.htm，最后访问日期：2017年5月10日。

## 2. 排水井拱板破损原因

经专家认定，2号排水井拱板未按照设计要求进行安装施工，导致未形成环形受压状态、排水井拱板质量未达到设计要求，是拱板破损脱落形成缺口的主要原因。第一，排水井拱板没有按照设计要求进行安装施工，没有形成环形受压状态，在尾矿压力作用下拱板发生强度破坏，断裂脱落。设计文件要求安装时井架和拱板之间的空隙用50号水泥砂浆浇筑形成井壁，但现场检查发现拱板和立柱之间采用铁丝连接，较大的缝隙用石块局部填塞，空隙没有用水泥坐浆。第二，排水井拱板质量远远没有达到设计要求。设计要求排水井拱板内配6根直径16毫米的纵筋、直径8毫米的箍筋，但实地检测发现，事故时安装的拱板只配了4根直径8毫米的纵筋、直径6毫米的箍筋，而且部分钢筋外漏、腐蚀严重，钢筋的数量、直径以及混凝土的强度都不满足设计要求。

### （二）事件定性

经环境保护部组织调查认定，此次事件因陇星锑业尾矿库泄漏直接引发，造成了甘肃、陕西、四川三省跨界污染，直接经济损失达6120.79万元，根据《国家突发环境件应急预案》，事件级别为重大。同时，经调查认定，陇星锑业存在尾矿库排水井建设施工严重违法违规、尾矿库安全设施管理混乱，有关地方政府及部门存在未认真履行日常管理职责、事件应对不力，有关第三方安全评价机构存在违规开展尾矿库安全现状评价等与事件的发生和发展有直接关系的问题。因此，认定此次事件是一起因陇星锑业尾矿库泄漏责任事故次生的重大突发环境事件。

### （三）事件影响

事件应急处置结束后，甘肃省陇南市、陕西省汉中市和四川省广元市委托了技术评估单位，按照环保部印发的《环境损害鉴定评估推荐方法》等相关文件开展了环境损害评估工作。该项工作分为应急处置和中长期环境影响评估两个阶段。应急处置阶段的损害评估结论如下。

## 1. 直接经济损失情况

此次事件共造成直接经济损失6120.79万元，其中，甘肃省直接经济损失为1991.93万元，陕西省直接经济损失为1673.11万元，四川省直接经济损失为2455.75万元。

## 2. 环境影响情况

（1）尾矿库泄漏：经专家核算，本次事件中尾矿库泄漏约 2.5 万立方米的含锑尾矿及尾矿水。

（2）河道、地下水井锑浓度超标：事件造成甘肃省西和县境内太石河至四川省广元市境内嘉陵江与白龙江（嘉陵江支流）交汇处共计约 346 公里河道、西和县境内部分区域地下水井锑浓度超标。

（3）饮水停用受影响人数：甘肃、陕西、四川三省部分区域乡镇集中饮水水源、地下井水因超标或因可能影响饮水安全而停用，受影响的有约 10.8 万人。

（4）农田土壤：应急处置阶段评估结论显示，甘肃省西和县太石河沿岸约 257 亩农田因被污染水直接淹没受到一定程度污染，农田土壤（0~40 厘米）超标率为 20%（参考世界卫生组织基于保护人体健康目的制定的土壤中最大容许浓度 36 毫克/千克）。

## 四 应急联动

此次泄漏事故污染处理主要有三大任务：一是切断污染源头，修复破损的尾矿库溢流井隔板；二是利用沿线的水电站和新修的拦水坝，截留受污染水体，投放治污药剂，降低水体锑含量；三是严密监测水质变化，确保沿线群众饮水安全。

### （一）联动层面

应急联动主要体现在国家层面、中央与地方层面、省际层面、流域层面、政企层面等几个方面，既有横向跨部门、跨省联动，又有纵向层级、流域联动。

#### 1. 高层关注，部委联动

国家层面：跨部门联动（横向部门联动）。国务院领导高度重视，事件发生后，中共中央政治局常委、国务院副总理张高丽做出重要指示。环保部、水利部、住建部三部委开展应急联动。

#### 2. 环保督导，上下联动

中央与地方层面：国家部委与三省上下联动（纵向层级联动）；环保督导：亲临现场，目标明确，总体协调，分头督导，启动调查。

### 3. 通力协作，跨省联动

省际层面：甘陕川跨省联动（横向省际联动）。应急期间，三省通过开展沿线水质调查检测、通告群众停用受污染水源、安排车辆送水、引其他清洁水源和实施水厂除锑工艺改造等措施，保障了沿线群众生产生活用水安全。三省应对具体措施有：切断源头、筑坝拦截、水利调蓄、技术降污、河道清污、检测会商、饮水保障等。而且联动工作各有侧重：甘肃，断源截污；陕西，治理降污；四川，饮水保障。

### 4. 截污降污，流域联动

流域层面：跨流域联动（纵向上中下游联动、空间水域联动），太石河—西汉水—嘉陵江流域联动。

### 5. 支援锑灯，政企联动

政企层面：事发后，甘肃龙腾管业有限公司积极救援，完成500米钢波纹排水管道的安装。聚光科技子公司北京吉天仪器有限公司召开紧急会议，调动研发、生产、销售及售后各部人员全力配合甘陕川三省锑元素的检测工作。北京吉天仪器有限公司销售部紧急从公司调用2只锑元素灯，为还没有配备锑检测灯的陇南前线监测站一解燃眉之急，其后又动用地方资源从疾控中心借用1支锑灯全力确保前线仪器正常运转。从总部紧急调配8支锑灯送往陕西略阳前线，随后安排生产部门加班生产6台原子荧光，直接空运至陕西；紧急生产3台原子荧光，空运至四川广元，售后人员集结在仪器安装现场，随时待命。在此次水污染处理事件中，碧水源净水公司应邀参与了四川广元市西湾水厂污染水质净化解决方案，助力广元居民健康安全饮水。此次事件反映了企业在险情面前的社会责任担当及综合应变能力。

### 6. 群众参与，政民联动

政民层面：甘肃陇南市委、市政府组织市、县、乡、村群众1.4万多人参与应急处置工作，修筑拦水坝46个，出动大型机械98台，及时开展了尾矿上游溪流外排、河道滩涂遗留尾砂处理等工作，对尾矿涵洞出水进行围堰，对太石河沿河3县投放絮凝剂40吨、石灰400吨。陕西省组织200余人、70余台工程机械设备加快葫芦头水库下游拦截设施施工进度。广元市城区南河段两边不少志愿者主动清除垃圾，力保不向南河投放污染物。

## （二）联动执行

事件发生后，国务院领导高度重视。环保部、水利部、住建部迅速派出工作组和专家组赶赴现场，协调、指导地方做好应急应对工作。通过甘、陕、川三省应急联动，实现了甘肃、陕西两省以全力控污降污为主、四川省以切实保障广元市群众饮水安全为主的既定目标。本次事件的应急处置过程表现出以下联动执行过程（见图4）。

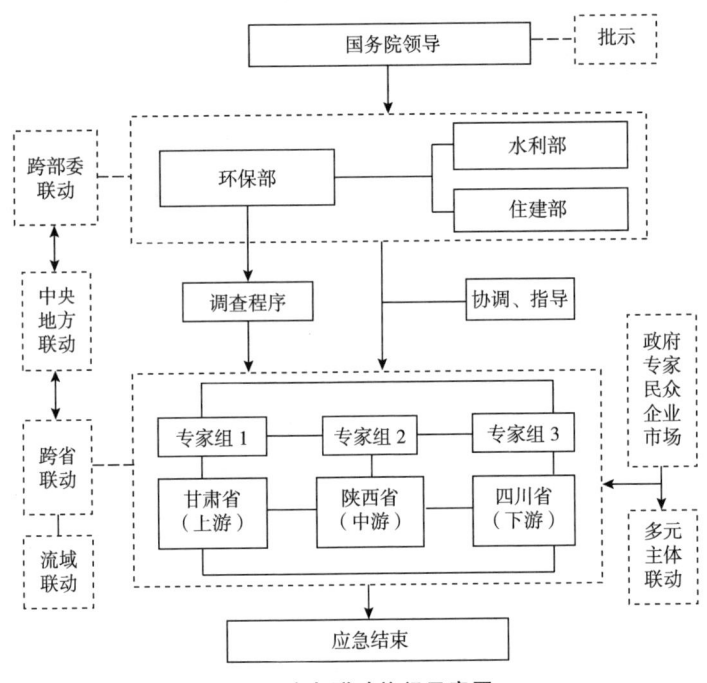

**图 4　应急联动执行示意图**

### 1. 三部委——现场协调指导

现场督办三省，确保事件得到妥善处置。事件发生后，环保部、水利部、住建部迅速派出工作组和专家组赶赴现场，协调指导地方做好应急应对工作。

环保部部长陈吉宁、副部长翟青赶赴现场指导应急处置，要求三省按照"甘肃省断源截污、陕西省降污减荷、四川省保障供水"的应急处置思路开展工作。其间，多次召开现场办公会，要求三省高度重视涉饮用水突发环境事件，加强上下游联动协作，务必完成断源截污、治理降污和保障饮水安全的任务，并对三省的工作进行现场督办，发现问题后及时提出纠正,并确保工作落实,保证了事件最终得到妥善处置。

跨部门、跨三省科学调度,严防次生灾害发生。环保部第一时间派驻甘、陕、川三地工作组,采用总体上协调三省联动、各地分头督促指导的方式,全面掌握现场工作进度,从技术、措施、任务落实等多方面提出意见和建议,在指导的同时对治污设施建设、加药降解、应急输水管线建设等关键环节进行现场督办,保证了应急处置工作的效率和河道治污效果,确保了应急输水管线在污染团到来之前投入运行。

在此次事件应急处置过程中,环保部门会同水利、城建部门跨部门、跨省联动,在污染物处置的同时,保障了安全,没有发生其他次生灾害。环保部工作组第一时间指导甘肃、陕西两省做好安全应急预案,综合分析水质监测数据、水量流量数据,同时考虑水利设施承载能力,适时适度调节甘肃省境内拦截坝,陕西境内葫芦头水库、巨亭水库下泄水量,严防水库蓄水超过安全警戒,有效调蓄3处闸坝,在整个事件中没有发生其他事故,没有发生其他次生灾害。

环保部启动重大突发环境事件调查程序,成立调查组,邀请甘肃、陕西、四川三省的环保厅,甘肃省人民检察院、监察厅、安全生产监督管理局参加调查,并聘请相关专家在事件原因分析、损失核算、性质认定等方面开展分析论证。

中国环境监测总站组织甘肃、陕西、四川三省就锑污染事件应急监测技术进行商讨。[①] 2015 年 12 月 2 日,中国环境监测总站、甘肃省监测站、陕西省监测站、四川省监测站专家在陕西略阳进行了座谈,三省交流了此次锑污染事件应急监测开展的情况。经过会议讨论,为进一步提高水质监测数据上、下游断面之间的可比性,三省统一了省界断面点位采样位置、分析方法和质控措施,并建立了数据共享机制。

**2. 专家组——靠前技术支撑**

专家靠前指导,保障处置科学有效。事件发生后,环保部紧急调集环保部华南所、环保部规划院、清华大学等单位的环境、矿业、水文、损害评估等方面的专家抵达现场,进行态势研判,先后制订了《甘陕川嘉陵江突发锑污染事件应急处置总体方案》《嘉陵江甘陕川跨省锑污染事件全线

---

① 《中国环境监测总站组织甘肃、陕西、四川三省就锑污染事件应急监测技术进行商讨》,甘肃省环境监测中心网站,http://www.gsep.gansu.gov.cn,最后访问日期:2017 年 5 月 10 日。

达标调度方案》《太石河锑污染控制总体方案建议》，指导地方政府做好筑坝阻污、工程除锑、调水削峰、应急监测、水厂改造、物资调配等工作。

为确保应急措施的可预见性和有效性，专家组还基于污染物实时动态监测和基础河流水文数据，构建了"太石河—西汉水—嘉陵江"三河径流逐时逐段水模型，预测污染物前锋位置，推断污染团的动态变化情况，为调节水库流量、投药削污等应急处置决策提供支撑。准确的污染物前锋预测保障了应急处置决策的时效性，充分发挥了应急处置措施的实效，有效防止了污染范围的进一步扩大。

应该说，专家在源头阻断、建设截污工程、合理调蓄水量、除锑投药、态势预测、水厂改造等方面为三省达标整治和应急处置提供了全过程技术支持，解决了除锑工艺等关键问题。

专家在引导舆论方面发挥了积极的作用。环保部门及时、适时将信息公开，避免了舆论炒作。甘肃、陕西及四川三省每天开展舆情分析，及时发布信息，向社会通报处置情况。同时，组织有关专家通过媒体宣讲锑对环境可能造成的影响、国内标准严于世界卫生组织推荐的标准等，积极回应社会关切，舆论应对措施有力得当，为应急处置工作创造了良好条件。

### 3. 甘陕川——跨省应急联动

在受污染河道沿线，甘肃省境内没有饮用水取水点；陕西略阳县境内取用西汉水的集中式取水井有2处，取用嘉陵江的集中式取水井有5处，供水人口约为1.5万人。四川省广元市有2个日供水量分别为8万吨和1万吨的水厂，以及城市供水管网未覆盖的30多个城郊居民集中居住点从嘉陵江取水，总计供水人口约为50万人。

此次事件造成三省跨界污染，涉及地区多、受污染流域广，沿线可用于拦截处置的水利工程设施较少，加上下游四川省广元市取供水群众人数多，环境应急处置面临巨大挑战。事件发生后，甘肃省有关方面先期开展了污染源头封堵等前期处置工作。2015年11月27日，环保部工作组紧急赶赴现场指导、协调三省联合开展应对。三省均先后成立了省级或市级突发环境事件应急指挥部，统筹开展应对工作。

甘肃省通过切断源头、筑坝拦截等手段全力控污降污；陕西省及时加密监测跟踪污染发展态势，环保厅、水利厅、汉中市政府先后启动应急响应，科学进行水利调蓄，全力控污降污，为下游四川省广元市西湾水厂实施除锑工艺改造争取时间；四川省政府成立应急协调组、环保厅成立应急工作组、广元市政府成立应急指挥部，通过启用新水源、修建应急输水管道和实施水厂除锑工艺改造等措施保障西湾水厂出水水质达标。经过共同努力，实现了甘肃、陕西两省以全力控污降污为主、四川省以切实保障广元市群众饮水安全为主的既定目标。

（1）切断源头。甘肃省采取多项措施实施源头封堵，切断污染物继续进入太石河的通道。2015年12月1日完成了破损的2号排水井临时封堵，阻断了尾矿泄漏通道；通过铺设管道、开挖防渗沟渠、修建防渗坝体，对事发地上游清水进行引流，实现与受污染区域隔离；截流尾矿库上游山泉水，阻止其进入排水涵洞冲刷残存尾矿浆；在尾矿库排水涵洞排水口周边设置围堰和防渗池，拦截处置涵洞渗出的高浓度污水。

（2）筑坝拦截。甘肃省先后在太石河、西汉水构筑临时拦截坝198座。陕西省在西汉水段构筑了临时拦截坝4座，在有效减缓污水下泄、为下游应急处置争取时间的同时，也为在河道通过技术措施实现降污目的创造了条件。

（3）水利调蓄。甘肃省先后对位于陇星锑业上游的红河水电站、苗河水电站实施关闸蓄水，减缓污染团下泄速度。陕西省先后利用葫芦头、张家坝和巨亭水电站等设施，拦截污染团并调集上游清水稀释。同时，通过大流量下泄减少高污染团在广元市西湾水厂取水口的停留时间。

（4）技术降污。经专家论证和实验，甘肃、陕西两省在沿线先后共建设了8套临时应急处置设施，采用铁盐混凝沉降法，降低水体中溶解态锑的浓度。

（5）河道清污。为有效减少沉降在河道底泥及附着物中污染物锑溶解释放，甘肃省调集大型机械在太石河河床开挖深槽，主动引流河水腾出作业面，清运河道砂石、污染底泥及沉积物。

（6）检测会商。2015年12月2日，中国环境监测总站、甘肃省监测站、陕西省监测站、四川省监测站专家在陕西略阳进行了座谈，三省交流了此次锑污染事件应急监测开展的情况。经过会议讨论，为进一步提高水质监测数据上、下游断面之间的可比性，三省统一了省界断面点位采样位置、分析方法和质控措施，并建立了数据共享机制。

（7）饮水保障。三省在境内沿线河流受到污染后，均立即通告群众停止取水，并分别通过实施引山泉水等其他水源、车辆送水、水厂除锑工艺改造等措施保障沿线居民用水安全。四川省通过建设新水源应急供水工程、水厂改造工程，保证了供水水质和水量，最终保障了广元市群众的饮水安全。广元市采取了多种措施，赶在 2015 年 12 月 7 日污染带到达嘉陵江广元市城区段前落实到位并发挥作用，保证了群众饮水安全。建设 2 条 5.5 公里应急调水管道，引入水厂下游支流的南河水至西湾水厂，保证自来水源水供应；在住建部供水专家指导下，采用应急除锑工艺对西湾水厂原水进行深度处理，确保了出水水质达标；建设昭化区元坝水厂至城区供水主管网 1.75 公里应急管道，补充西湾水厂供水不足；组织力量对城市供水管网未覆盖的 30 个城郊居民集中居住点送水；建立南河应急饮用水水源地临时保护区，全力整治沿河污染源，落实人员巡查值守，确保水源水质。

## 五　启示与反思

"11·23"水污染事件警示我们，要着力解决"政府主体、多头指挥、联动失灵"的现实问题，树立全局性、整体性、系统性应急思维，探讨跨域（界）应急联动的逻辑框架，努力构建政府主导、部门联动、专家支撑、社会参与、企业担责、市场协作的全方位、立体化、网络化和动态化的应急联动体系。

### （一）体系建设

**1. 完善区域应急联动机制**

（1）区域应急联动的含义。"区域"是一个非常宽泛的概念。《现代汉语词典》对"区域"的界定为"地域；地区范围"。人们通常把具有某种同质性和聚集性的空间单元称为区域。区域可以是已给定的行政区划单位，如县、市、省等，也可以是根据一定的标准把地区单元加以综合界定，如根据自然特征划分的自然区。区域具有层次性特点，每一个区域都是上一级区域的局部，每一个区域又是由若干个下一级区域组成的。"联动"是指危机治理中各参与主体和人员联合行动，步调一致、互相配合，以实现共同的危机治理目标。在危机治理过程中，协调的目的是联动，协调是过程的手段，联动是目的和结果。"体系"是指若干有关事物或某些意识相互联系的系统而构成的一个有特定功能的有机整体，如工业体系、思想体系、作战体系等。它是不同系统组成的系统。

因此，"区域应急联动"就是指突发事件的跨区域应急管理的联合应对。由预防与应急准备、监测与预警、应急处置与救援、事后恢复与重建四个阶段组成有机整体。区域应急联动必须考虑整个区域内的各单元相互联动、相互影响的综合作用，以及整个区域内的应急资源的相互流动和优化组合，将可能发生的事态放在特定区域上进行应急联合行动。

建立区域应急联动体系的目的在于，提高政府对区域突发事件的预见能力和处置能力，迅速恢复社会稳定。因此，在内涵上，"区域应急联动体系"就是利益相关者为了有效实现区域公共安全的共同目标和基本任务，通过应急信息的交流、应急资源的整合与共享和跨域联合行动，进行预防、处置和恢复等而形成的一整套机制的总和。

（2）区域应急联动的特点。由于每一个区域的经济发展程度不一样，同时每一区域的地理位置不同、文化特征不同，可能出现的突发事故灾难种类也不同。区域应急联动除了具有一般应急管理的特征之外，还有其独特之处。

一是突发事件的跨域性。区域应急面对的管理对象通常是区域内的重大突发事件，具有明显的叠加性和衍生特征。当一种灾害发生后，该种灾害作为诱因直接会导致另一种灾害的发生，形成多米诺骨牌效应。如果事件发生在跨辖区的区域，往往会因为预警和监测机制不健全，同时应急所需人员、物资难以迅速组织起来，导致由一起事件引发另一起事件，从而引发影响秩序稳定的公共安全事件。

二是信息的共享性。应急信息的收集、传递、研判和反馈是应急管理的基础。就跨行政区区域应急联动而言，随着突发事件的发展和演变，将出现许多新的情况与信息。受客观条件的限制，人们在有限的时间内，无法获得充足的有效的信息，从而无法为正确应急决策提供所需要的信息基础。因此，区域应急联动必须重视信息的传递和共享。

三是机制的整合性。在区域应急联动的系统中，有消防、急救、气象、卫生、警察、环保等部门及相关资源构建成一个统一的指挥调度平台。该平台协调指挥各相关部门，开展向社会公众提供紧急救援服务的联合行动。通过有效的联动机制，使得区域内的信息、资源实现共享，提高应急处置的能力，从而使得突发事件在萌芽时就得到快速有效控制。

（3）区域应急联动的功能。突发事件的变化周期亦可分为事前、事中、事后三个阶段。据此，区域应急联动体系的组织功能也相应分为三个部分：预防准备功能、应急处置功能、善后恢复功能。

一是预防准备功能。凡事预则立，不预则废。建立公共安全预防和监测机制的目的有两个：及时发现和搜集安全隐患及致灾因子的信息。对搜集到的信息进行分析和研判，并对公共安全事件爆发的可能性做出准确判断；及时向公众发布突发事件可能爆发或即将爆发的信息，通过信息预警引起相关人员的警惕。预警机制的功能包括预见功能、警示功能、干预功能、阻止与化解功能。为了实现区域应急联动体系的预防准备功能，一方面应明晰应急主体的责任，加强应急队伍建设，另一方面应建立起充足的应对突发事件的应急保障。

二是应急处置功能。①建立区域联席会议，实行统一指挥。在机构建设上，建立由各地应急办主任组成的联席会议制度，由联席会议协商并布置具体应急联动工作。在内容上，联席会议主要围绕区域间信息共享、资源共享、应急处置队伍建设、加强联动等机制问题进行定期磋商并达成共识。在制度设计上，制定公共危机下的信息沟通、资源调拨与分配、危机责任追究、受害方利益补偿、应急演练的组织和实施规范性文件。②实现信息共享。在属地化管理制度下，信息传递是按行政层级和隶属关系进行的。特别是对跨区域公共危机来说，信息获取有赖于区域间相互合作，因此为了快速有效获得危机信息，必须建立区域信息共享机制。③资源共享，相互协调。建立相关数据库，完善应急资源的网络结构；完善应急物资的快速调配体系；签署应急资源互助协议

三是善后恢复功能。①生活与生产秩序的初步恢复。突发事件处置结束后，交通电力等基础设施、厂房等生产设备仍可能没有恢复，民众生产生活仍受到极大影响。因此，灾后重建容易引发各种安全隐患。政府应积极稳妥快速地做好善后工作。②心理干预机构的建立与运行。"一朝被蛇咬，十年怕井绳。"突发事件所造成的影响，不只是有形的，还会对人们心理上产生重要影响，如导致不安焦躁紧张恐惧等。因此，建立相关的心理辅导机构，有利于消除心理阴影。相关主体的责任追究。③突发事件处置完毕后，对整个工作要做绩效评估。对处置不力的部门及相关责任人进行责任追究，根据其造成后果的严重程度和渎职程度，承担相应的行政责任或刑事责任。

（4）区域应急联动的原则。为了及时有效地处理突发事件，维护社会稳定，恢复公众对政府的信任，区域联动体系运行必须遵循自身的基本原则。

一是整合原则。由于资源配置的碎片化现象，导致应急管理的滞后性。因此，必须破除行政隶属关系，将资源统一布局储备，统一调度，才

能有效应对紧急情况所需要的资源和能力。这就需要在突发事件发生时启动区域应急联动机制，对区域内的各联动单位进行统一指挥和协调。

二是法治原则。法治原则包含依法设立和依法运行两个方面。依法设立主要是指，区域应急联动的相关机构，必须通过立法，明确规定应急联动体系的机构设置、层级、权力、责任和义务等；依法运行是指，区域应急联动的相关机构实行统一指挥，根据预案和现场救援计划有序实施。实践表明，如果不赋予区域应急联动相关机构行使权力和职责的合法性，没有规范其行为，就难以保证对突发事件有条不紊地进行应急处置。

三是效率原则。应急管理的效率，既表现在应急联动体系中具体机构的运行和工作质量，还表现在整个系统运转灵活方面。

四是权变原则。区域应急联动系统应当根据所处环境的变化，及时做出调整，以应对环境改变所提出的挑战。为了满足适应环境的变化，在进行体系设计时，要使组织保持弹性，使人员具有灵活性；对联动单位权责的划分要保持原则性，使机构严格履行职责。

**2. 健全区域应急联动体系的组织结构**

区域应急联动体系的要素构成，包括政府、专家、社会三个层面。其中，社会层面又可分为营利组织、非营利组织、社会大众和其他要素四个层面，形成政府为主导、专家为咨询、社会为补充的完善的区域应急联动体系。

一是政府为主导的要素构成。在法理上，政府作为公共利益的维护者，维护公共安全、消除社会危机是其义不容辞的责任。在实践上，政府在一些突发事件的处理中有显著优势。政府调动各类资源的能力，是各类组织中最大的。政府可以运用强制力来解决各类危机。危机事件的解决处理需要大量的人、财、物、科技投入以及知识信息支持，而往往只有政府才具备全面调用某一区域资源的能力。

二是专家为咨询的要素构成。兰德公司、布鲁斯学会等国外智库，以专业的客观视角为政府处理危机事件提供咨询和支持，发挥着重要的功能：收集信息，进行科学预测，充当决策者的"望远镜"；拟订方案，进行综合分析评价，充当决策者的"外脑"；跟踪调查，提供信息反馈意见，充当决策者的"耳目"；培训储备和交流人才，充当决策人才的"蓄水池"。[1]

---

[1] 张成福：《公共危机管理理论与实务》，中国人民大学出版社，2009，第307页。

三是社会为补充的要素构成。社会公众往往是突发事件的直接威胁对象，也是突发事件的目击者、现场的见证者和当事人。社会公众的自救和互救能力能极大减轻突发事件带给人们的威胁，因此建立防灾型社区，强化社区应对公共危机能力十分必要。

四是其他要素构成。其他要素包括武装警察、部队、民兵等。我国相关法律明确规定了武警的职责，主要是对突然发生的危害国家安全、社会秩序的违法事件依法实施处置，包括处置叛乱事件、骚乱及暴乱事件、群体性治安、械斗事件等。

### （二）反思与建议

**1. 问题与困境**

（1）响应。这次事件发生后，甘、陕、川三省及有关方面分别启动应急响应。2015 年 11 月 24 日，陇南市启动了环境污染突发事件应急预案和三级响应，26 日将应急响应级别提升为二级；11 月 25 日 8 时 40 分，甘肃省环保厅启动突发环境事件内部响应；11 月 27 日 10 时，甘肃省政府启动《甘肃省突发环境事件应急预案》二级响应。28 日引发跨省水污染后，陕西省环保厅、水利厅、汉中市政府先后启动应急响应，应急处置嘉陵江一级支流西汉水陕西段锑浓度超标。四川省政府成立应急协调组，环保厅成立应急工作组，广元市政府成立应急指挥部，采取措施保障广元市群众饮水安全。总体来看，这起事件的应急处置体现了属地管理原则，但三省呈现出分区域、分领域、分部门的分散应急响应状态，缺乏一个统一的、强有力的应急联动中心。这种响应机制使整个应急响应工作碎片化，一方面增加了环保部等中央部委协调、指导工作的难度，另一方面不利于信息沟通共享和应急保障资源整合，影响了先期响应的速度和效率。

（2）预案。在这次事件的处置过程中，反映出甘、陕、川三省区域间尤其是上中下游流域间缺乏有效的应急联动预案。2013 年 10 月 25 日，《突发事件应急预案管理办法》规定："鼓励相邻、相近的地方人民政府及其有关部门联合制定应对区域性、流域性突发事件的联合应急预案。"显然，仅有"鼓励"力度显然不够。针对这次事件，没有跨界、跨域联合应急预案，第一时间如何应急联动、联合应对？因而缺乏应急工作的规范性和主动性。同时，也会影响到安监、环保、水利等部门日常联动工作（包括安评环评准入、信息共享、联合执法、联合演练、形成监管合力等）的开展。实际上，2013年8月29日，甘、陕、川、青、宁五省（区）环境保护厅签订了《黄河长江中上游五省（区）环保厅应对流域突发环境事件联动协议》；2013年10月9日，甘、宁、蒙三省（区）环境保护厅签订了《黄河甘宁蒙段跨界突发环境污染应急响应联动合作机制建立协议》，由此可看出流域性联动创议之端倪。遗憾的是，这一联动创议后续没有深入推进，仅仅停留于"纸质抽屉"。

（3）指挥。《国家突发环境事件应急预案》（以下简称《预案》）[①] 规定："初判发生重大以上突发环境事件或事件情况特殊时，环境保护部立即派出工作组赴现场指导督促当地开展应急处置、应急监测、原因调查等工作，并根据需要协调有关方面提供队伍、物资、技术等支持。"《预案》完善了应急响应措施，进一步明确了国家层面的应对工作，分为部门工作组应对、国务院工作组应对和国家环境应急指挥部应对三个层级，细化了应对流程。因此，对"11·23"水污染事件的应对过程也检验了《预案》中关于环保部"指导、督促、协调"职能发挥的可操作性。同时，《预案》规定："突发环境事件应对工作坚持统一领导、分级负责，属地为主、协调联动，快速反应、科学处置，资源共享、保障有力的原则。"其中"统一领导"在跨省应急联动中怎么体现？在跨域突发环境事件中，谁对整个区域系统的应急处置与指挥调度工作全权负责？谁来协调三省应急管理部门行动的一致性？假如在同一时段发生类似的环境污染事件，环保部同时用何种方式开展指导协调工作？这次事件的应急处置工作，对跨省应急联动的指挥组织体系构建有何启示？是否需要建立联动中心（一个统一的、强有力的区域综合协调机构）？在事件应对过程中"指导"和"指挥"的边界如何界定？这些问题都值得思考。

（4）埋单。经环保部组织调查认定，此次事件是一起因陇星锑业尾矿库泄漏责任事故次生的重大突发环境事件，共造成直接经济损失6120.79万元，这还不包括事故对当地生态环境的影响及修复费用。而肇事的企业是陇星锑业。甘肃省陇南市中级人民法院已经受理了由中华环保联合会提起的环境公益诉讼。诉讼请求包括要求陇星锑业支付应急处置费用、生态环境修复费用等。有关专家则表示，肇事企业陇星锑业或面临巨额赔偿。但是，现实中企业赔偿能力十分有限，政府往往为企业污染事故埋单。面

---

[①] 2014年12月29日颁布并实施。

对这样一种窘境，可否探讨建立政府应急储备基金和企业投保环境污染责任保险等制度，充分发挥市场作用，实现政府、企业和市场的良性互动？

**2. 思考与构想**

（1）几点思考。一个完整的公共安全管理体系，是站在整个社会的角度来思考全社会的安全需求，动员全社会力量来保障公共安全；是政府部门全部工作的总和，而不是某些部门的几项工作。一个有效的跨界应急联动机制，至少应涵盖目标原则、组织体系、运行机制、法律制度、协调与技术等方面。因此，解决现实中存在分领域、分部门的分散应急管理（"政府主体、多头指挥、联动失灵"等）的问题，应通过全局性、整体性、系统性应急思维去解决。

基于以上思考，对区域应急联动逻辑框架及运行机制提出初步构想。

（2）基于以上思考，我们对跨域应急联动逻辑框架（见图5）及运行机制提出初步构想。

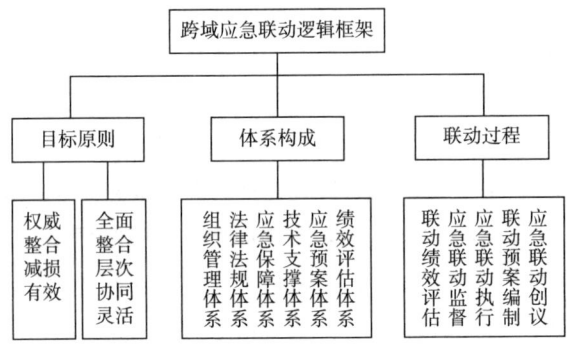

**图5 跨域（界）应急联动的逻辑框架**

资料来源：汪伟全《区域应急联动》，中央编译出版社，2014，第169页。

基本目标：权威、整合、减损、有效。一是统一指挥，组建统一行使应急权的权威机构。应急管理权主要源自地方政府权力让渡或上级政府授权。二是整合资源，即全面整合应急资源管理网络。三是降低危害，即最大限度地控制并减少危害和损失。四是提升能力，包括预见力、监测力、处置力，做到及时有效。

构建原则：一是全面性。涵盖各类致灾因子的所有方面；兼顾防御、控制和善后各个环节。二是整合性。整合部门机构功能，调动专家技术专长，协调其他急需资源。三是层次性。要编制不同级别的预案，设置不同层次的机构和力量。四是协同性。各联动单位之间有效合作。五是灵活性。体系中各个功能模块，根据各种变化，便捷地进行组合和切换。

体系构成：一是组织管理体系，多元主体共治（政府、专家、社会等）。二是法律法规体系，保证应急主体行使应急管理权的合法性。三是应急保障体系，最基础的保障要素是人力、财力、物力、信息；贵在"合理布局、动态调配"。四是技术支撑体系，包括现代信息通信技术—综合信息平台（纵向、横向、斜向），应急救援技术。五是应急预案体系，要确保预案的完备性、逻辑性、可操作性、合法性。六是绩效评估体系，包括组织、制度、内容、过程、结果等。

联动过程：主要包括应急联动创议、联动预案编制、应急联动执行、应急联动监督、应急联动绩效评估等。

（3）区域应急联动的运行机制。区域应急联动的运行设计，至少应考虑以下几点。

一是统一指挥和属地管理。区域应急联动指挥中心负责整个区域的危机处理与指挥调度。区域指挥中心和各个子系统指挥中心，按照职能和应急预案的规定，行使相应的统一指挥权。各地应急管理办公室和专业职能部门，则根据属地管理原则，按照应急种类的不同来实施应急救援。

二是区域联动和上下对接。考虑到可能发生的区域性紧急事件和社会危机，将会产生跨区域应急救援和信息共享需求。区域应急联动机制建设，应着重考虑上下对接与区域互联问题。一方面，区域指挥中心应实现与中央政府、地方政府及有垂直领导的部门相应的指挥中心联动，保证在通信网络、信息网络和资源网络上互通；另一方面，区域内不同部门或机构进入应急状态后，必须保持相互联络与相互协调。

三是合作共治和社会资本。应急管理视野下的社会资本是为了提供公共安全和服务而被动员和使用的社会结构性资源。有效的应急管理需要政府、企业、民间组织、社会公众乃至国际社会等多元主体的共同参与和相互支持。在强调政府主导作用的同时，要最大限度地调动社会资源、拓宽社会参与渠道，形成全民动员、集体参与、上下联动、网络应对的综合治理格局。

（课题组组长：李喜童；主要成员：张朝霞、李涛；本报告主要执笔人：李喜童）

# 食品安全类突发事件应急处置

## ——江西高安病死猪事件

**摘　要：**江西高安病死猪事件从 2014 年 12 月 27 日中央电视台的一则新闻调查报道开始成为一个全国瞩目的公共安全事件。该事件具有复合性质，既是舆情危机事件（社会安全类事件），也是集群性违法经营事件（社会安全类事件），还是食品安全事件（公共卫生类事件），反映出公共安全事件的复杂性。本案例研究报告全面阐述了事件的发生和应急处置过程与结果，从事件的定性、事前治理、事中应急处置、事后监管体系建设等角度，对事件所反映出的公共安全治理问题进行了深入的剖析。

**关键词：**病死猪事件；公共安全；食品安全；复合事件

## 一　引言

江西高安病死猪事件从 2014 年 12 月 27 日中央电视台的一则新闻调查报道开始成为一个全国瞩目的公共安全事件。

研究此案例的意义可从两个方面解释：一方面，事件本身具有公共危机事件的典型特征。①危害性。事件给人民群众健康带来潜在威胁，给党和政府的声誉带来损害。②紧迫性。在事件曝光后，政府需要尽快给社会一个交代，其舆论负面影响需要尽快消除。③不确定性。病死猪是否产生了实质性危害，其流入 7 个省份后如何控制危害，以及事件会带来哪些连锁反应，都是未知的。④复合性。该事件是具有复合事件性质的"三合一事件"，既是舆情危机事件（社会安全类事件），也是集群性违法经营事件（社会安全类事件），还是食品安全事件（公共卫生类事件）。

另一方面，本案例研究具有独特的学术价值和政策价值。①事件原因复杂。本案例凸显食品安全治理的复杂性和当前体制机制困境。②事件处置复杂。事件处置具有典型的跨部门、跨区域、跨层级特点。需要公安、食品药品监督管理、农业等多部门合作，也涉及中央、省、市、县多层级，同时涉及江西省多地方和全国多省份。③事件影响广泛。作为与千家万户相关联的典型食品安全事件，其潜伏时间长，具有普遍代表性，在舆论曝光下，社会影响非常大。

## 二 案例描述

### （一）背景

利用病死猪牟利是一种多发性的公共安全事件。例如，2015年1月12日，公安部从前一年的一起制售病死猪案件入手，部署指挥湖南、广西、河南等11个省份的公安机关彻查深挖、上追源头、下追流向，成功摧毁一个特大制售病死猪犯罪网络，先后打掉11个犯罪团伙，抓获110余名犯罪嫌疑人，已依法移送起诉75人，捣毁涉案窝点30余个，查封扣押病死猪肉及问题肉品1000余吨、使用病死猪肉及废弃肉品加工的"地沟油"48吨，涉案总值逾亿元。涉案保险公司保险员因共同犯罪被依法移送起诉，有关监管人员涉嫌渎职犯罪线索已移送检察机关。①

江西省高安市是全国畜牧业百强县市，2013年全年生猪出栏1686400头②，按照生猪3%的正常病死率，每年有数万头病死猪。按照有关规定，这些病死猪都要在相关管理部门的监督之下进行无害化处理。③国家对于补偿养猪者的损失也有相应的政策。但是，由于多个环节监督管理不严，就会有人打病死猪的主意，借病死猪牟利。

### （二）事件酝酿与曝光

#### 1. 事件参与者的长期违法活动

参与病死猪买卖勾当的有关各方很多是多年来一直这样做的。从病死猪贩子到病死猪屠宰场和屠宰黑窝点，直到病死猪市场销售者，形成了一条黑色产业链。

---

① 《公安部部署指挥11省份公安机关摧毁一特大制售病死猪犯罪网络》，中央人民广播电台网站，http://china.cnr.cn/gdgg/20150112/t20150112_517383572.shtml，最后访问日期：2017年7月10日。
② 《2013年高安市国民经济和社会发展统计公报》，江西省统计局网站，http://www.jxstj.gov.cn/News.shtml?p5=6479600，最后访问日期：2017年4月2日。
③ 《国务院办公厅关于建立病死畜禽无害化处理机制的意见》（国办发〔2014〕47号）。

（1）病死猪贩子和保险查勘员。黑色产业链的第一个环节就是病死猪贩子和保险查勘员勾结贩卖病死猪。在高安，母猪在30头以上的养猪场都参加了保险，一旦出现死亡，养猪场就给保险公司打电话，保险公司派查勘人员进行现场查勘理赔。① 由于保险查勘员第一时间掌握了当地病死猪信息，所以猪贩子都会想尽办法拉拢他们。跟着保险公司的人，赚的钱扣除车费后对半分。

调查表明，高安市有多个收购病死猪的团伙，其成员分工明确，有人负责到各养猪场收购病死猪，有人负责运输销售。

（2）病死猪屠宰场。一些屠宰场违规屠宰、加工病死猪，成为黑色产业链的第二个环节。例如，邻近高安的丰城市梅林镇瑞丰食品有限公司（屠宰场），每天屠宰病死猪200头左右，全年要杀7万多头病死猪。成品病死猪肉，有前排、脊骨、筒骨、猪肚、前腿等，共有70多种产品，价格为每公斤5~15元。该屠宰场的产品销往广东、湖南、重庆、河南、安徽、江苏、山东7个省份，每个月销售300吨，年销售病死猪肉获利2000多万元。②

（3）屠宰黑窝点。有的猪贩子还把病死猪卖给一些私屠乱宰的黑窝点。这些小规模加工生产的病死猪肉往往流入当地的菜市场。他们的猪肉价格比正规门店卖的猪肉每斤便宜1元左右，所以一些不知内情的消费者为了省钱，争相购买这些便宜肉。

（4）市场销售者。江西不少地方有长期售卖病死猪的"传统"。在瑞昌市的青龙市场，有一名王姓老板就声称："从1997年开始卖肉，就一直卖病死猪肉。"③ 瑞昌市有多家养猪场长期给他供货。其中，绪兴养猪场1年就能给他提供100多头病死猪。在盈利方面，他举例说："买2头病死猪花550元，能卖大概3000元。"

---

① 给猪买的保险叫做牲畜保险。凡全民、集体所有制单位以及个人（即被保险人）所有或饲养的牲畜（牛、马、骡、驴），符合情况的，均可参加牲畜保险。根据被保险人的需要，可加保各种附加险，如牲畜伤残和医疗费用险、屠宰险（屠宰后发现不符合卫生当局规定的要求）、产仔险、阉割险、流行性疾病险、流行性疾病的后果损失险、牲畜运输险、展览险等。

② 《追踪病死猪：江西高安病死猪流入市场》，中央电视台网站，http：//news.cntv.cn/2014/12/27/VIDE1419661921793690.shtml，最后访问日期：2017年9月1日。

③ 《追踪病死猪：江西高安病死猪流入市场》，中央电视台网站，http：//news.cntv.cn/2014/12/27/VIDE1419661921793690.shtml，最后访问日期：2017年9月1日。

**2. 事发**

2014年12月27日，中央电视台早间新闻播出报道——《追踪病死猪》。报道中说："记者在江西高安跟踪调查一年，发现当地不少病死猪被猪贩子长期收购，有些病死猪甚至携带A类烈性传染病口蹄疫！"①

报道一出，高安病死猪事件引起各方高度关注，舆情很快接近高热状态。

**（三）紧急处置**

2014年12月27~31日，从中央到地方各级各部门迅速开展了紧急处置工作。

**1. 国务院部门**

（1）农业部。12月27日，农业部派督导组赴江西与江西省农业厅等相关部门开展现场调查，查处违法违规行为。

农业部表示，将进一步部署和要求各地切实强化养殖、屠宰等环节监督管理，严厉查处不按法律法规要求开展病死畜禽无害化处理以及违法销售、屠宰病死畜禽等行为，落实养殖、屠宰者主体责任，确保动物产品质量安全。

（2）公安部。12月28日，公安部部署江西、湖南、重庆、山东、河南、安徽、江苏等地警方依法立案侦查。

（3）其他部门。在一两天内，国家食品药品监督管理总局也向江西食品药品监督管理部门提出了指导意见。

**2. 江西省**

（1）全省响应。12月27日，江西省各有关方面纷纷启动省级应急响应，有关部门全力投入事件应急处置工作中。省委书记强卫、省长鹿心社、副省长李炳军等领导分别对高安市病死猪流入市场事件等做出批示，要求各地认真开展检查整顿病死猪无害化处理问题，切实加强动植物疫病防控工作力度。

12月29日，在江西全省经济工作会议上，江西省省长鹿心社就发生的病死猪事件痛斥当地官员麻木不仁，要求依法处理相关人员，并及时向

---

① 《追踪病死猪：江西高安病死猪流入市场》，中央电视台网站，http://news.cntv.cn/2014/12/27/VIDE1419661921793690.shtml，最后访问日期：2017年9月1日。

社会公开处理结果。鹿心社在会上质问:"媒体一曝光就很快破案,也处理了人,但是社会不买账,公众舆论不买账,大家都在问,早干吗去了?江西发生这样的事让我很痛心,媒体跟踪这事有一年多,可见当地政府、相关部门是何等麻木,这就是不作为。"

根据省领导的指示和省纪委的统一安排,从 12 月 28 日起,江西省纪委、省公安厅、省农业厅、省商务厅、省工商局、食品药品监督管理局等部门组成多个工作组到高安市进行问责调查。

(2)省食品安全委员会办公室和省食品药品监督管理局。12 月 27 日上午,江西食品药品监督管理局应急值班室获悉中央电视台播放《江西省高安市病死猪肉流入市场》的报道后,立即向局领导汇报。省食品安全委员会办公室主任,省食品药品监督管理党组书记、局长李舰海指示成立主要领导任组长、相关处室负责人为成员的事件应对领导小组,并立即由省食品药品监督管理局综合应急处、食品生产处、食品流通处、稽查局等处室主要负责人组成情况核查组到高安市进行情况调查。

当天下午,情况核查组会同省工商局相关负责同志到达高安市,先后听取高安市食品药品监督管理局、食品安全委员会办公室、市政府主要领导的情况汇报。

12 月 27 日 19 时,情况核查组分组对高安市食品安全委员会办公室、食品药品监督管理局、质监局、工商局进行工作督促和指导。

12 月 28 日上午,江西省食品药品监督管理局针对"病死猪肉流入市场"事件召开专题工作会议,组建综合协调组、文秘工作组、现场督导组。

12 月 28 日下午,江西省食品安全委员会办公室(江西省食品药品监督管理局)又组成 3 个督导组分别入驻高安市、丰城市、上高县进行现场督导。江西省食品安全委员会办公室要求当地政府当前重点做好三项工作:一是控制嫌疑人,抓紧审讯;二是尽快查明问题产品流向;三是有进一步线索后,及时通报相关省市协查协办。督导组在当地迅速与政府领导、分管常委召集农业、公安、工商、质监、商业、畜牧水产等部门召开碰头会,传达省政府领导批示,省食品安全委员会办公室领导指示,认真督促当地政府,查明病死猪肉货源和流向。

12 月 29 日,经省政府领导签发,以江西省食品安全委员会名义下发了《江西省食品安全委员会关于开展"病死猪"专项打击整治工作的通知》（赣食安委电〔2014〕1号）到全省各级市、县政府。当天江西食品药品监督管理局还下发了《江西省食品药品监督管理局关于开展全省猪肉市场专项整治严查经营病死猪肉违法行为的紧急通知》，要求各地要高度重视，迅速开展专项整治工作，逐级成立专项整治工作领导小组，要做到认真履职，严格落实生产经营主体责任，不断强化监督，严防病死猪肉进入食品生产、流通、餐饮环节，加强部门协作，形成执法监管合力，进一步强化宣传，提升公众消费意识，积极建立和完善日常监管机制和长效工作机制，确保履职到位，不断强化全省猪肉市场专项整治，坚决维护食品消费安全。

（3）省农业厅。江西省农业厅除了派人到一线调查、督导外，还紧急发布了一系列通知：12月28日，下发《关于进一步加强病死猪无害化处理监管工作的紧急通知》（赣农明〔2014〕74号）。此后，又下发《关于贯彻落实鹿心社省长、李炳军副省长指示批示精神的紧急通知》（赣农明〔2014〕77号）、《关于转发农业部办公厅关于切实加强2015年元旦春节期间重大动物疫病防控和畜产品质量安全监管工作的紧急通知》（赣农办字〔2014〕135号）、《关于贯彻落实省领导批示指示精神切实加强当前病死猪无害化处理工作的紧急通知》（赣农明〔2015〕4号）。

（4）省商务厅。针对此次事件暴露出来的问题，省商务厅紧急下发通知，要求生猪屠宰监管职能尚未移交的地方商务主管部门要继续履行好监管职能，并加强与农业、工商、公安等部门的协调沟通，加大市场整治力度，严把屠宰环节关口，严厉打击私屠滥宰，确保不再发生类似事件。同时，要加快职能移交，确保上下衔接，监管工作不断档。

### 3. 宜春市

宜春市是丰城、高安等县级市的上级行政区。12月27日16时，宜春市政府召开全市加强病死猪无害化处理工作视频会议。会议传达了宜春市委、市政府主要领导就当前生猪无害化处理工作的重要批示，会议通报了高安市等病死猪流入市场情况，副市长赖国根讲话，对当前生猪无害化处理工作进行了部署。会议要求，全市各地要充分认识当前畜产品安全监管工作的严峻形势，增强工作的紧迫感和责任感，将病死生猪无害化处理监管工作摆到突出位置，采取强有力措施，严防病死猪流入市场和随意抛弃事件发生。

其要求具体明确：一是严格控制源头，明确养殖场（户）是病死猪无害化处理的第一责任人，督促养殖场（户）落实动物防疫和质量安全主体责任，对病死猪做到"五不准，一处理"（不准宰杀、不准食用、不准出售、不准转运、不准抛弃，必须进行无害化处理）。二是加强舆论宣传，充分利用电视等新闻媒体的舆论引导作用，下发宣传资料，广泛宣传《动物防疫法》等相关法律法规，强化病死猪等畜禽无害化处理责任意识和法律意识。鼓励和引导群众积极举报不法行为，在全社会形成打击贩运、出售、加工病死猪违法行为的高压态势。三是落实工作责任。各级政府要依法履行属地管理职责，落实病死猪无害化处理监管工作责任制和责任追究制。各乡镇党委书记为第一监管责任人。对因病死猪无害化处理监管不力造成的畜产品质量安全事件，将严肃追究各级党委、政府和相关部门责任。四是全面开展排查。要迅速组织力量，立即开展一次病死生猪无害化处理情况地毯式排查，发现病死生猪及其他畜禽，要立即清除并做好消毒和无害化处理工作。五是严格依法严处不按规定处置病死动物的行为，对涉嫌犯罪的，一律依法追究刑事责任，处罚结果要在新闻媒体予以曝光。对长期收购、贩卖病死猪者要依法追究刑事责任，对屠宰加工病死畜禽者要依法追究刑事责任。六是要进一步加强领导，建立健全长效机制，按照统筹规划、合理布局的原则，加强病死猪无害化处理设施建设，提高对散养户及监管发现的病死猪集中处理能力，不断提高病死猪无害化处理水平，确保全市畜牧业稳定发展。

会后，宜春市下发了《关于加强病死猪无害化处理工作的紧急通知》。

12月28日，宜春市农业局派出十个督查组在全市范围内开展病死生猪无害化处理督查工作，督查各地贯彻落实市政府召开的加强病死生猪无害化处理工作视频会议精神情况，会议部署、责任制度落实、核查排查相关部门工作开展情况，对当前生猪疫情防控工作进行指导，排查病死生猪无害化处理情况，深入了解和掌握病死猪无害化处理实际状况，特别是定点屠宰场动物卫生监督及病死动物处理情况。

**4. 高安等县市**

高安、上高、丰城等县市采取的措施主要包括：迅速成立工作组，立即查封现场，快速立案侦查，全面开展排查，快速追踪问责。

12月27日，高安市紧急召开会议，成立了专项整治领导小组，并组织公安、商务、工商、畜牧水产、食品药品监督等部门，迅速对生猪养殖、屠宰、销售、加工、餐饮五个环节，当夜进行排查，并以最快的速度、在最短的时间内将全市范围内的病死猪肉进行无害化处理，快速对非法从事贩运病死猪肉和私屠滥宰人员进行控制，全面取缔非法屠宰点，查封非法销售病死猪肉摊点和窝点。

12月28日，高安市召开市委常委会，对在私屠滥宰和病死猪肉非法交易监管中负有主要责任的相关部门8位官员的责任追究进行了研究。会议决定，对市畜牧水产局、市商务局主要负责人及相关分管人员进行免职处理，对市畜牧水产局执法室、市畜牧水产局动物卫生监督所（防疫检疫科）、杨圩镇畜牧兽医防疫检疫站、市商务局综合执法大队负责人由纪检监察部门按组织程序进行免职处理。

12月28日20时，高安市召开了"打击病死猪肉专项整治会"。

高安市纪委、公安、畜牧水产、食品药品监督管理、商务、质监、工商、交警、交通、财保公司等单位按照各自职责分别开展专项整治。市纪委成立了病死猪肉失职渎职问责领导小组，领导小组下分设的调查组抽调机关有关科室、各纪工委、部分乡镇纪委书记相关人员共30余人，共成立了6个调查组，全面负责调查工作。在最高人民检察院和省检察院的督促指导下，高安市检察院第一时间成立专案组，集中力量对这一事件涉及的政府部门监管履职情况进行深入调查。高安市下发了《关于加强病死猪无害化处理工作的紧急通知》，安排部署全市病死猪无害化处理工作。按照属地管理的原则，该市认真落实病死猪监管工作责任制和责任追究制，明确各乡镇党委书记为第一监管责任人，迅速对所属辖区进行拉网式排查，对辖区内养猪场、屠宰场等进行一次全面清查清理。截至12月28日19时30分，高安市组织市公安局27个基层派出所积极协助乡镇（街道、垦殖场）进行拉网式排查，对辖区内养猪场、屠宰场等进行一次全面清查清理，已掌握非法运输贩卖病死猪肉的违法犯罪线索15条；查封1个屠宰场，捣毁1个私屠滥宰窝点，控制涉案人员12人，并且传唤了5名相关保险人员进行调查。

高安市还通过多种渠道广泛宣传《动物防疫法》等相关法律法规，强化病死猪等畜禽无害化处理责任意识，张贴《关于严厉打击出售、收购、运输、经营、加工病死动物违法行为的通告》，设立了举报箱，公布了举报电话，鼓励和引导群众积极举报不法行为，努力在全社会形成打击贩运、出售、加工病死猪违法行为的高压态势。

在丰城市，中央电视台曝光的梅林镇非法屠宰点被查封猪肉6万余斤，其中冷冻猪肉4万余斤，鲜肉2万斤。①

**5. 江西省其他市县**

事件曝光后，江西其他各地市也迅速行动起来。例如，12月27日15时，在接到省畜牧兽医局关于中央电视台新闻曝光高安市病死猪流入市场事件的电话后，上饶市委、市政府领导高度重视，市委常委、农工部部长倪美堂，副市长陈荣高当即分别做出指示，要求全面排查，发现问题严肃处理。

武宁县农业局动物卫生监督所从12月28日开始对肉制品生产企业、肉类批发市场、集贸市场、商场、超市、肉食店、餐饮服务单位等重点场所进行全面排查；同时要求各乡镇农综站组织力量对农贸市场、养殖场进行排查。

12月28~29日，婺源对全县养殖场、定点屠宰场等集中开展病死猪拉网式排查。

12月29日，南丰县农业局召开病死猪肉无害化处理监管工作专项会议。

12月29日，鹰潭市迅速行动，由市畜牧兽医局领导带队，分别到各县（市、区），与当地畜牧兽医局和动物卫生监督所人员联合，对全市辖区内养殖、屠宰、加工、经营和运输等各个环节进行排查。

12月30日上午，崇义县召开关于加强病死猪无害化处理监管工作部署会议，全县16个乡镇畜牧兽医站站长、定点屠宰场驻场检疫负责人、局畜牧兽医局全体人员参加了会议。

12月30日上午，全南县农粮局组织召开了病死猪无害化处理监管工作会议。

12月30日，广丰农业局局长和畜牧兽医局局长收看了中央电视台新闻曝光的高安市病死猪流入市场事件，立刻要求农业综合执法大队和畜牧兽医专业技术人员迅速行动起来，在全县辖区范围内进行全面排查。

12月30日，余干县动物卫生监督所紧急召开了专题会议，认真研究学习了省市文件，决定成立四个调查组同时对全县养殖场、屠宰场和交易市场进行了拉网式排查。

---

① 《江西丰城市集中无害化处理近6万斤病死猪肉》，人民网，http://jx.people.com.cn/n/2014/1229/c190260-23383671.html，最后访问日期：2017年7月10日。

12月31日，安义县全面开展病死猪无害化处理监管排查行动；广昌县切实加强病死猪无害化处理监管工作；玉山县加强病死猪无害化处理监管工作。

**6. 其他省市**

12月27日，江苏省食品药品监督管理部门展开了应急处理。通知江苏全省各个食品药品监督管理部门，对各地市面上销售的猪肉及猪肉制品进行清查，凡是标有江西"瑞丰食品有限公司"字样的猪肉制品，一律暂停销售。

事实上，事件发生后，事件涉及的江苏、安徽、山东、河南、湖南、广东、重庆7个省份均高度重视，迅速采取了相应的应急处置措施。截至12月28日晚，各省份已采取的措施如下：一是相关省份食品药品监督管理部门高度重视，其主要负责同志或者分管领导召开专题会议，研究应对措施，发文部署应急检查。二是与事发地江西省食品药品监督管理局沟通了解涉及产品的名称、批次、流向等信息。三是开展问题猪肉清查，重点检查本地区是否购进江西高安、丰城、上高等地的猪肉产品，重点查处已曝光的"瑞丰食品有限公司"相关猪肉产品。四是要求生产经营企业自查，发现涉嫌的问题产品立即停止销售和使用，并及时报告当地食品药品监督管理部门。五是部署开展本地区猪肉市场整治，防止病死猪肉作为原料流入生产经营单位。六是加强舆情监测和应对，加强与媒体沟通，及时通报应急处置措施。

**（四）舆论反响**

自12月27日起，媒体和网络舆论迅速发酵。12月28日全天新增相关新闻885条，微博转发27694条，微博评论13440条。29日0～8时，又新增相关新闻495条，微博转发7860条，微博评论3716条。[①]

**1. 12月27～28日媒体主要关注点**

分析这些媒体报道和网络舆情，可以看到其主要关注点有如下几个：①报道转载江西口蹄疫病死猪流向7个省份的相关情况。②网民痛斥无良奸商，要求严惩违法犯罪分子。③关心病死猪肉具体流向，以及如何鉴别。④质疑从猪贩子到屠宰厂，再到进入市场等多个环节监管缺失，甚至

---

① 江西省食品药品监督管理局：《舆情监测报告》（内部文件），2015年1月15日。

怀疑当地监管部门与不法商人勾结。⑤当地纪检监察部门对负有监管责任的农业、商务等部门的 8 名官员予以免职。⑥公安部门控制相关违法犯罪嫌疑人 12 人，正在抓紧审讯。⑦关注农业部、公安部派出督查组赴当地督促指导，希望当地加大处理力度。

**2. 12 月 29 ~ 30 日的主要议题**

（1）关注江西省省长鹿心社对事件的回应。多家媒体以《省长痛斥病死猪事件当地官员麻木不仁》为题报道称，江西省省长鹿心社 12 月 29 日在江西全省经济工作会议上狠批高安病死猪肉流入市场一事。众多网站对该消息进行了转载。

（2）关注事件处置进展。一是报道各地排查情况。人民网报道《江西宜春回应病死猪流入市场：已查封两地非法屠宰场》，华龙网报道《重庆紧急部署拉网式清查江西病死猪肉》，中安在线报道《安徽省严查来源江西高安猪肉，一律责令下架》等；中央人民广播电台报道称，目前排查尚未发现病死猪肉。二是关注官员问责。媒体报道称，12 月 28 日晚，江西高安市委常委会会议研究决定，对在私屠滥宰和病死猪肉非法交易监管中负有主要责任的相关部门 8 名官员予以免职，并将继续追究在调查过程中发现的相关责任人的责任。三是报道上级部门督查。例如，新华社报道《农业部督导组赴江西调查病死猪流入市场问题》，公安部治安管理局暨打四黑除四害专项行动办公室官方微博称，针对江西高安大量病死猪流入市场问题，公安部立即部署 7 个省份的公安机关依法立案侦查，并派员赴江西现场督办。

（3）报道相关评论和建议。一是从病死猪事件质疑监管漏洞。例如，《南京日报》评论《病死猪肉事件再次暴露监管漏洞》，《新京报》评论《"放心肉监管典范"何以令人心惊肉跳》等，认为病死猪身份被层层"漂白"，屠宰病死猪的企业七证齐全等，认为多个环节存在监管漏洞。二是呼吁从严监管，认为制度约束乏力。例如，新华网评论文章《病死猪之祸凸显无害化处理缺失》，人民网评论文章《江西不少病死猪被收购，餐桌安全必须严管》等，认为病死猪的无害化处理，难以从纸上走入现实，根本原因还在于制度约束无力。三是质疑存在腐败行为。例如，《京华时报》评论《病死猪产业链上每个端口都有毒》认为，屠宰售卖病死猪存在多年，并流向多个身份，认为是奸商疏通了多个环节的监管部门。四是对加强猪肉监管提出建议，如建议加强食品安全全链条追溯建设，强化企业追溯义务等。五是对媒体报道动机进行质疑，认为媒体报道也存在不作为、不及时。例如，网民"@安东雨纷飞"称："江西病死猪流入市场！跟踪一年多才爆料，这一年就是为了收集证据，想到过百姓生活安全吗？"网民"@庐山吴健"说："别老是说有关部门不作为，当地媒体不作为一样让人觉得恶心！和贩卖死猪的人一样恶心。"

（4）关注本地区是否发现病死猪。例如，中国日报网的《海口市场未见江西病死猪》、《南京日报》的《南京暂未发现"江西病死猪肉"》等，对本地区市场是否流入了江西病死猪进行了报道。

（5）网络关注动态。专项舆情跟踪监测数据显示，微博为网络舆论主力军，论坛、博客等也以转载等方式参与其中，该事件网络舆情总体趋于平缓。例如，"@央视新闻"在新浪微博发起了话题"病死猪去哪儿了"，截至12月30日7时，阅读量累计达1.6亿次。

**3. 12月31日之后**

江西病死猪流入7个省份的事件被曝光初期，媒体和网络的舆情热度处于高度关注状态，但随着各级政府迅速处置的报道不断释放，舆论关注的增速很快放缓。加之当时有亚航飞机失联（12月28日）、赵本山打球照辟谣（12月28日深夜）、令计划妻弟被查（12月30日）等吸引社会关注，江西病死猪事件很快跌出百度新闻热搜榜单，中央电视台在新浪微博所设的专门话题讨论热度也锐减了。

## （五）持续处置

从2015年1月起，事件处置进入深度、持续处置阶段。这里主要从江西省和高安市两个主要处置层面加以描述。

**1. 省级督查**

事发后，江西省以防治重大动物疫病指挥部和农业病虫害防控指挥部的名义开展了专项督查工作。①

其督查内容及范围如下：①病死猪无害化处理监管情况。督促检查各地贯彻落实省农业厅一系列紧急通知情况；养殖、屠宰、流通等重点环节病死猪排查工作情况；病死猪无害化处理情况，包括是否存在出售、屠

---

① 《关于开展病死猪无害化处理和重大动植物疫病防控工作督查的紧急通知》（赣动植防指〔2015〕1号）。

宰、经营病死猪及产品，是否存在抛弃病死猪现象；出售、屠宰、经营病死猪及产品查处情况，包括是否建立举报制度和巡查制度，是否建立无害化处理记录档案等。②重大动物疫病防控工作情况。督促检查各地冬春季重大动物疫病防控工作组织部署情况；高致病性禽流感、口蹄疫等重大动物疫病报告制度执行情况，强制免疫、监测、消毒、检疫监管等工作开展情况；应急准备情况，包括应急制度、应急物资、应急经费等落实情况；养殖、屠宰、经营等重点场所动物防疫制度建立和落实情况。③重大植物疫病防控工作情况。重点督促检查赣州市、抚州市、吉安市、宜春市、新余市等地黄龙病防控措施的落实情况。④农产品质量安全监管情况。督促检查各地贯彻落实全省农产品质量安全监管工作会议精神情况，包括地方政府是否召开农产品质量安全监管工作会议，是否出台农产品质量安全工作意见，是否向下级政府下达农产品质量安全责任书；是否将农产品质量安全纳入政府考核；省政府下达的农产品质量安全责任书责任目标和市县科学发展综合考核农产品质量安全考核指标完成情况。⑤南昌、九江、赣州、宜春、上饶、吉安、抚州等市督查不少于2个县（市、区），景德镇、萍乡、新余、鹰潭等市督查1个县（市、区）。每个县（市、区）督查不少于2个乡镇，每个乡镇检查不少于5个养殖场（包括屠宰场、交易市场）和2个果园。

督查时间为2015年1月9～15日，为期1周。

督查工作分9个组进行，各位组长均由省农业系统的厅局领导担任。

### 2. 高安市查处

（1）检察机关。高安市检察院经过检查发现，2006年以来，高安人蓝奇小等人长期收购病死生猪贩卖至丰城、高安等地的私人屠宰场，非法经营时间长、销售数量大，严重危害人民群众身体健康。在此期间，高安市对病死生猪处理负有监管责任的畜牧水产、商务、保险等部门工作人员玩忽职守，不认真履行病死猪监管职责，甚至以权谋私，收受贿赂，致使大量病死猪肉流向市场，造成恶劣的社会影响。

在掌握大量证据的基础上，高安市检察院以涉嫌玩忽职守、受贿罪，依法对高安市畜牧水产局原局长王细牤、高安市商务局原副局长陈正龙、执法大队原大队长何辉立案侦查；以涉嫌玩忽职守罪，对高安市畜牧水产局原副局长艾海军、兰长林，高安市人保财险公司原经理李文胜等人立案侦查。与此同时，该院加强与公安机关协作配合，以涉嫌生产、销售不符合安全标准食品罪审查批准逮捕了 36 名生猪贩子和屠宰场人员。截至 2015 年 1 月 8 日,移送公诉机关审查起诉 34 件 50 人,其中 32 件 46 人起诉至法院。①

在办案过程中,高安市检察院针对畜牧水产、商务、保险等多个部门在落实监管职责、内部管理、协调配合机制方面存在的漏洞和不足,及时向市委、市政府及相关部门发出检察建议,推动完善病死畜禽监管机制,促进畜禽养殖行业健康发展。

(2)行政机关。高安市从 2015 年 1 月 4 日起,各县级领导干部到各自挂点乡镇,开展为期一周的督导工作,指导乡镇搞好大宣传、大排查、大整治工作,打击病死猪非法交易,确保全市生产安全、食品安全。

接着,2015 年 1 月 12 日,为杜绝病死猪肉流入市场,严厉打击贩卖病死猪等违法行为,高安市出台了关于病死猪无害化处理长效机制的规定。其具体内容如下:一是实行有奖举报。凡举报销售、贩卖病死猪行为的,核实后每次奖励 500 元;凡举报屠宰加工病死猪行为的,核实后每次奖励 2000 元。二是实施无害化处理给予补助。所有病死猪都要进行无害化处理,处理过程由各乡镇负责,基层畜牧兽医站和镇、村干部到场,并留下影像资料。对 50 公斤以上的病死猪(不含保险能繁母猪)给予 200 元的补贴。三是从严从重处罚。凡是有收购、加工、销售病死猪的,按照《中华人民共和国食品安全法》从严处罚;情节严重的,吊销许可证;构成犯罪的,依法追究刑事责任。

(六)尾声

事件曝光近半年后,江西省以官方报道的方式对社会做出了一个总的交代。2015 年 6 月 23 日,中新网记者从江西官方获悉,对于 2014 年的江西病死猪事件,高安市畜牧水产局局长王某,副局长艾某、兰某,以及丰城市畜牧水产局党组成员孙某、丰城市商务局副局长唐某等 16 人涉嫌玩忽

---

① 数字由笔者根据多个来源统计得出。参见《高安市人民检察院依法决定对王细伢等人涉嫌玩忽职守罪一案提起公诉》,人民检察院案件信息公开网,http://www.ajxxgk.jcy.cn/html/index.html,最后访问日期:2017 年 6 月 11 日;袁晓华、汪清林:《高安存在病死猪肉非法交易·拉网排查 12 名涉案者被控制》,《江南都市报》2014 年 12 月 29 日;范文娟:《江西病死猪被猪贩子长期收购事件 16 人遭立案侦查》,中国新闻网,http://www.chinanews.com/sh/2015/06-23/7361391.shtml,最后访问日期:2017 年 6 月 15 日。

职守罪已被立案侦查。

在事件曝光后一年多的时间里，司法机关先后对 20 余批涉嫌违法犯罪人员进行了审判。有关违法经营者、政府工作人员和保险公司员工受到了应有的法律制裁。

## 三 经验教训分析

### （一）基础：关于事件的定性

事件的定性决定了事件处置的方式。此事件在定性上有极大的难度。事实上，该事件具有复合性质：一是舆情危机事件（社会安全事件）；二是集群性违法经营事件（社会安全事件）；三是食品安全事件（公共卫生事件）。在一定意义上，这三者也存在重要性依次减弱的关系。

首先是舆情危机事件。该事件爆发于 2014 年 12 月 27 日（即中央电视台曝光之后），终止于数天之后。从事件的处置动因分析，对于各级党委政府而言，回应舆论是主要的处置动力。我们无法设想，如果不是中央电视台曝光，而是某个影响不大的媒体或网民曝光，是否也会引起同样的重视。

其次是集群性违法事件和与之相伴随的监管不力的渎职现象。这一事件或者称为现象，已有数年之久。从根本上说，公众和社会不能容忍的正是肇事者的违法经营行为、监管部门的渎职行为（同样触犯法律）。

最后是食品安全事件。食品安全通常是指食品中不应包含有可能损害或威胁人体健康的有毒、有害物质或不安全因素，不可导致消费者急性、慢性中毒或感染疾病，不能存在危及消费者及其后代健康的隐患。因此，这一事件危害了公众的食品安全。但是，这一事件伴随着集群性违法贩卖病死猪的事件而发生，又构不成典型的食品安全事故。《江西省重大食品安全事故应急预案》（2011 年）指出："本预案适用于本省行政区域内，在食物（食品）种植、养殖、生产加工、包装、仓储、运输、流通、消费等环节中发生食源性疾患，造成社会公众大量病亡或者可能对人体健康构成潜在的重大危害，并造成严重社会影响的重大食品安全事故。"事实上，在整个事件过程中，人们仅仅看到了病死猪对健康的风险，而没有证据表明有谁因为吃了病死猪肉而受到实质性伤害。

因此，可以说，高安病死猪事件是一起复合型公共安全事件。其所危害的是多方面的公共安全。第一，给公众健康带来威胁。病死猪显然给广大消费者的生命健康带来了风险，尽管是不确定的风险。第二，给公众心理带来威胁。事件的曝光给广大人民群众带来了广泛而深刻的不安全感。第三，给公共秩序带来威胁。事件表明，有关当事人违法违规经营或者给违法违规经营者提供批复，严重扰乱了公共安全秩序。第四，给政府声誉带来损害。事件发生前，江西省和相关市县政府食品安全治理不严，受到了社会各界的诟病。

这样的复合性质事件决定了其处置也必须以惩治违法为核心，以消除负面影响为目标，同时从根本上消除事件发生的根源。实践证明，这最后一点恰恰是最难的。

### （二）事前：关于治理失败

该事件酝酿时间长，既有经营者自身唯利是图的原因，更有监管不到位的原因，是多方面社会治理的失败。从事件的长时间发酵过程，可以明显看到有三个主要原因。

一是基层专业服务部门和监督部门的不作为。有记者指出，根据《江西省能繁母猪保险及防疫合作实施方案》，对于死亡的能繁母猪，县级畜牧兽医部门协助人保财险查勘人员进行现场查勘，动物卫生监督所负责监督、指导畜主对死亡能繁母猪规范进行无害化处理。但是，当地畜牧兽医部门并没有派人到达勘查现场，动物卫生监督所也没有派人监督病死猪的处理。这些养猪场在得到保险赔偿后，就把病死母猪卖给了猪贩子。[①]

二是基层公安部门的腐败。在中央电视台记者的曝光视频中，某屠宰场老板杨某声称："把公安搞定就什么事也没有，上面有什么行动他就提前通知你，他通知你就可以不杀（猪）。他抓不到你证据。现在法律讲证据。"[②]

三是经营者道德缺失。正如该杨姓老板所声称的那样，他们是一家证

---

① 《〈新闻直播间〉追踪病死猪：江西高安病死猪流入市场》，中央电视台网站，http://news.cntv.cn/2014/12/27/VIDE1419661921793690.shtml，最后访问日期：2017年9月1日。

② 《〈新闻直播间〉追踪病死猪：江西高安病死猪流入市场》，中央电视台网站，http://news.cntv.cn/2014/12/27/VIDE1419661921793690.shtml，最后访问日期：2017年9月1日。

照齐全的屠宰企业，目前已办理了种猪屠宰许可证、动物卫生检疫证、工商登记证、税务登记证等 7 个证照。"我有证是违规，没有证是违法。违规有钱都能摆平。"其言外之意是："我就是干缺德事了，能把我怎么着？"①

对于治理的失败或失效，我们还可以从以下三个方面发现更为深层次的原因。

一是消费者食品安全意识的缺乏和监督的缺位。在长时间发酵的过程中，没有消费者因为发现病死猪肉上市而举报或诉诸法律，因此不能不说消费者安全消费意识严重缺失。

二是社会组织监督的缺位。中国缺乏专业从事食品安全监督的社会组织，更缺乏对食品安全进行系统监控的社会组织。其实，大众的食品安全应当由大众组织起来共同负责。

三是新闻监督的缺乏。此次事件只有中央电视台记者锲而不舍地进行了长时间跟踪调查。那么，试问在此前多年，为什么没有其他新闻单位的记者关注此事？不论是病死猪来源的江西省还是受害的其他省份，都没有新闻单位注意到并进而跟踪调查此事。

所有这些问题都指向一个结论：我们必须大力推进食品安全的全社会共治。要构建由广大消费者个体、消费者维权组织、新闻机构，以及各级政府（尤其是监管执法机构）共同组成的全方位、立体化的食品安全监督网络。

### （三）事中：关于应急处置

此次事件的应急处置，总体上及时、有力，效果好。其具体特点如下。

一是处置快。从中央到省、市、县，各级各方面都在 2014 年 12 月 27 日当天就启动了相关行动。这些行动被报道出来后，本身就是最好的公众沟通。事件后续没有出现更复杂的局面，与迅速处置有很大关系。

二是配合好。在各级党委政府的领导下，各有关方面都从自身职能的角度，采取了果断有力的措施，其效果是好的。

---

① 《追踪病死猪：江西高安病死猪流入市场》，中央电视台网站，http://news.cntv.cn/2014/12/27/VIDE1419661921793690.shtml，最后访问日期：2017 年 9 月 1 日。

三是标本兼治。除了紧急查处，地方监管部门也很注意从制度、机制等根本方面解决问题。例如，2015年1月12日，为杜绝病死猪肉流入市场，严厉打击贩卖病死猪等违法行为，高安市出台了病死猪无害化处理长效机制方面的规定。

之所以处置得好，有两个主要动力。

一是中央电视台报道和舆论发酵的动力。一方面，强大的舆论热点的形成，给予事件直接相关的江西省和有关市县政府以极大的舆论压力和政治压力，使得其不得不迅速反应，迅速回应社会关切；另一方面，中央政府有关方面和其他省份政府在感受到一定压力的同时，也将此事作为一种展现负责任态度的契机，因而积极主动开展相关调查处置工作。

二是有关领导行为的动力。事件曝光后，可以看到江西省和有关地方党政主要领导高度重视，切实履行了公共安全领导职责。

在不足方面，有关方面对媒体的正面回应还有很大的提升空间。在从危机中获得更大利益方面，特别是从根本上在全国层面如何举一反三杜绝类似问题方面，还没有真正做到位。事实上，有关部门完全可以以此为契机，在全国范围内开展食用猪肉安全宣传教育，加强肉类安全监管工作。究其原因，或许是有关方面认为肉类安全还是要依据现有法律法规按部就班、持续不断地抓才是根本；或者，也许有关方面默认了此类现象为当前社会发展阶段的常见现象。

（四）事后：关于监管体系建设

事后江西省的病死猪处理体系建设如何呢？有喜有忧。

对于成绩，2015年以来，按照"政府引导、企业主体、市场运作、财政扶持"的原则，江西省启动了病死畜禽无害化集中处理体系建设项目。江西省病死畜禽无害化集中处理体系建设开局良好，一批项目建成并投入运营。规划到"十三五"时期末，原则上每个畜禽生产县（市、区）至少建成1个无害化集中处理场，配套建设收集暂存点800个，全省日处理能力达到400吨，形成工艺先进、处理彻底、运转高效、网络完备的无害化处理体系。

对于问题，可以从2016年9月14日江西省农业厅办公室发布的《关于进一步做好我省养殖环节病死猪无害化处理补助相关工作的通知》（赣农办字〔2016〕117号）中的一些表述做出某些推断。该文指出："各地要进一步完善病死猪收集、储存、运输、无害化处理及补助资金发放记录台账以及视频或照片等，记录台账应种类齐全、内容完整、签字清晰、数据准确、账册相符，实现痕迹化管理。无害化集中处理场与自行处理病死猪的养殖场户应保存病死猪无害化处理的记录台账、视频或照片等相关材料，同时复制备份后，报当地县级畜牧兽医主管部门留存。要健全病死猪无害化处理核查机制，县级畜牧兽医主管部门对上报的病死猪无害化处理档案记录要认真进行核查，严防虚报乱报处理数量、冒领克扣补助资金等违法违纪行为的发生。对于病死猪数量异常增高的，要及时组织开展疫情核查和流行病学调查，查明原因，发现疑似重大动物疫情的，要按规定及时上报和处置。要采取定期或不定期的方式，对上报的养殖环节病死猪无害化处理情况进行抽查，若数据抽查结果不真实，责令重新核查，并追究相关人员责任。要推行保险与病死畜禽无害化处理联动，建立畜牧兽医部门与保险机构对彼此病死畜禽无害化处理结论的相互认可制度，认可的结论可作为保险理赔和享受国家病死猪无害化处理补助政策的依据，保险机构应将病死畜禽无害化处理作为保险理赔的前提条件，促进我省病死畜禽无害化处理工作的顺利开展。"从中可以看出，需要解决的问题仍然很多。

2015年12月，江西省农业厅首次联合省食品药品监督管理局、省社会治安综合治理委员会办公室、省公安厅在全省范围内开展"加强生猪屠宰监管、维护猪肉市场秩序'百日严打'行动"。这依然说明问题的严重性。

从国家层面来看，问题似乎也没有得到彻底解决。2016年5月13日，国家食品药品监督管理总局部署各地严厉打击销售病死猪肉等违法行为。有关文件指出："近期，由于市场供求关系变化，猪肉价格高企，跨区域非法销售病死猪肉、未经检验检疫猪肉等问题屡有发生。"为此，国家食品药品监督管理总局部署各地有针对性地深入开展执法检查，严厉打击经销病死猪肉等违法行为："一是全面深入开展执法检查，切实规范猪肉生产经营行为；二是督促企业依法经营，严格落实食品安全主体责任；三是加大案件查处力度，严厉惩处生产经营不合格猪肉违法行为。"与此相类似，2016年12月12日中央电视台网站发布消息指出："农业部近日发布关于做好2017年元旦春节期间生猪屠宰监管工作的通知，要求各地深入推进生猪屠宰监管，进一步加强生猪屠宰检疫检验，着力强化屠宰环节'瘦肉精'监督检测；对添加'瘦肉精'、屠宰病死猪、注水等违法行为，发现一起、查处一起、曝光一起，严防不合格肉品流入市场。"这表明，在建立全国性的长效机制方面，需要做的事还有很多。

需要反思的是，事后监管仍然如履薄冰的原因是什么？究其客观性，一是生猪生产面广，产业链条长，不易监管；二是监管力量不足，执法不严；三是监管制度还有不足。所有这些，都导致监督体系有较大的脆弱性，需要进一步充实。

（五）事后：关于相关政策落实

养殖环节病死猪无害化处理补助政策是国家的一项重要惠农政策。2011年，农业部、财政部下发了关于做好生猪规模化养殖场无害化处理补助相关工作的通知，将规模养殖场（小区）养殖环节病死猪无害化处理纳入财政补助范围。2014年，为适应形势发展的需要，《国务院办公厅关于建立病死畜禽无害化处理机制的意见》（国办发〔2014〕47号）规定，将病死猪无害化处理补助范围由规模养殖场（区）扩大到生猪散养户，并包括各日龄的所有病死猪。国家对养殖环节病死猪无害化处理给予每头80元的财政补助，其中中央承担50元/头，省、市、县各承担10元/头。补助经费按照"谁处理、补给谁"的原则，严格按照审核确认的对象和数量，据实发放。

让人们主动对病死猪做无害化处理是治本之策。在经历上述事件的处置过程之后，江西有关方面是否已经使病死猪无害化处理成为自觉行动？是否形成了良性循环机制？其实并不乐观。2016年5月9日，江西省农业厅办公室下发了《关于进一步落实养殖环节病死猪无害化处理补助政策的通知》（赣农办字〔2016〕70号）。该文件指出："2011年国家实施养殖环节病死猪无害化处理补助政策以来，有力地推动了全省病死猪无害化处理工作。但截至2016年3月，个别县（市、区）未按要求组织申报养殖环节病死猪无害化处理补助经费，部分县（市、区）申报的病死猪无害化处理数量明显低于保险理赔数量。""从2011年国家实施养殖环节病死猪无害化处理补助政策以来，南昌县、资溪县、赣州黄金区、九江浔阳区从未组织申报过养殖环节病死猪无害化处理补助经费。2015年3月1日至2016年2月29日，赣州章贡区、信丰县、上饶县、横峰县、乐安县未组织申报养殖环节病死猪无害化处理补助经费；定南、宁都、寻乌、大余、上犹、铅山、余干、乐平、星子等县（市、区）申报的病死猪无害化处理数量明显低于生猪保险理赔数量。"此后不久，2016年9月14日，江西省农业厅办公室又发布了内容相似的《关于进一步做好我省养殖环节病死猪无害化处理补助相关工作的通知》（赣农办字〔2016〕117号）。由此可见，这一问题并没有得到很好的处理。

上述情况产生的原因，从表面来看是下级落实不够、上级抓得不紧，究其深层次原因，恐怕还是相关制度落实不严。这种松弛的、惯性极大的制度何时能真正更新，是我们需要认真思考的问题。

## 四 结论与政策建议

### （一）基本结论

事件的发酵、处置和相关案件表明，一些地区病死猪收购、加工、销售活动有着深刻的原因：一些不法分子利用其非法牟利，监管措施落实不到位，病死畜禽无害化处理政策不够周延、执行不严格，市场经济条件下部分人唯利是图等。因此，必须打防结合、标本兼治，彻底铲除病死畜禽违法犯罪的生存土壤，有效切断病死畜禽进入食品领域的通道。

### （二）政策建议

这一事件表明，仅仅靠应急管理的思路是不够的，应从公共安全治理的视角全方位治理此类事件。要落实习近平总书记关于"用最严谨的标准、最严格的监管、最严厉的处罚、最严肃的问责"的指示精神，加快建立科学完善的肉类食品安全治理体系，需要做好以下几个方面的工作。

第一，进一步研究如何应对类似于本案例的复合型公共安全事件。可以预见，类似于病死猪事件的"非典型"、复合型公共安全事件将会越来越多。因此，要考虑修订各级政府总体应急预案，在预案中明确将"非典型"的复合型突发事件纳入总体应急预案的管理范畴，使总体应急预案不仅管全局，对其他预案具有指导性，而且管复合型或难以定性的突发事件的应急预案。

第二，重视源头治理。应认真贯彻落实国务院办公厅《关于建立病死畜禽无害化处理机制的意见》，进一步健全长效机制。在这个方面，一要加强对生猪饲养企业和经营者的准入管理；二要加强对经营者的宣传教育，使其明确生产者的责任。

第三，严格执法。对于此类事件，应始终保持依法严厉打击的高压态势，坚持发现一起、查处一起，彻查严惩、除恶务尽。

第四，加强综合治理。农业、食品药品监督管理等部门要严格落实各项管控措施，加强农业系统的生猪生产安全巡视工作，加强食品药品监督管理系统对猪肉市场的监管力度。各级政府和各相关部门应当多法并用、多部门多层级协调，真正形成综合治理的局面。要建立健全绩效考核机制，使源头治理切实落到实处。

第五，改进应急管理。既要提升相关应急预案的可行性和适用性，探索修订总体应急预案或者探索制定新的一般公共安全事件应急预案，使其涵盖像高安病死猪事件这类的非典型突发事件。在事件处置过程中，要坚持正确处置与从危机中把握变革的时机，创造性地解决问题，创造性地研究新问题。

第六，推进食品安全社会共治。为大力推进食品安全的全社会共治，要全方位加强相关工作。一要加强对公众的食品安全知识普及，使广大消费者真正做到为自身的饮食安全负责。二要培育、支持消费者维权组织建设，有意识地培养一批专业、规范的社会组织，参与食品安全的监督管理工作。三要发挥新闻机构的作用，各级政府要将媒体对食品安全的监督作为重要的辅助手段，支持媒体调查、曝光食品安全问题。要在全社会形成打击治理此类问题的整体合力，让违法犯罪行为无法藏身、无处遁形。

## 附：有关刑事判决书目录[①]

高刑初字第 254 号（2015 年）

樟刑初字第 228 号（2015 年）

高刑初字第 279 号（2015 年）

瑞刑初字第 254 号（2015 年）

高刑初字第 249 号（2015 年）

高刑初字第 255 号（2015 年）

南刑初字第 354 号（2015 年）

城刑初字第 108 号（2015 年）

---

① 这些判决书均可从最高人民法院网站上查到。

高刑初字第 251 号（2015 年）
高刑初字第 252 号（2015 年）
高刑初字第 277 号（2015 年）
高刑初字第 265 号（2015 年）
高刑初字第 285 号（2015 年）
高刑初字第 250 号（2015 年）
干刑初字第 72 号（2015 年）
高刑初字第 268 号（2015 年）
高刑初字第 379 号（2015 年）
高刑初字第 386 号（2015 年）
高刑初字第 259 号（2015 年）
丰刑初字第 256 号（2015 年）
高刑初字第 373 号（2015 年）
赣 0983 刑初 194 号（2016 年）
樟刑初字第 232 号（2015 年）
丰刑初字第 392 号（2015 年）
樟刑初字第 237 号（2015 年）
赣 1128 刑初 156 号（2016 年）
赣 09 刑终 7 号（2016 年）
赣 09 刑终 1 号（2016 年）
赣 09 刑终 3 号（2016 年）

（课题组组长：李雪峰；主要成员：张秋、陈慧、徐腾龙；本报告主要执笔人：李雪峰）

# 迎战舆论危机：政府新闻应急过程分析

## ——广东深圳光明新区渣土受纳场"12·20"特别重大滑坡事故

**摘　要：** 深圳"12·20"滑坡事故是近年来特别重大生产安全事故中少有的未引起负面舆论风暴，被媒体评论为"舆论引导日显娴熟""让造谣者无从下手，让批评者找不到把柄"的案例。本报告旨在详细梳理"12·20"滑坡事故指挥部"迎战舆论危机"的全过程，并借此寻找决定其成效的关键因素。通过文本研究、实地调研和关键人物访谈发现，强而有力的新闻应急指挥体系、尊重传播规律的专业工作团队、协调良好的政府—媒体关系，对于舆论危机的有效处置发挥了重大作用。

**关键词：** 舆论危机；"12·20"特别重大滑坡事故；新闻应急；信息发布与舆论引导

## 一　引言

2015年12月20日11时40分左右，深圳市光明新区的红坳渣土受纳场发生滑坡事故，造成73人死亡，4人下落不明，17人受伤（重伤3人，轻伤14人），33栋建筑物（厂房24栋、宿舍楼3栋、私宅6栋）被损毁、掩埋，90家企业生产受影响，涉及员工4630人，直接经济损失达8.81亿元。[①]

由于这起事故发生在天津港"8·12"事故之后仅仅四个半月，距"东方之星"号客轮翻沉事件和上海"12·31"踩踏事件时间也不长，所以引发了中外媒体和社会各界的高度关注。在不足一年的时间里，4起特

---

① 《广东深圳光明新区渣土受纳场"12·20"特别重大滑坡事故调查报告》，国家安全监管总局网站，http://www.chinasafety.gov.cn/newpage/newfiles/20160715szsg.pdf，最后访问日期：2017年7月5日。

别重大突发事件接连发生，人们不禁追问：中国的城市安全状况到底怎么样？深圳、天津、上海等这些"标杆性"城市的公共安全管理能力怎么样？其突发事件应对能力又怎么样？与之相关，天津港"8·12"事故应急处置过程中凸显的"信息发布和舆论引导"短板及其给党和政府形象带来的负面影响，在深圳"12·20"事故的应急处置中是否会重演？

在这样的背景下，深圳"12·20"滑坡事故，从事发的那一刻起，就引来了各路媒体的"聚光灯"和"放大镜"，引来了八方网民的"探照灯"和"显微镜"。显然，舆论风暴会紧随事故而至，深圳市委、市政府将很快迎来一场舆论危机。从以往的经验来看，这场危机产生的威胁可能并不亚于事故本身造成的损害。处理不好，党和政府的形象会随之滑坡，党心、民心也会随之滑坡。对于深圳市委、市政府来说，这是一次舆论危机处置的重大考验，是在急速启动应急抢险救援任务之后必须马上投入的另一场"战斗"——新闻舆论战。

## 二 "12·20"滑坡事故舆情发展过程

舆情或舆论，是公众关于现实社会及社会中的各种现象、问题所表达的信念、态度、意见和情绪的总和。① 它既包含正确的看法与意见，也包含偏见、错误观点或者门户之见；既有理智的成分，也有非理智的成分；既可能在公众中自然生成，也可能被有意制造。② 现代政府之所以重视舆论，在于它对社会发展和事态进程产生影响，而这种影响主要来源于"社会对偏离了共识的政府和个体有能力进行孤立威胁"。"孤立威胁"是一种社会心理学术语，换用政治学的话语来解读，就是社会、公众对于国家或政府的"不认同、不支持、疏离、甚至反对"，并由此对政权的合法性构成威胁。正是在这一意义上，舆论具有了一种社会控制功能③，"它不仅迫

---

① 陈力丹：《新闻理论十讲》，复旦大学出版社，2014，第304页。
② 阎克文：《译者前言》，载〔美〕沃尔特·李普曼《公众舆论》，阎克文、江红译，上海人民出版社，2006，第2页。
③ 社会控制对人类社会是通过不同的方式加以实施的，既可以用完全清晰可见的制度化方式进行社会控制，如通过法律、宗教、民族节日以及教育等方式，也能以公共意见的形式来发挥作用，尽管这并不是制度化的方式，但它仍然具有制裁力。这种制裁力体现为除身体上的制裁和经济上的制裁之外的心理上的制裁。参见〔德〕伊丽莎白·诺尔·诺依曼《沉默的螺旋：舆论——我们的社会皮肤》，董璐译，北京大学出版社，2013，第92～93页。

使个人,也强迫政府尊重社会的共识"。①

突发事件往往因其破坏性、超常规性、公共性,以及内在隐含的"生命体的盛衰、枯荣、生灭"等矛盾张力而引发社会关注,掀起舆论波澜。"12·20"滑坡事故亦如此,其舆论波澜与事故进程如影相随,大体分为四个阶段。

### (一)舆论爆发期(0~4小时)

媒体对于"12·20"事故的报道出现在事发一个半小时左右。这个时间点是事故信息得到官方确认的时间点。2015年12月20日13时3分,"@深圳消防之窗"发布消息称:"12月20日11时40分,光明长圳洪浪村煤气站旁山体滑坡,接警后,'119'迅速调光明、公明、特勤二中队7辆消防车、30名消防员到场处置。目前,山体滑坡已造成一栋楼坍塌,坍塌范围较大。据了解,现场有人被困,消防正在搜救被困人员。同时,各增援力量正赶往现场。"根据这一消息,一些媒体凭借自身的职业敏感性及对事件新闻价值的判断,开始调动、整合新闻资源,启动突发事件应急报道机制。

新华社的报道出现在两个半小时之后。大约在14时23分,新华社以《深圳光明新区山体滑坡致楼房倒塌,现场有人被困》为题,对事故进行了报道。该文结尾指出:"正在现场处置的消防人员说,工业园和城中村靠在一起,被吞没的也有一部分城中村。情况可能会比较严重,目前搜救队已经进驻。"该文的标题后来被一些媒体改写为《深圳山体滑坡致部分城中村被吞没,情况较为严重》,在各大网站转载。

15时3分,中央电视台对事故进行新闻报道:"11时40分,深圳光明长圳洪浪村煤气站旁山体滑坡,目前,已造成多栋楼坍塌,范围较大。据了解,现场有人被困,消防正在搜救被困人员。正在北京开会的深圳市市长紧急返回深圳,副市长在现场指挥救援。"

15时34分,中国新闻网报道:"20日11时42分,光明新区长圳红坳村凤凰社区宝泰园附近山坡垮塌,在北京开会的广东省委副书记、深圳市委书记马兴瑞和市长许勤已中断会议赶回深圳。马兴瑞批示要求组织各方

---

① 〔德〕伊丽莎白·诺尔·诺依曼:《沉默的螺旋:舆论——我们的社会皮肤》,董璐译,北京大学出版社,2013,第241页。

力量实施救援，防止次生灾害发生，许勤批示第一时间全力解救被困人员，救治受伤人员。市委常委、常务副市长张虎，副市长、公安局长刘庆生到达现场指挥救援。"

15时47分，人民网以《深圳市委书记、市长因山体滑坡中断会议赶回深圳》为题报道了该消息。与此同时，央广网、中国青年网、南方网、深圳新闻网、东方网、新浪网、腾讯网、凤凰网、网易等门户网站也对此消息进行了转载和播报。

至此，深圳"12·20"滑坡事故的新闻价值进一步凸显。原来反应较慢的媒体，也从《深圳市委书记、市长中断北京会议，赶回深圳》这一信息中读出了事故的破坏性和重要性，一些门户网站开始制作专门的页面，并开设"全部新闻""视频新闻""图片新闻""事件直播""专题头条""最新报道""新闻聚焦"等栏目，对事故进行聚合式报道。对受众较具影响力的页面有凤凰网的"深圳发生山体滑坡"、网易的"深圳洪浪发生山体滑坡：10万平方米工业园区被吞没"、科学网的"深圳滑坡事故反思"等。这些专题页面对于深圳"12·20"事故的网络传播起到了"扩音效应"。

从这一波舆论发展的态势来看，网络是信息传播的主要平台。各大媒体为了抢抓新闻，纷纷利用自己的网站和"两微一端"发布信息，内容主要采自"@深圳微博发布厅"，相对客观、真实、可靠，未出现大面积的谣言传播。

（二）舆论的升温期（4~24小时）

事发5小时之后，深圳市"12·20"滑坡灾害救援指挥部举行了第一场新闻发布会，深圳市政府副秘书长李一康发布了事故基本情况。由于之前关于事故"人员失联、财产损失、救援展开等情况"，只有零星的、不完整的信息，因此，此次发布会成为媒体报道的焦点。

这场发布会的新闻通稿有693字，分为"事故损害情况""救援投入力量""相关领导指示""省市领导工作部署"4个层次，但最终引发各大媒体竞相报道的是《深圳山体滑坡首场发布会：22栋楼房被埋》《尚有27人失联》这样的新闻标题。与此同时，网络上已有媒体爆出41人失联的信息。显然，媒体关于"22栋楼被埋"及"失联人数差距"的信息报道，给受众一种"倾向性暗示"——事故的伤亡人数可能远不止于此，还会继续攀升。

2015年12月20日19时，中央电视台《新闻联播》播出了习近平总书记和李克强总理对抢险救援工作的批示。这再次说明，这场引发了高层关注的事故并不是一般性的事故。此时，各大媒体已开足了马力进行报道。其间，一些媒体的议题设置不再局限于事故救援进程，而是转向"原因和真相"。

《未有大雨为何滑坡？》这样的报道开始出现。《南方日报》的记者称："省地质环境监测站的专家经现场勘查后指出，事故发生地点原是一个老采石场，后作为余泥渣土受纳场使用。虽然事故当天有一点点降雨，但理论上并不足以诱发山体滑坡，初步判断主要原因还是废弃堆土堆得过多过高，时间又久，且没有防护措施对堆土进行支护。而由于滑坡体位置较高，冲下来的势能很大，造成破坏较大。据目测估算，滑坡堆土量至少超过10万方。"这一非官方的事故原因解释，很快引起了网友们的关注。一时间，百度贴吧、新浪微博、天涯社区等论坛纷纷转载，各种评论和跟帖密集出现。有网友评论说："无序开发及不做事先的风险评估，是这场灾难的祸端。"也有网友追问道："弃土场是否合法？收费是否合理？政府相关职能部门有没有管理？现场又是如何管理的？"

2015年12月20日23时15分，"12·20"救援指挥部举行了第二场新闻发布会，就"灾害基本情况"、"救援工作进展"两项内容进行通报："经初步核查，此次灾害共造成33栋（间）建筑物被掩埋或不同程度损坏……截至20日22时，失联人员59人，其中男性36人，女性23人。"由于这次发布会召开的时间临近午夜，多家媒体对于其发布内容只做了简要报道，信息传播的范围并不广。

然而，当21日9时媒体从指挥部的第三次新闻发布会上获悉失联人数上升为91人时，舆论进一步升温。在短短16个小时之内，失联人数在官方的新闻发布会上，从27人上升为59人，再攀升到91人，大大超过了社会可接受的数量。面对这样一个人人都不愿意接受的灾难，媒体的报道开始转向，朝着事故原因和性质的方向追问。

从这一波的舆情发展来看，新闻发布是媒体报道的权威信息源，媒体往往给予高度的关注和期待。但是，媒体报道的焦点通常与政府希望媒体报道的焦点发生"偏差"。最初，媒体偏爱"失联人数扩大"这一"坏消息"，政府对"失联人数"认真核对，谨慎发布。而当政府坦诚释放"坏消息"时，媒体则开始追问事件的性质和原因。此时的媒体以"合法挑战者"的身份出现，以公平正义之名对危机进行"强势审判"。在政府看来，这可能会激发社会愤怨，媒体应当配合政府，越是遇险人数多、灾难大，媒体越应当向社会传递政府全力救援的决心和措施，并以此抚慰遇险者家属，凝聚全社会的信心。显然，这种不符合政府预期的"偏差"是客观存在的，它源于媒体与政府这两个主体在社会角色、利益追求、价值取向等方面的差异。恰恰是这一阶段出现的"偏差"，让政府感受到了步步逼近的舆论压力。

（三）舆论震荡期（24~72小时）

在这一阶段，网上关于"深圳滑坡系人工堆土垮塌，原有山体没有滑动"的信息逐步传播。有媒体报道称："广东省地质灾害应急专家组今天在现场开展应急调查，初步查明深圳光明新区垮塌体为人工堆土，原有山体没有滑动。人工堆土垮塌的地点属于淤泥渣土受纳场，主要堆放渣土和建筑垃圾，由于堆积量大、堆积坡度过陡，导致失稳垮塌，造成多栋楼房倒塌。"与此同时，相关的负面信息也开始传播，如"深圳滑坡事故'渣土受纳场'环评报告被删除？""深圳山体滑坡是一场赤裸裸的人祸，发生灾难的这块山地，不受控制地接纳着从城市拉来的渣土，直至超出山体极限而崩塌。"

就在网络和媒体质疑深圳山体滑坡"到底是不是天灾"之时，"@国土之声"发布消息称："深圳光明新区人工堆土垮塌事件，国土资源部高度重视，目前我部已将地质灾害应急响应由三级提升至二级，国务院相关部门已成立工作组赶赴现场指导帮助地方开展抢险救援。"

在这一阶段，深圳"12·20"救援指挥部相继召开了三次新闻发布会，分别就指挥部采取的"专业救援措施、失联人数核查与更正、生还人员救援过程及医疗救治情况"等进行信息发布，但对媒体关心的事故原因及性质，未给出明确答复。只是在21日14时30分举行的第四场新闻发布会上回应说："国务院已经派出了工作组到深圳，会很认真地查明滑坡的原因，以后我们也会非常实事求是地向大家来通报。"

从这一回应来看，深圳市新闻部门可能处在一个非常局促乃至没有任何回旋余地的空间里。对于这一敏感问题，不回应，压力巨大；回应，却没有任何可以供给的"有效"信息。种种迹象表明，这不是山体滑坡，政府心知肚明。毕竟，细心观察就会发现，"光明发布"的首条官微通报及第一场新闻发布会，就使用了"山体滑坡事故"这样的字眼。只是，大众及媒体习惯了"将滑坡理解为自然灾害"，而当"国土资源部"而非"安全生产总局"，作为国务院工作组前往现场指导工作这样的信息出现时，舆论难免会质疑深圳市政府可能"揣着明白装糊涂"、有意将错就错，甚至刻意混淆视听。如果我们把这种不能提供有效信息的回应称为"无内容回应"的话，那么针对这类敏感问题——以"无法回避—无奈回应—毫无内容"的方式呈现——对于身处事故旋涡的深圳市政府来说，或许是一种"最安全的回应策略"。但是，对于媒体和舆论来说，这就是被攻击的"靶子"。

值得庆幸的是，在72小时黄金救援期即将结束之时，田泽明的获救，帮助深圳市缓解了部分舆论压力。2015年12月23日6时40分，19岁的重庆小伙儿田泽明被救了出来，这是这次事故中被救出的唯一一个生还者。20分钟之后，救援指挥部召开了新闻发布会，通报了救援过程及其医疗救治情况。当天早上，田泽明登上了各大媒体的头条，《深圳滑坡首位幸存者田泽明》《深圳滑坡幸存者田泽明是怎么活下来的？》《幸存者田泽明父子相见：真是命大感谢大家》《田泽明：深埋67小时》等报道相继发出。田泽明的获救，给失联者的亲属们增添了一丝希望，给救援队伍增添了一份信心，给社会增添了一份温暖。在这一时间节点上，舆论场又多了一些关于科学救援、指挥部不停止搜救、加大救援力度的报道，比如《解放军报》的《灾害救援再增专业力量》《子弟兵加大深圳山体滑坡救援力度》，《科技日报》的《滑坡灾害的科学施救》等。

这一阶段的舆论态势相比于前两个阶段，有所波动和震荡，表现为大量负面、有深度、有力度的评论性议题持续涌现，如《深圳山体滑坡，谁在装睡？》《不是山体滑坡而是良心滑坡》《深圳滑坡的是城市管理不是渣土》《滑坡事故让深圳的光鲜打折扣》《深圳发生滑坡事故令人难以接受》等文章，批评深圳的公共安全管理问题，焦点集中在"天灾还是人祸？""经济光鲜与安全乱絮""社会呼吁与安全管理不作为"等议题。这些议题给深圳市的政府形象带来了一定的负面影响。

（四）舆论回落期（72~144小时）

在这一阶段，媒体报道的重心转向善后安置工作，如"失联人员家属被妥善安置""部分企业开始复工""员工入住新厂区""安置人员三天没回家：深圳滑坡大救援"等成为主流媒体的报道重点。其间，深圳市"12·20"救援指挥部共召开了三次新闻发布会，分别就"善后安置与医学救援""现场救援与危化品处置"等情况进行通报，同时向全社会做出诚恳道歉。总体来看，这三次发布会未掀起大的舆论波澜。

值得一提的是，2015年12月25日召开的第十场新闻发布会引来了媒体的广泛报道。因为，这一天的《新闻联播》播报了国务院调查组对事故调查的结论："此次滑坡灾害是一起受纳场渣土堆填体的滑动，不是山体滑坡，不属于自然地质灾害，是一起生产安全事故。"借此结论公布之际，深圳"12·20"救援指挥部趁热打铁，迅速召开了第十场新闻发布会。

2015年12月25日20时，广东省委常委、深圳市委书记马兴瑞带领相关领导班子成员及光明新区主要负责人出席了新闻发布会。马兴瑞表态："第一，坚决拥护上级对这次事故的定性。第二，积极配合事故调查组开展调查。第三，根据事故调查结论和处理意见，将依法依规依纪，该负什么责任就负什么责任，该接受什么处理就接受什么处理，该处理什么人就处理什么人。第四，这次事故损失惨重、影响恶劣，教训十分深刻，对人民群众生命财产造成巨大损失，对深圳特区形象造成极大负面影响。在此，深圳市委、市政府向所有遇难者表示哀悼，向所有遇难者及失联人员家属、受伤人员和其他受灾群众，向全社会做出诚恳道歉！"

深圳市委、市政府的表态和集体道歉得到了舆论的认同。与此同时，鉴于这场事故中舆论场表现出的平稳态势，新华社《新华每日电讯》发表评论文章《突发事件考验城市危机应对能力》称："以往一些突发事件中，有的地方因官方未及时发声导致谣言满天飞，有的地方因官员试图隐瞒真相而引发各种猜测，有的地方媒体对本地负面事件视而不见遭到网友质疑，甚至发生了不该发生的'舆论次生灾害'。而此次深圳滑坡灾害中，人们看到了信息公开的努力。"此后，该文的标题被改为《灾害不幸，应急表现可圈可点》，在网上得以广泛传播。

## 三 "12·20"滑坡事故舆论危机处置

一般而言，突发事件舆论危机管理主要由四个部分构成：一是启动新闻应急指挥体系，二是进行信息发布，三是开展舆论引导，四是服务并管理媒体采访。本部分从这四个方面梳理"12·20"滑坡事故舆论危机的处置过程。

(一) 新闻应急指挥体系：工作架构与运行机制

新闻应急指挥体系是政府做好舆论危机管理的组织基础。它是保障各功能组协调一体化应战、快速有序回应外部压力、提高舆论危机处置效能的"统合器"和"加速器"。

事故发生后，深圳市委宣传部立即启动了突发事件新闻应急机制。与此同时，中央和省宣传部门也派出工作组赶赴现场指导新闻处置工作。新闻应急指挥体系主要内容如下。

一是在前方成立了新闻宣传联合工作组，由中央、省、市三级相关部门的负责同志组成，统一领导信息发布和舆论引导工作。二是设立新闻中心，分设新闻发布、媒体接待、境外媒体管理、网络工作、协调联络、后勤保障6个小组（见图1），由深圳市委宣传部新闻、外宣、外事、网宣、网管等相关处室负责人和光明新区新闻宣传工作负责人担任组长。三是组建救援指挥部新闻发布组，由深圳市新闻办主任和宣传部一名副部长分任组长（AB角），全面负责与事故相关的记者采访、信息发布、舆情监测与引导等工作。四是启动"全市舆情综合应对指挥中心"的战时工作机制，在后方进行舆情监测与研判、舆情报告撰写，以及跨部门协调处置等工作，全力支撑前方信息发布工作的有效展开。五是实行24小时值班制度，在新闻中心、现场指挥部和舆情应对综合协调中心分设3组值班员实行24小时值班，保证前方指挥部各项指令的及时传达及前后方信息的共享。六是建立信息共享平台，组建了2个微信群，一个是"宣传工作微信群"，另一个是"境外媒体工作微信群"。这2个微信群由省、市宣传部门的精兵强将组成，主要对信息发布和舆论引导工作进行汇总、分析、讨论，为新闻应急决策提供参考建议。

在"12·20"滑坡事故中，深圳市的新闻应急工作共投入61人，形成了新闻、外宣、外事、网宣、网管等部门密切联动、协同配合的工作机制，建立了舆情"监测发现—分析研判—通报响应—信息发布—正面引导—媒体协调—网络管理"的工作流程。工作机制的良性运行以及工作流程的无缝对接，进一步提高了深圳市新闻应急工作的指挥效能，保证了新闻应急工作的灵敏高效运转。

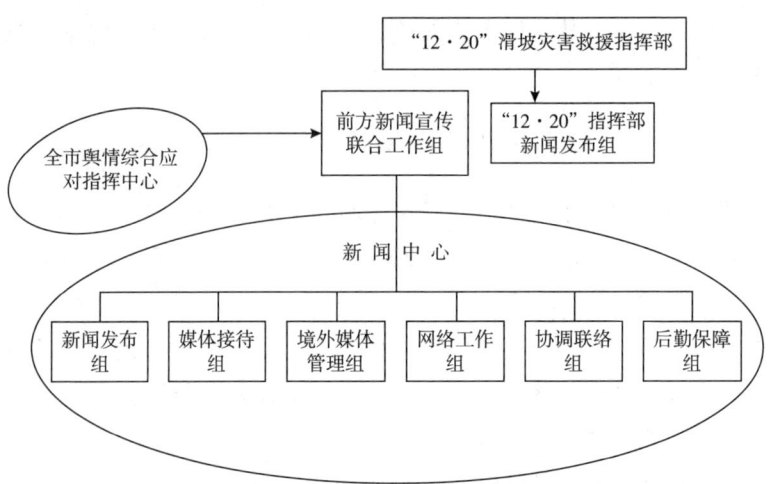

图1 "12·20"滑坡事故新闻应急指挥体系

## (二)信息发布的过程与特点

公开透明是现代法治政府的基本要求。依法重点公开"突发公共事件的预案、预警信息及应对情况"是《中华人民共和国信息公开条例》第十条第十款的明确要求。该条例还在第六条和第七条做出规定:"行政机关应当及时准确地公开政府信息。""行政机关应当建立健全政府信息发布协调机制。"信息发布作为一种较为主动积极的信息公开形式,在突发事件应急处置中占有重要地位,它起着缩小公众与政府信息鸿沟,加强政府与公众联系,提升政府公信力、执行力,保障公众知情权、参与权、表达权、监督权的重要作用。信息发布正是借助于这一作用的有效发挥,为处置突发事件创造有利的社会舆论环境。

深圳市"12·20"滑坡事故的首条信息,是由该市 34 个成员单位组成的政务微博"@深圳微博发布厅"——"@深圳消防之窗"在 2015 年 12 月 20 日 13 时 3 分发布的。① 之后,14 时 59 分,事发地官方微博"光明发布"正式向社会通报权威事故信息:"12 月 20 日 11:40 分左右,光明新区光明办事处凤凰社区恒泰裕工业园后侧发生一起山体滑坡事故,导致

---

① 通过调研发现,13 时 15 分左右,深圳市政府分别向国务院总值班室、省政府应急办、省安监局做了口头报告,市委办公厅向省委值班室做了口头报告。这意味着,"@深圳消防之窗"对外发布的信息早于政府对外信息纵向上报的时间。

工业园区多栋厂房倒塌。事发后，中央省市高度重视，深圳市和光明新区立即启动救援应急预案，成立现场救援指挥部，组织疏散人员，开展救援工作。目前，暂未发现人员伤亡。"① 这两条信息发布的时间分别距事发不足 2 小时和 4 小时。调研发现，这两个时间点与深圳市市委、市政府分别向党中央、国务院，省委、省政府及相关机构纵向"口头"和"书面"上报信息的时间"几乎同步"。这意味着，深圳在"第一时间"启动了信息发布工作。

随后，"12·20"滑坡事故指挥部召开了 10 场新闻发布会（见表 1）、1 场情况通报会。综观这"10 + 1"次的信息发布情况，主要有四个特点。

**1. 发布次数多、频度高**

在事发 12 个小时内，召开了 2 场发布会，前 4 场发布会在 24 小时之内完成，平均每 6 小时召开 1 场。2015 年 12 月 20 ~ 23 日，在 72 小时的救援黄金期内，共召开 7 场发布会，几乎每半天 1 场。这些发布会主动及时、公开透明地持续发布失联遇难人数、救援救治情况、受灾群众安置、善后工作安排等重要信息，在相当大的程度上主导了媒体报道的议程，满足了公众的知情权，最大限度地挤压了谣言传播的空间。一位港媒的记者说："自己跑料的收获，远不如守在新闻中心获得的信息那样多和快。"凤凰卫视的报道称："这次事故的谣言非常少。"新华社的评论指出："如此丰富和透明的信息量，自然让谣言失去了滋生的土壤。"②

**2. 发布层级高、可信性强**

深圳市委书记马兴瑞、常务副市长张虎、副市长兼公安局局长刘庆生等相关市领导先后参加新闻发布会，并作为发布人进行信息发布。其中，刘庆生参加 3 次发布会，2 次发布信息。市长许勤以及政法委书记、宣传部部长、市委秘书长等 4 位市委常委也参加了发布会。深圳市委、市政府相关领导参加发布会，提升了信息发布的层级，一方面保证了信息的权威性和准确性，另一方面向社会传递了政府对于事故的责任、态度和担当。

---

① 通过调研发现，深圳市委办公厅于 14 时 20 分左右分别向中央办公厅信息综合室、国务院总值班室、省委值班室、省办公厅信息综合室做了书面报告。市政府值班室于 14 时 45 分向国务院总值班室、省政府应急办、省安监局书面报告事故情况。这意味着，"光明发布"对外发布最早权威口径的时间与政府系统对内纵向上报信息的时间几乎同步。
② 《外媒：中国政府舆情应对能力日显娴熟》，参考消息网，http://china.cankaoxiaoxi.com/bd/20160104/1044361.shtml，最后访问日期：2017 年 7 月 5 日。

在突发事件中，政府领导人往往是媒体报道追踪的焦点，其一言一行常常具有很高的新闻价值和话题意义。深圳市相关领导通过新闻发布这种形式增加了在公众面前的暴露度，而其言行的诚恳度和可信性，为创造良好的舆论环境提供了有力的支持。

**3. 发布速度快、主动及时**

在 10 场新闻发布会中，有两场新闻发布会分别是在 23 时 15 分和早上 7 时召开的。对于这两个时间点，有网友认为，这是与媒体记者打错位战，在技术上压缩参加新闻发布会的记者人数。但是，在深圳市委宣传部副部长刘佳晨看来，此次信息发布工作是按照"快报事实、慎报原因、公开透明、实事求是"的原则进行的："我们掌握的一切准确信息都是第一时间发布。"[①] 这意味着，对于救援信息的发布时机，深圳方并没有太多的策略考量，如果说有的话，那就是"第一时间策略"。

**4. 发布联动性强，传播度高**

在整个信息发布过程中，实行全媒体联动发布，凡是在发布会上来不及发布的信息，都通过网络平台推送。前期以新闻发布为主、网络发布为辅；12 月 26 日之后，新闻发布会不再每天举行，而授权"@深圳微博发布厅"承担发布职责。此后，该政务微博分别在 2016 年 1 月 6 日和 12 日两次发布最新救援和处置情况，成为中外媒体报道的权威信源。截至 1 月 18 日 16 时，"@深圳微博发布厅"共推送相关微博 390 余条，阅读量近 1500 万人次，"深圳发布"微信共发布 43 个整合专题，阅读量超过 45 万人次。

### （三）舆论引导的方法与手段

"12·20"滑坡事故的舆论引导在两个领域展开：一个是媒体领域，另一个是网络领域。主要方式包括：调控媒体新闻报道的基调、设置议题广泛传播、充分释放信息覆盖舆论场、加强网络管理和引导。概言之，就是充分调动一切传播资源和手段，大幅提高信息的质和量，在舆论场形成压倒性信息优势，进而挤占负面舆论的传播空间，以对公共舆论场产生正面的引导效果。

---

① 《外媒：中国政府舆情应对能力日显娴熟》，参考消息网，http://china.cankaoxiaoxi.com/bd/20160104/1044361.shtml，最后访问日期：2017 年 7 月 5 日。

表1 "12·20"滑坡事故10场新闻发布会情况

| 场次 | 时间 | 地点 | 发布人 | 内容 | 备注 |
|---|---|---|---|---|---|
| 1 | 20日（事发当天，周日）17:15，事发后6小时内 | 现场指挥部新闻组 | 1. 副秘书长李一康、光明新区党工委副书记*；2. 光明新区党工委副书记、管委会主任邝兵；3. 深圳市公安局副局长任继光 | 1. 财产损失、人员失联情况（22栋厂房被埋，失联27人）；2. 初期救援工作开展情况；3. 相关领导工作的部署 | 1. 中间停两次电，漆黑一片；2. 发布稿称："事故"；3. 没有答问环节 |
| 2 | 20日（事发当天，周日）23:15，事发后12小时内 | 光明新区公明办事处宝明城大酒店三楼会议室 | 1. 应急办主任杨峰；2. 光明新区党工委副书记、管委会主任邝兵；3. 深圳市公安局副局长任继光 | 1. 续报财产损失、人员失联等情况（33栋建筑物被埋或受不同程度损害，失联59人）；2. 救援工作进展，公布救援总指挥、副总指挥人员构成，以及救治安置、救治等工作进展 | 1. 发布稿称：系山体滑坡"灾害"；2. 对于事故原因，发布人员未透露，表示次日将会有专业人士予以解答；3. 没有答问环节 |
| 3 | 21日（第二天，周一）09:00，事发后22小时内 | 光明新区公明办事处宝明城大酒店二楼鸿福厅 | 1. 副市长兼公安局长刘庆生；2. 应急办主任杨峰；3. 光明新区党工委副书记、管委会主任邝兵 | 1. 续报损失、失联人数（91人失联）；2. 救援统筹领导工作、失联人员核查科学施救、安全施救细节；3. 表态做好72小时黄金救援期工作 | — |
| 4 | 21日（第二天，周一）14:30，事发后27小时内 | 同上 | 1. 深圳市住建局局长杨胜军；2. 岩土工程专家中国铁路科学研究院研究员刘国楠 | 1. 专业救援情况通报（打通4个救援通道，大型机械可进入现场，准备打开6个工作面，同时逐层剥离）；2. 救援难度与复杂性 | 14:40左右胡春华、王勇到达现场，指导救灾，慰问伤员，回应外界关于"事故原因"的关系，称需要等国务院调查组的结论 |

续表

| 场次 | 时间 | 地点 | 发布人 | 内容 | 备注 |
| --- | --- | --- | --- | --- | --- |
| 5 | 22日（第三天，周二）15:00，事发后52小时内 | 同上 | 1. 深圳市副市长刘庆生；<br>2. 深圳市住建局副局长杨胜军；<br>3. 光明新区党工委副书记、管委会主任邝兵 | 1. 发现1具遇难遗体，提议沉重哀悼；<br>2. 失联人员人数及其核实方法（76人失联）；<br>3. 救援进展（从35个作业网格，挖出了16个重点网格，挖出3栋不同构造的建筑物） | 没有答问环节 |
| 6 | 23日（第四天，周三）07:00，事发后68小时内 | 同上 | 1. 武警水电指挥部司令员岳曦；<br>2. 广东省公安消防总队总队长王郡社；<br>3. 深圳市救急中心副主任周强；<br>4. 广东省公安消防总队训练处处长高存义；<br>5. 深圳市人民医院脑神经外科戴黎萌；<br>6. 深圳市第二人民医院神经外科王以国 | 救援成效：幸存者田泽明获救过程及救治情况 | 记者提问："72小时黄金期即将结束，救援计划是否要改变？"回应说："没有接到停止救援的要求，一如既往，全力以赴，加快速度，提高效率，加快精准探测，加快救人" |
| 7 | 23日（第四天，周三）17:30，事发后78小时内 | 同上 | 1. 深圳市委常委、常务副市长张虎；<br>2. 深圳市住建局局长张飞；<br>3. 深圳市民政局局长廖远飞 | 1. 救援结果（77小时过去，共救出1名幸存者，发现4具遇难遗体）；<br>2. 救援推进情况（加大挖掘搜寻力度，集中兵力，争取重大突破）；<br>3. 安置工作推进情况（成立76个工作组，已接待51名失联人员家属200多人）；<br>4. 下一步工作（不言放弃，不停止救人，补充救援力量；防范次生灾害；在国土部工作组的领导下，实事求是做好灾害原因调查；失联人员核实及家属安抚） | — |

续表

| 场次 | 时间 | 地点 | 发布人 | 内容 | 备注 |
|---|---|---|---|---|---|
| 8 | 24日（第五天，周四）15：00，事发后100小时内 | 同上 | 1. 深圳市政府副秘书长朱廷峰；<br>2. 深圳市卫生和人口计生委主任罗乐宣；<br>3. 国家、省、市联合医疗专家组专家石广利；<br>4. 医学专家组副组长、南方医科大学南方医院创伤骨科专家林昂如；<br>5. 深圳市疾控中心副主任马汉武；<br>6. 深圳市突发事件心理危机干预专家组组长刘铁榜 | 1. 善后安置（安置也是救灾，安置越周到，救灾越有利）；<br>2. 医学救援（17名伤员，出院2人，在院治疗15人；270位失联人员的家属，1779名员工得到妥善安置安抚） | — |
| 9 | 25日（第六天，周五）17：00，事发后126小时内 | 同上 | 1. 深圳市住建局局长杨胜军；<br>2. 光明新区安全生产监督管理局局长李健男 | 1. 工程救援情况（强调扩大范围搜救，绝不放弃）；<br>2. 危化品处置情况 | 主持人强调提问围绕"现场救援"展开 |
| 10 | 12月25日（第六天，周五）20：00，事发后129小时内 | 同上 | 1. 广东省委副书记、深圳市委书记马兴瑞；<br>2. 市委副书记、市长许勤；<br>3. 市委常委、政法委书记李华楠；<br>4. 市委常委、常务副市长张虎；<br>5. 市委常委、宣传部部长李小甘；<br>6. 市委常委、秘书长郭永航；<br>7. 副市长、公安局长刘庆生；<br>8. 光明新区党工委书记张恒春；<br>9. 管委会主任邝兵 | 马兴瑞代表深圳市委、市政府，向全社会做出诚恳道歉 | — |

\* 《深圳山体滑坡灾害现场直击 救援仍在继续》，南方网，http://sz.southcn.com/content/2015-12/20/content_139205184.htm，2015年12月20日，最后访问日期：2017年7月5日。

**1. 调控新闻报道基调，避免次生舆情风险**

"科学引导、理性引导、温情不煽情"是调控"12·20"滑坡事故舆论的基本原则。根据这一原则，凡是与灾难悲伤气氛不协调、易于引发质疑炒作的正面题材，一律不报道。"12·20"滑坡事故救援指挥部吸取了以往突发事件主流媒体新闻报道产生次生舆情灾害的教训，对于消防员救援现场火线入党、新闻通稿突出领导重视等内容一律不安排媒体宣传。对于首名幸存者田泽明获救、深圳各界捐款捐物献爱心等也只进行适度报道，力图在信息源头上避免产生负面舆情风险。中央、省、市宣传部门多次联合召开主要媒体新闻通气会，要求媒体不渲染、不煽情、不拔高，把重点放到"全力救援和体现人文关怀上"，用质朴、平实、温情的方式就事说事。事后，一些到场采访的记者表示："从业这么久，第一次听到宣传部门领导一直在提醒媒体不要煽情、不要拔高、不要片面求快，要温情、要平和、要就事说事、要体现人文关怀、要多为失联人员家属着想。"与以往突发事件报道过度正面引导相比，这种灾难报道理念更实事求是、更自然，也更容易为公众和舆论所接受。

**2. 主动设置议题，创新传播方式**

"12·20"滑坡事故前方新闻宣传小组组织撰写了多篇评论，如《倾力救援是最深沉的悼念和担当》《灾害降临，记录一座城市的表情》《冬至饺子的温暖——深圳滑坡事故受灾群众安置点见闻》《深圳事故，坚持公开和坚持救援同样重要》《你理性，因为你爱深圳》等文章。这些文章跟随事故救援的节奏，在不同时间节点推出，目的是把网民关注的焦点引向救援、善后安置、家属安抚等一些重要问题上，引导公众理性地看待事故，不过度发散。与此同时，组织南方网对重点文章进行二次创作，比如对于新华社《灾害降临，记录一座城市的表情》这篇通讯，制作了以"这座城、这些人"为总题、适合手机端传播的 H5 系列动画纪实作品，在救援处置和舆情发展不同阶段适时推出。另外，考虑到分众化、差异化传播的背景下，一套话语满足不了所有人、一个腔调难以唱遍天下，制作了"黄金72小时救援记""救援第一线　光明的温度""此刻，我们都是你的亲人"等 H5 动画，或配以激昂斗志的音乐，或配以舒缓温情的音乐，给公众以强烈的视觉冲击力和情绪感染力。这些动画经全网推送后，阅读量突破80万次，参与互动的网友近6万人，起到了良好的正面传播效果。

### 3. 充分整合媒体资源，大量释放信息覆盖舆论场

据深圳市宣传部门统计，截至 2016 年 1 月 18 日 16 时，中央、省、市媒体和新闻网站共刊发稿件 6396 篇，发挥了舆论引导主力军的作用。其中，人民日报社、新华社、中央电视台、中央人民广播电台中央主流媒体共刊发 370 篇报道，在舆论引导方面发挥了"领头羊"的作用，为整个舆论态势向好发展提供了强有力的支持。深圳市各媒体在整个救援过程中，共刊播 1400 篇相关报道。这些报道广泛覆盖舆论场，为有效引导公众舆论提供了强大的信息资源。在广告学中，有几个重要的概念，比如"覆盖面"和"播放频率"和"到达率"。信息是否被有效接受，与信息覆盖的范围、信息发布的次数、受众关注的程度等有密切关系。在通常情况下，发布的范围越广、次数越多，受众的关注越强，信息的传播效果就越好。

### 4. 加强网络管理，突破网络评论一律唱赞歌的套路

深圳市舆情应对综合协调中心与广东省网信办实行 24 小时联动，开展网络全平台监看、平衡与处置。针对网络质疑、追责、猜测、造谣、谩骂、诋毁等不良信息，采取"先抑后扬"的发声策略和技巧，首先指出事故不该发生，查明原因、追究责任是国务院调查组的工作职责，继而肯定深圳信息发布及时透明，强调要以人为本、尊重生命、冷静思考、理性看待，不瞎猜、不妄议，讲科学、信专业，当务之急就是全力救人，引导网民为救援队伍鼓劲、为失联者祈祷。而对一些批评、追责、反思的帖子，只要不涉及造谣生事、恶意攻击的内容，容许其存在，同时用积极正面的跟帖去平衡和对冲。这样，既维护了网民表达意见乃至宣泄情绪的权利，有助于全面真实地呈现事故舆情，又跟帖评论更显客观、理性，更有感染力、说服力。事实证明，权威的网络评论和新闻跟帖不能也不应回避矛盾和问题，而应实事求是、还原真相，以理服人、以情动人。[①] 从传播学的角度来看，这属于"参与式传播"，即通过为受众提供足量的信息和正反两个方面的观点，让受众自己做出判断和选择。"参与式传播"强调对受众的影响不是通过说教和发号施令完成的，而是通过发挥受众的自主意识、认知力和判断力来完成的。

---

① 《〈中国记者〉刊文高度评价深圳"12·20"滑坡事故新闻舆论应对》，网易新闻，http://news.163.com/16/0917/21/C16REPUD00014SEH.html，最后访问日期：2017 年 7 月 5 日。

## （四）媒体服务与管理的主要工作内容

据统计，此次事故共有 82 家媒体 537 名记者参与了事件报道。其中，外国媒体 17 家 42 人，港澳媒体 12 家 42 人，中央媒体 14 家 137 人，广东省媒体 15 家 91 人，深圳媒体 17 家 211 人，外省市媒体 7 家 14 人。如此多的新闻媒体迅速从四面八方会聚深圳，提出各种各样的采访、食宿、交通等需求，对于深圳市政府新闻办来讲，是一个巨大的挑战。"12·20"滑坡事故的媒体服务与管理工作主要包含三个部分的内容。

**1. 后勤保障**

对于深圳市政府新闻办来说，记者接待和管理的压力随着事件的突然发生而陡然增大。据统计，2015 年 12 月 21～25 日，平均每天需要为媒体保障的用餐量为 150～250 人，用房量为 130～200 间。尽管这一数量与整个救援工作总计保障的供餐量 634450 份，用房 4143 间，用车 1572 台，接送 7134 人等相比，少之又少，但是对于长年缺少设备、车辆等后勤保障支撑的新闻部门来说，已经构成了很大的压力。在新闻宣传前方联合工作组的领导下，按照预先确定的工作分工，光明新区宣传部门配合市委宣传部，主要负责媒体记者的住宿用餐安排、记者登记管理、采访证的制作发放、车辆调配、会务准备、通信设备等各项后勤保障工作。

**2. 核心区采访管理**

对于媒体来说，"危机就是机遇"。突发事件发生后，绝大多数媒体都希望在第一时间赶赴现场采访报道、拍摄画面，但对于救援工作来说，黄金救援期的唯一要务是争分夺秒地救人，加之初期的救援现场往往存在次生灾害的隐患，基于人身安全考量，救援指挥部通常会拒绝媒体在第一时间赶往核心区进行采访的要求。而这正是媒体与政府之间产生摩擦的原因。基于"善待媒体、善用媒体"的考量，在"12·20"滑坡事故中，宣传部门一直努力为记者们寻找并争取合适的采访机会。一方面，他们与警方协调在事故现场设置警戒线和采访区域，对进入事故救援核心区的记者实行凭证管理。另一方面，为保证记者在事故核心区的采访既不干扰现场救援，又能满足采访报道需求，新闻中心组织中央、省、市以及境外主要媒体记者前往事故核心区采访 13 批次，有效协调相关部门对授权采访的记者予以配合。这项工作得到了大多数记者的理解和认可。

### 3. 素材供给

为记者提供素材也是媒体服务的一部分。深圳市宣传部门除了给记者们提供新闻发布会的通稿之外,还通过设立公共邮箱、记者微信群等方式为记者提供新闻素材。关于此次事故,深圳市宣传部门总计向新闻媒体提供300多条视频、图文和文字信息。值得注意的是,微信群成为这次事故媒体服务的重要工具。通过微信群,深圳市新闻办发布采访线索和重要通知。对于记者的不合理要求或不理解情绪,也通过微信群加以解释说明和疏导。对于微信群中一些外国媒体记者发出的不和谐声音,一些境内媒体记者也主动进行引导或反击。与此同时,充分尊重媒体的采访需求,灵活机动安排采访。比如,在田泽明被救出后,大批记者聚集在光明中心医院,面对这种情况,深圳市政府新闻办没有要求记者撤离,临时协调医院院长出面进行情况发布。田泽明父子见面后,一些媒体急切希望拍摄到现场画面,但为了保证医疗救治工作的正常进行,新闻办采取折中办法,请媒体选出代表进入病房拍摄,并要求进入病房拍摄的媒体将现场采访的资料提供给所有登记的媒体,这既保证了所有媒体的采访需求,也没有对救治工作造成干扰。

## 四 结论与启示

深圳"12·20"滑坡事故是近年来特别重大安全生产事故中少有的未引起负面舆论风暴,且被媒体评论为"舆论引导日显娴熟""让造谣者无从下手,让批评者找不到把柄"的案例,属于"最佳实践"类型。综观其舆论危机处置的全过程,有四个关键要素发挥了重要作用。

### 1. 强而有力的新闻应急指挥体系

新闻应急指挥体系离不开领导系统、功能架构和联动机制三个要素。在"12·20"滑坡事故的新闻应急过程中,领导系统发挥了强大的作用。在调研中发现,深圳市委书记马兴瑞在接到事故信息的报告后,第一时间做出批示,强调"注意引导舆情"。市长许勤同样强调"向媒体通报权威信息",其他相关市委常委也分别要求"正确引导舆情""切实做好现场媒体记者的管理协调工作"等。深圳市委、市政府领导对于舆情引导的重要性形成了高度的共识,这是做好这项工作的重要前提。在救援期间,马兴瑞确定了每场发布会的发布主题和发布人,① 许勤审改了政务微博的发布稿。与此同时,中央、省、市三级宣传部门及主要领导靠前指挥,形成了舆论引导三级联动的合力。

这些表明,新闻应急在"12·20"滑坡事故处置中被指挥体系视为一项重要的工作,而这是决定这场新闻应急战成败的关键。"舆论场"与"事故现场"是应急处置的两条战线,同等重要,应当同步研究、同步部署,让两者同频共振、互相促进。但是,这一观念在应急管理的实践中并未得到应有的、普遍的重视。在以往多次重大突发事件的处置中,指挥体系的领导们更重视生命的实体救援,忽略舆论场的信息救援及社会心理救援。这可能缘于事件处置的"可见的急迫性",人们更关注眼前的抢险救援、生命救护、大火扑灭等"事的部分",而无暇顾及不可见的政府形象、社会信任、公共道德、价值倡导、个体情感与尊严等"人的部分"。但是,恰恰是"人的部分"构成了危机之不确定性和破坏力的真正根源。这里,我们无意分析为什么有的指挥体系更为重视新闻应急,有的指挥体系忽视新闻应急,而是想明确,一场有效的新闻战离不开领导系统的重视和支撑。

领导系统对于舆论应急的支撑主要表现在两个方面:一方面是"信息发布第一责任人"的角色,即对于突发事件信息发布重大事项的决策与指挥;另一方面是"信第一新闻发言人"的角色,即参加新闻发布会、接受媒体采访,善用媒体宣讲态度立场、政策主张、引导社会情绪、推动实际工作。在"12·20"滑坡事故中,深圳市委、市政府及光明新区党政负责人通过新闻发布会向社会鞠躬道歉,彰显了政府对生命的尊重、对责任的担当,在滑坡事故舆情很可能因定性结论而升级转向的关键节点,快速反应,地方主要领导直接诚恳表态,主动缓释了可能掀起的舆论风暴。因此,在特别重大事件上,主要领导不失声、不失语,果断决策、敢于担当,充当第一发言人的角色,对于突发事件舆论引导能够产生的良好效果。

除此之外,新闻应急的指挥架构与工作机制也是保障突发事件信息发布与舆论引导工作有效展开的基础。鉴于前文已对其进行了详细解释,此

---

① 大体上根据外部关切提出发布议题和发布内容建议,一般按照谁主管、谁了解,谁就做发言人,谁了解哪方面的信息、谁就做哪方面的发言人这一思路安排每场新闻发布会的发布人。

处不再赘述。总的来看,高效的新闻应急指挥体系,尤其是领导系统的支持及其角色作用的发挥,在这场新闻战中功不可没。

**2. 尊重新闻传播规律的专业团队**

"12·20"滑坡事故从一开始就定下了"及时主动、公开透明、实事求是、坦诚负责"的原则。在这一原则指导下,前方联合新闻宣传小组采取了"少量多次、短小精悍"的高频度信息发布方式。这是一种"积极主动快攻型"的发布方式,在事发初期与网络舆论的博弈中,快速占据了优势,成为权威信息源;与此同时,也让采访记者逐步形成参加发布会并从发布会上获得准确信息的习惯。尤其是在信息的"黑箱期",各方对于信息产生强烈渴求,这种信息供给方式对舆论产生了有效牵引。从近年来发生的几起重大突发事件来看,"东方之星"号客轮翻沉事件采取的也是这种方式,同样取得了不错的效果。

这种"积极主动快攻型"的新闻发布方式,对于调控信息发布节奏的能力要求很高。就发布节奏而言,太密了不行,会造成"为发布而发布"的局面,在内容上也会"炒冷饭";但是间隔时间太长也不行,会让官方信息出现空档,为谣言滋生提供条件。因此,要求掌控者恰当地把握发布节奏。而且,在整个舆情处置过程中,发布节奏不是一成不变的。该发布时,稳扎稳打一场一场地发布,一有信息立即发布,不超过接报信息1小时,也不论是午夜还是凌晨;不该发布时,让该冷的议题冷下去,在舆论回落期,用网络发布取代面对面的新闻发布。

在舆论调控的方法上,"12·20"滑坡事故新闻应急的重点不是运用公权力打压封堵、取消意见的多样性,而是释放信息、对冲舆论,引导公众理性,寻求共识和对话。这主要体现在其对网络舆论的管理中。在传播策略上,摒弃以往过度正面宣传的方式,反对渲染、拔高,强调适度、自然,与此同时,通过议题设置进行"润物细无声"的引导。在传播方式上,注重差异化、分众化传播,通过运用H5动画增强对特定人群的传播效果。这些调控和引导的方式方法,很好地适应了全媒体时代媒体格局、舆论生态、受众对象、传播技术的变化,在理念、策略和技术上有较为系统的突破。

在调研中我们发现,迎战此次舆论危机的工作团队,无论是领导还是工作人员,都有多年的新闻应急工作经验,很多人参与过2008年南山"2·27"重大火灾、2010年龙岗"9·20"重特大火灾、2013年光明新区

"12·11"大火处置工作。信息发布和舆论引导是一个专业性很强、对经验要求较高的工作,尤其是突发事件新闻处置,更需要熟知新闻传播规律、了解舆论生态变化,能够在政府与媒体、政府与公众之间快速、有效架起沟通桥梁的发言人团队做支撑,而这个团队往往需要多年的历练、重大事件的洗礼、相对稳定的构成,才会成熟。深圳"12·20"滑坡事故舆情应对被外媒评价为"日显娴熟",这不是策略和技术上的"日显娴熟",而是团队的"日显娴熟",唯有团队的"日显娴熟",才能在不同类型、不同性质的危机情景中,在瞬息万变的舆论环境中,把握住"时—度—效"的关系,进行策略和技术上的创新。

### 3. 协调良好的政府与媒体关系

在现代社会,媒体拥有独特的社会功能。"瞭望者""灯塔""雷达"等是人们对媒体角色和功能的经典比喻。它善于发现危机,也偏爱危机,更善于干预危机和审判危机。媒体通常被奉为"社会公器和公共利益代言人",面对危机,它并非简单地呈现和转述危机,而是以追求真相、关爱弱者、促进公平正义为己任,致力于创造社会共识和开展舆论监督。①

在诸多被定义为"人祸"的事件中,媒体与政府常常发生冲突,矛盾点在于媒体往往先于政府处置进程、挖掘真相、追问责任、衍生话题,而政府在事故调查结论未做出之前倾向于回避相关敏感问题。换句话说,媒体的"信息需求底线"与当事主体的"信息输出底线"未必总是协调一致的。在这种情况下,如果政府对媒体打压或躲藏,就会招致舆论的指责。在突发事件的舆论波澜中,媒体是一个积极的舞者,它对当事政府具有"合法的挑战权",因此,媒体不只是作为一个镜子,呈现危机的样貌,它还是危机图景中的另一个主体,构成危机进程的一部分。在这个意义上,舆论危机应对"成也媒体、败也媒体"。

"12·20"滑坡事故尊重媒体的职业角色,为媒体争取采访机会,提供采访便利,在一定程度上柔化了媒体与政府的情感和关系。正如有研究者提出:"在决定'说什么'和'怎么说'之前,优秀的对话者会首先调整、设计好自己与对方的言说语境。语境是空间与时间、情感与地位、内容与关系等多重变量构建的话语场域,良好的情感和关系显然有利于进一步沟通。因此,为媒体创造必要的工作条件,并非拉拢、收买媒体——这

---

① 胡百精:《危机传播管理(第三版)》,中国人民大学出版社,2014,第135页。

只会加剧和引爆新的危机。"① 为媒体创造必要的工作条件，为其采访提供帮助，是为了创造最充分的对话条件。

媒体是危机进程中，除了消防、医疗、公安等这些"第一响应者"之外的另一个"第一响应者"，它不置身于政府依法行使的"突发事件管理权"之外，但是，政府与媒体的关系，不能仅仅通过"管理权"来实现。在新型的传播格局与舆论生态条件下，政府与媒体的关系，还需要通过"尊重"和"影响"来实现。因此，对于媒体，不能莫不在意地"应付"，不能利用各种公关技巧"忽悠"，更不能利用权力或不良手段"对付和摆平"，而应当尊重媒体、服务媒体、运用媒体，发挥其对于危机管理的建设性作用。

### 4. 有力有效的实体救援处置

实体救援处置与信息发布工作互为里表，是突发事件处置的一体两面。没有实体工作的支撑，信息发布就是无源之水、无本之木，难以取得预期效果。重大舆论之所以能够平息，根本原因在于现实层面矛盾和问题的有效解决。

"12·20"滑坡事故实体处置的重点任务有两项，一个是现场的抢险救援，另一个是善后安置。在一般情况下，前一项工作在黄金72小时基本可以结束，深圳"12·20"滑坡事故由于滑坡覆盖面积约为38万平方米，相当于50个足球场的大小，且余泥渣土厚度达数米和数十米不等，给救援增加了难度，直到23日6时40分才救出一个幸存者。这样的救援结果对于社会公众来说，既是喜，也是忧。喜的是，幸存者的获救给家属和救援部队增添了希望和信心；忧的是，黄金救援期即将结束，还有多少人能生还值得怀疑。在这种情况下，媒体关注"政府的救援工作是否要马上转入善后，还能否继续坚持救援？"这一疑问在77个小时过去的第七场新闻发布会上得到了回应："投入重兵救援""用光学雷达、地质雷达、高密度电法等手段探测""进行9次地毯式排查""加大救援力度""集中兵力在7个重点搜救点全力突破"，这些回应既彰显了政府"不放弃、不抛弃"的决心，也表明了政府施救方案的科学性、专业性和务实性。

有媒体评论指出："信息越透明，救援越有力。"显然，信息透明能够为救援提供强有力的监督作用，激励政府提高救援的效率，为政府救援创

---

① 胡百精：《危机传播管理（第三版）》，中国人民大学出版社，2014，第139页。

造了一个监督和激励的社会心理环境。反过来,"救援越有力,信息越透明"也是成立的,毕竟,有力、有序、有效的救援,能够为信息发布提供"真材实料",有助于提升公众对政府的信任度。

事实上,"信息透明"与"救援有力"两者能够形成相互增强的良性互动关系。如果在突发事件处置过程中,决策指挥体系对这两者间的良性互动关系有更为清醒的认识,能够恰当把握两者之间的"同步性",让彼此"合拍协调",将有助于提升事件处置的行政效能。

## 五 余论

深圳"12·20"滑坡事故的舆论危机处置工作,被媒体评论为"舆论引导日显娴熟""让造谣者无从下手,让批评者找不到把柄"。与近年来安全生产领域发生的几起特别重大生产安全事故相比,也是少有的未引发严重舆论风暴、未引发次生舆情灾害的案例。

纵观其迎战舆论危机的全过程,指挥体系确立的原则——"及时主动、公开透明、实事求是、坦诚负责"——得以贯彻执行,信息发布的工作效率较高,舆论引导顺应了新闻传播的基本规律,无论是新闻应急领导体系还是新闻应急工作团队,无论是新闻应急的决策环节还是执行环节,都凸显出"积极、慎重、有为"的特点,整个处置较为规范、稳妥,取得了较好的效果。

但是,也有一些值得反思的地方。比如,每场发布会准备时间不多,这要求发布团队能够快速地从"平时状态"切换到"战时状态",具备专业、高效的工作能力,快速适应不确定性极强的舆论环境。事故发生后,多场新闻发布会高频度举办带来的挑战表明,要进一步完善新闻发布制度,增强新闻发布团队的稳定性,加强对新闻发布团队的培训。再如,对于敏感问题的回应不甚及时。根据监测,2015年12月20日事故发生当天,舆论关注的焦点52%集中在受纳场的运营及监管,22%集中在受纳场环保审批和设立合法性等敏感方面。但是,在多场新闻发布会上,政府的议题集中在救援处置工作上,对于此类问题的回应显出淡化和弱化的倾向。还有,在整个救援指挥体系中,新闻发布工作组的工作虽得到领导重视,但在实际工作中,仍然遇到相关实体处置部门不理解、不支持等情况。调研发现,在信息发布过程中,宣传部门面临的最大困难有两个:一是向各部门要信息,二是推动发布者走上发布台。这意味着,突发事件信息发布工作在政府系统内部仍未得到一致性的认识和充分的重视。因此，需要进一步加强新闻发言人培训，以增强各层级领导干部的媒介素养。

总的来看，面对重大复杂突发事件引发的不利舆论环境和社会情绪，如何做好信息发布与舆论引导工作，将政府的"好做法"用"好声音"传递出去，增强政府的公信力和凝聚力，加强党和政府对于社会的影响和引领作用，是一个时代主题。这个时代主题自2003年中央提出建立健全国务院新闻办、中央各部门、各省区市人民政府三个层次的新闻发布制度以来，就不断地得到来自实践的探索与回应。深圳"12·20"滑坡事故新闻应急工作虽然对此主题做出了自己的回答，属于近年来不多见的最佳实践，但仍然有"留白"。换言之，关于这一时代主题，我们还期待着更好、更完美的实践创新。

（课题组组长：王华；主要成员：王华；本报告主要执笔人：王华）

# "新闻搭车"现象研究

## ——黑龙江"5·2"庆安火车站枪击事件

**摘 要**：一起枪击案，激起庆安民众的举报潮，导致网络上集中出现揭发当地官员贪腐、滥权等举报内容，这是典型的"新闻搭车"现象。黑龙江"5·2"庆安火车站枪击事件的案例研究，旨在通过梳理事件发生发展的过程，剖析"新闻搭车"现象的基本特征，并在分析该现象出现的原因的基础上探讨解决之道，以期在更深层次上掌握互联网舆情发生发展的基本规律，以及政府回应社会关切的内在规律。这对于进一步转变政府执政理念和执政方式，将网络问政内化为常态的网络执政，真正做到以权威信息发布来抢占舆论高地，引导舆论，塑造政府开明形象，提升政府的公信力，具有十分重要的现实意义。

**关键词**：庆安枪击事件；"新闻搭车"；舆论引导

2016年5月2日下午，在黑龙江省绥化市庆安县火车站，执勤民警李乐斌开枪击毙不听劝阻的男子徐纯合。这起枪击案，激起舆论对民警开枪行为是否合法的追问以及对官方拒不公开监控视频的质疑。这些质疑推动着舆情不断升级，并衍生出庆安民众的举报潮，网络上集中出现揭发当地官员贪腐、滥权等举报内容。

这是典型的"新闻搭车"现象，即当公众把注意力集中到枪击案主体新闻事件时，与此地域相关的、以往难以受关注的问题集中爆发出现在公众视野，举报人会趁社会注意力和各方面力量聚集的时刻寻求解决自身问题。那么，"新闻搭车"现象是如何出现的？具有哪些特点？如何才能有效避免这一现象的产生？这些，都是本案例致力于研究的主要内容。

## 一 庆安枪击事件过程描述①

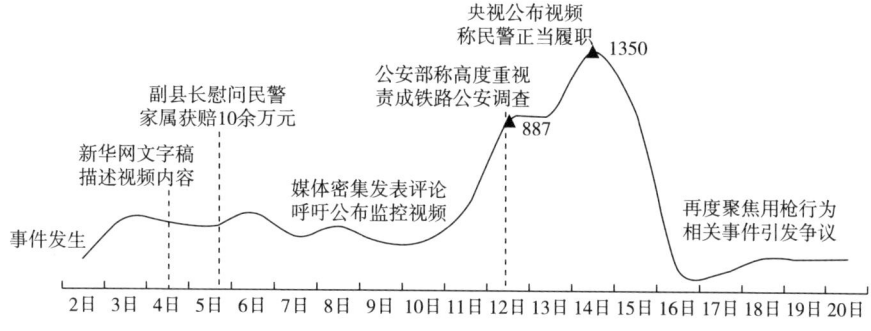

**图 1 黑龙江庆安枪击事件舆情趋势**

资料来源：《黑龙江庆安枪击事件舆情研究》，法制网舆情监测中心，http：//www. legaldaily. com. cn/zfzz/content/2015 - 05/27/content_6100487. htm，最后访问日期：2017 年 7 月 5 日。

### （一）案发

2016 年 5 月 2 日下午，黑龙江省绥化市庆安县农民徐纯合带着母亲和三个儿女去大连走亲，在庆安火车站候车大厅与执勤民警李乐斌发生冲突后，将自己的女儿扔向李乐斌，抢走李乐斌携带的警具并抢夺枪支，被李乐斌开枪击倒身亡。

**1. 官方回应**

哈尔滨铁路局铁路公安处宣传处称，5 月 2 日 12 时许，民警在哈尔滨铁路局管内庆安站候车室安检口拦截旅客进站乘车时，一中年男子不听劝阻并抓住一名五岁儿童向执勤民警抛摔，抢走民警携带的警具并抢夺枪支。随后该男子被民警开枪击毙。

**2. 舆情反应**

5 月 2 日 18 时 7 分，东北网发布快讯称，当日中午，黑龙江绥化市庆安火车站发生一起枪击致人死亡案件，引发舆论关注。

---

① 有关庆安枪击事件的经过，主要参考以下资料：《黑龙江庆安枪击事件舆情研究》，法制网舆情监测中心，http：//www. legaldaily. com. cn/zfzz/content/2015 - 05/27/content_6100487. htm，最后访问日期：2017 年 7 月 5 日；《高压难疏一声枪响——关于庆安枪击事件的舆情思考》，红网舆情中心，http：//yuqing. rednet. cn/Article. asp? id = 316708，最后访问日期：2017 年 7 月 5 日；《舆情分析：庆安枪击事件引发的舆论反思》，中青舆情，http：//zqyq. youth. cn/2015/0515/1203527. shtml，2015 年 5 月 15 日，最后访问日期：2017 年 7 月 5 日；《庆安枪击事件舆情"拔萝卜带泥"》，《新京报》2015 年 5 月 14 日。

5月2日20时许，新华网报道称，哈尔滨铁路公安局通报"系铁路民警在处置一起危及旅客生命安全的突发事件时开枪"。通报称："男子在安检口处拦截旅客进站乘车，执勤民警予以制止，该男子不听劝阻，并抓住一名五岁左右幼童向民警抛摔，抢走民警携带的警具，并抢夺枪支。为确保现场旅客生命安全，执勤民警开枪将其击倒在地。"

《南方都市报》报道，事发当天，45岁的徐纯合带着八旬母亲权玉顺和三个儿女准备去往大连，车站安检人员认识他们，以为他们又要赴外地上访。家属介绍说，此前徐纯合多次上访，是想把自己的儿女送入福利院，把母亲送入敬老院。

当日，新浪网、凤凰网等各大门户网站跟进报道此事，百度搜索相关报道达138篇，新浪网相关报道网友跟帖达7.5万条。大部分网友表示："如果是抗拒执法，威胁他人生命安全，可以击毙。"但是，也有网友质疑："制服一个带老母、幼儿，明显是临时起意、手无寸铁的人需要击毙吗？"

当晚，中新网采访死者母亲，其表示当时和儿子带着孙子孙女乘车，不知什么原因儿子和警察发生冲突，随后被击毙。

（二）发酵

5月3日，男子倒地、幼儿站在身边、母亲瘫坐在地等现场图片曝光，引发更多网友质疑："在孩子面前，击毙是不是唯一手段？"还有部分网友表示："警察不可能乱开枪，等结果吧。"

5月4日，徐纯合的家庭信息在论坛、微博、微信上广泛流传。其中一则消息称，徐纯合体弱多病，其母带他的三个孩子乞讨为生，因多次求助政府无果，此次打算到北京告状，在车站被截访发生冲突后被击毙。尽管该消息以"求证"的形式流传，但诸多网友均因此而表示同情，呼吁公布监控视频。

5月4日17时13分，新华网黑龙江频道发布报道《哈尔滨铁路公安还原黑龙江庆安县枪击案现场》，称检察机关已介入调查，新华社记者已于3日晚看到监控视频。报道中还对视频内容以文字形式做了详细描述，并明确被击毙男子名为徐纯合，开枪民警名为李乐斌，称徐纯合向民警抛摔的孩子系其女儿，但民警以为是其他乘客的孩子。该报道还称，两人在抢夺警棍的过程中，徐纯合曾扬言："你有枪咋的，抢过来就是我的。"哈尔滨铁路公安处刑警支队队长赵冬滨介绍说:"在民警口头警告无效的情况下,民警手背又已受伤,如果枪被抢走,后果不堪设想。"当晚,该报道被转载 152 次,腾讯网相关报道跟帖量逾万条,部分网友坚称:"打腿不行?没必要击毙!"还有网友称:"主流媒体出来背书,截访看来是真的!"

5 月 5 日,《南方都市报》发表报道《黑龙江庆安枪击事件死者家属获"救助"》称,徐纯合遗体被火化,警方与其家属达成"协议",徐纯合的母亲、妻子和三个孩子分别被送往养老院、精神病医院和福利院;家属透露,其家人还得到一笔以救助款为名的金额超 10 万元的补偿款。该报道还称,据《庆安新闻》消息,庆安县副县长董国生于事发次日慰问受伤民警,肯定其在负伤的情况下与歹徒搏斗。① 网友质问道:"检方还在调查,为何民警已获官方肯定?"

当天,有网友发帖举报庆安县副县长董国生,称其 1976 年生,"中专还没毕业,大学学历是假文凭,夫人姜艳萍在政府部门吃空饷",但董国生被提名为庆安县委常委、副县长人选时的公示资料显示,他于 1974 年出生,1990 年参加工作,1995 年入党,黑龙江省经济管理干部学院经济管理专业大学学历。由于发帖者自称从小认识董国生,知道董家内部的事,该帖子引起了广泛关注。

5 月 6 日,舆情热度骤然上升,《新京报》的报道《庆安被枪击者:"谁抢到枪,是谁的"》被转载 413 次,《南方都市报》的报道《黑龙江庆安枪击事件死者家属获"救助"》被新华网等多家网站转载 354 次,而该报道被更名为《黑龙江庆安枪击事件死者生前上访诉求得以实现》后,转载量也高达 338 篇。

5 月 7 日,《南方都市报》报道称,绥化市纪委表态,庆安县纪委已介入调查副县长被举报一事。同日,社交媒体上流传一段时长 31 秒的由旁观者拍摄的现场视频,显示面对警察挥舞的警棍,徐一直在躲避周旋。尽管视频片段并非开枪瞬间,也不能反映事发经过,但因官方迟迟不回应,舆论质疑加剧。当天,《新京报》评论文章《车站枪击案,究竟有无安检"截访"》,红网评论文章《庆安击毙案,枪支是否滥用》,《重庆时报》评

---

① 罗煜明:《黑龙江庆安枪击案死者家属获"救助"》,《南方都市报》2015 年 12 月 18 日,第 18 版。

论文章《应对庆安警察开枪事件进行司法审查》等被累计转载200余次，均呼吁官方出面澄清事实。

5月8日，《南方都市报》评论文章《庆安车站枪案亟待还原真相》被转载135次；红网发布评论《庆安案会否有意外的"拍案惊奇"》聚焦副县长被举报一事，称："新闻中的'次生灾害'，所映射的是孱弱的权力监管，这个短板应该有体制力量的补齐。"

5月9日，新华社发表了题为《真相别总靠"倒逼"》的评论，称"仅靠有限的信息公开和警方人员讲述，显然无法平息公众的疑问，更无法缓解人们对开枪的疑惧。既然事发在众目睽睽之下，现场也有监控录像，不妨公开完整的视频，邀请更权威中立的部门参与调查，以此赢获公信力。"该评论被转载290次。

《中国日报》《环球时报》等中央级媒体及其他媒体也在事件发酵过程纷纷通过微博、评论文章等形式呼吁庆安官方尽快发布调查进展、公布现场视频。英文版的"@中国日报"特意译出社论中的一段文字，搁置于微博之上以正视听，主题是《没有什么比掩盖真相更愚蠢》。"@环球时报"则接力发声追问："就是一个视频的事情，却恰恰就是迟迟不给公布，非要最后闹到舆论发酵，公信力被透支才高兴？这样的局面，也曾经不止一次在基层官方部门上演。可怎么吃了那么多教训，一些地方官们还是学不会怎么处理这类舆论广泛关注的问题呢？"①

5月9日，徐纯合妻子的两位姐姐发表声明称，徐纯合的堂兄弟徐纯静不具有顺序监护人资格，与铁路公安签订的补偿协议无效，并委托两名律师谢燕益、李仲伟调查追责。

（三）高潮

5月10日，开枪民警李乐斌被网友"人肉搜索"，舆情持续升温。当日，《南方都市报》报道称，徐妻两位姐姐称此前与哈尔滨铁路公安达成的补偿协议是无效的，声明授权谢燕益、李仲伟两位律师代理此案。

5月10日，哈尔滨铁路公安处处长汪发林回应《法制晚报》记者，表示不知情，仍在"等待统一口径"，《法制晚报》记者多次致电绥化市委宣

---

① 《高压难疏一声枪响——关于庆安枪击事件的舆情思考》，红网舆情中心，http://yuqing.rednet.cn/Article.asp?id=316708，最后访问日期：2017年7月5日。

传部、庆安县委宣传部，均无人接听。

5月11日，律师谢燕益、李仲伟、谢阳和刘书庆在庆安县中医院见到徐纯合的母亲权玉顺，他们向记者提供了现场视频。在视频中，一名律师问权玉顺："你愿不愿意委托我们几个帮你去问个真相。"权玉顺答："好。"该律师还问及徐纯合堂兄弟此前与哈铁公安达成的补偿协议，权玉顺称："我当时就说了，不要20万。"据代理律师透露，权玉顺已在授权委托书上按手印，强调不要那20万元补偿，"要开枪民警偿命"。

获得徐纯合家属代理授权后，四位代理律师开始向涉及徐纯合案的相关单位，包括庆安公安局、县政府、火车站等部门进行调查取证，希望了解案件的真相。据介绍，四位律师去了庆安公安局，就5月2日当天的出警情况，以及善后事宜庆安警方的参与情况调查取证，但对方"总是三缄其口，打太极"。"一再强调案子不归他们管辖，庆安警方只是在接到报警后曾到现场协助维持过秩序，其他事项一概不知。"谢燕益称，四位代理律师联名向庆安公安局申请公开当日相关出警信息，包括公开公安局巡警接报警记录信息、案发现场执法记录仪记录的内容。据称，庆安公安局已接受该申请，并表示到时会给一个答复。

在这一背景下，一些流言开始在网上疯传。其中一条称："开枪的警察李乐斌因不堪忍受网民们的疯狂污蔑和咒骂，于5月9日晚7时20分在家中吞弹自杀。"对此，《南方都市报》记者当日试图向哈尔滨铁路公安处、庆安火车站和庆安火车站派出所等处求证，均未获得回应。

与此同时，舆论对民警开枪行为是否合法的追问以及对官方拒不公开监控视频的质疑推动舆情不断升级，衍生出多起官员被举报事件。庆安县检察院干警隋伟忠在网上实名举报该院检察长魏鹏飞超标用车、悬挂假车牌等行为；5月12日，庆安县民办教师孙广旭、陈船明等实名举报该县部分官员涉嫌联手倒卖教师编制，帖文反映，庆安县教师编制被明码标价，每个编制"售价"3万~5万元不等。举报帖还列出了"官员买卖编名单"，引发网络热议。据《新京报》盘点，枪击事件发生后，庆安官场举报事件已逾10起。

根据中青舆情监测研究中心的监测结果显示，仅仅在微博平台上，5月4～15日出现的各类负面报道达到了207条，其中官员举报就达到了30多起，内容涉及各行各业，方方面面。检察长魏鹏飞被举报的问题，黑龙江省检察院官微回应称已展开调查。

5月12日12时26分，"@新华视点"发布消息称，公安部和铁路总公司领导高度重视，责成铁路公安机关全面开展调查，回应社会关切。同日，绥化市纪委证实，经调查，庆安县委常委、副县长董国生因户籍年龄、学历造假以及妻子"吃空饷"等问题被停职。而对于庆安县检察院，绥化市委纪检委的调查结果显示，董国生实际出生日期为1974年11月，身份证上的出生日期为1975年11月，其户籍年龄存在造假问题；董国生持有的黑龙江省经济管理干部学院经济管理专业函授本科毕业证书，编号与持有人姓名不符，为假证书。有关纪检部门还发现，董国生妻子姜某自2011年8月至2015年5月，假称有病长期请假在家，其间一直领取工资，存在"吃空饷"的问题。

"人民微评：副县长'中枪'有点晚"指出，庆安一声枪响，被"撂倒"的除了徐纯合，还有董国生。如果没有高调慰问，也许就不会"中枪"。户籍年龄、学历造假，于党纪国法不容，何以迟迟未被发现？吃空饷性质恶劣，何以不吃白不吃？谁来"慰问"董国生？还有多少董国生？

5月13日凌晨，微博实名认证的央视主持人徐卓阳在微博发帖声称已获得枪击现场完整监控视频，并表示："若当地警方不公开，我们（央视）公开。"一时间，庆安枪击事件的真相更加扑朔迷离，惹人遐思。

5月13日，多家纸媒刊发消息称公安部做出回应，仅"官方回应庆安枪击事件调查结果将尽快公布"这一消息就被转载619次。同日，《北京青年报》报道称，公安部有关人士介绍，连日来，工作组和检察机关调取了事件现场全部视频资料，走访了数十名旅客和群众，获取了大量证人证言材料，称调查工作正加紧进行，结果将尽快公布。至此，网友纷纷表示："耐心等视频，相信会给一个满意结果。"

（四）结果

5月14日11时许，"@新华视点""@央视新闻""@人民日报"等官微发布消息称："庆安事件调查结果公布：民警开枪属正当履行职务。"这一消息迅速引发各大网站转载，新浪网相关报道跟帖在20分钟内即超过了5000条。

与此同时，央视《新闻直播间》栏目公布事发时的监控视频。视频内容与5月4日新华网黑龙江频道发布的文字稿大致相同，但当网友看到徐纯合抛摔女儿、打掉民警帽子、抢夺警棍等直观画面时，多数网友表示警察开枪情有可原。然而，仍有部分网友质疑视频遭到剪辑，并追问徐纯合阻拦乘客的原因及其与民警的交谈内容。对于因徐纯合行为过激而支持警方将其击毙的网友，有媒体人斥责称："'这种人就该死'才是超越一切暴力的恐怖。"

### 链接一：央视全程高清还原庆安枪击案，开枪民警称感觉很委屈

5月2日，在黑龙江庆安县火车站候车室，庆安县农民徐纯合在与庆安火车站派出所民警发生冲突后，被民警开枪击倒身亡。

5月14日，哈尔滨铁路公安局在经过调查后，做出了徐纯合袭警在先，民警开枪是正当履行职务行为，符合相关规定的结论。但是，一个带着老母、幼子一起乘车出行的人为什么要"袭警"？警察是否违规使用枪支、是否有必要"果断击毙"？种种质疑使得这起枪击事件引发了强烈关注。

#### 李乐斌：心情很复杂，也感觉很委屈

5月21日，央视记者在庆安县见到了当时开枪击毙徐纯合的警察李乐斌。对于徐纯合的死，李乐斌说，自己没想到会把他击毙。"对我来讲是不想看到的这个结果，但是发生了。"而后，外界的反应给了李乐斌很大的压力。"人民警察正常执法，受到外界很多谣言、舆论各方面的一些质疑。"他坦言："心情很复杂，也感觉很委屈。"

庆安火车站安装了五路监控摄像，完整记录了李乐斌和徐纯合的冲突过程。我们拿到了全部的原始监控录像，从中可以看到，从12时19分徐纯合堵住候车室入口到李乐斌12时23分开枪击中徐纯合，总共不到5分钟。那么，在这5分钟时间里到底发生了什么？

#### 警察执法记录仪于事发前一天损坏报修

李乐斌是庆安站派出所5月2日的值班民警，他的工作地点就在候车室里面的民警值班室，按照规定，他的职责是负责旅客的购票、候车的秩序维护以及部署客运的安检。

事发之后，铁路公安调查组提取监控录像时发现，有一路摄像在

安装时被设置成镜像状态,录制下来的影像就像是照镜子。为了更真实地再现现场,我们对这一路录像做了反转处理。"

12时19分,李乐斌接到车站安检员的报告,说是有人堵住安检门不让旅客进站。于是,他跟着安检员走出了值班室。

监控录像显示,李乐斌直接走到大门口,隔着栏杆与徐纯合说话,这时两人之间出现了一些动作。李乐斌说,由于他的执法记录仪在前一天坏了报修,所以他当天执勤时没有佩戴执法仪,我们也就无从听到他和徐纯合之间的对话,只能在监控录像里看到他们之间的动作。但据他回忆,徐纯合当时嘴里说了一些不好分辨的语言,"应该类似于骂人的话"。

### 徐纯合扬言"我捅死你",警察第一次掏出配枪戒备

庆安站是个三等小站,每天只有26趟客车在此经过停留,中午时分的车次算是比较密集的,因此事发时有比较多的旅客进出车站。在李乐斌扭住徐纯合,将局面基本控制住之后,原先被拦在外面的40多名旅客也陆续进到了候车室,这时他放开了徐纯合的胳膊,想把他带离现场。

据李乐斌回忆,徐纯合此时开始对他进行谩骂,曾说"你敢抓我,我捅死你",并有"掏东西的动作"。李乐斌判断,徐纯合可能是要掏凶器。而李乐斌这时也第一次掏出了配枪进行戒备。

随后,李乐斌发现徐并未掏出任何凶器,就把枪收了回去。

### 预料之外!徐纯合竟摔自己的孩子

监控录像显示,李乐斌把枪放回枪袋之后,就向民警值班室跑去。此时,徐纯合绕过安检门向他追来,几乎就在李乐斌关上值班室门的同时,徐纯合也跑到了门口,并伸脚踹门。

紧接着,李乐斌打开大门拿着警用防暴棍冲出了值班室,原本一起普通的治安事件就在这个时候发生了不可逆转的变化。

从录像中看出,徐纯合面对手拿防暴棍的李乐斌并不占优势。就在这时,和徐纯合一起来到车站的母亲以及三个孩子走了过来,徐纯合做出了令人吃惊的举动:他先是拉过自己的母亲挡在自己和李乐斌中间,然后又举起了自己年幼的女儿,摔在地上。

李乐斌："我完全没有预料到，他居然能摔孩子，就包括现在想他摔孩子那个场景，我的心都是非常难受的，完全没想到他会摔孩子。"

摔完孩子，徐纯合紧接着就来抢夺李乐斌的防暴棍。

### 扬言"抢枪"并夺过防暴棍，警察第二次掏出配枪

录像显示，12时23分，徐纯合再一次与李乐斌抢夺防暴棍。其间，徐纯合用拳头打掉了李乐斌的警帽。但李乐斌说，自己当时来不及愤怒，因为徐纯合的一句话让他心里警惕万分。

"他说有枪咋了，谁抢了就是谁的。"李乐斌说，就在双方击打过程中，徐纯合不仅扬言要抢他的配枪，他甚至感受到徐纯合的手已经触及了他的枪。这让他非常紧张。

仅仅10秒钟时间之后，徐纯合就抢过了防暴棍。此时，李乐斌后退一步掏出了配枪，并且打开保险子弹上膛。

### 警告无果又挨两棍，无奈开枪击毙徐纯合

回看录像发现，12时23分10秒，李乐斌掏出手枪向徐纯合发出"别动"的警告，23分12秒，徐纯合用防暴棍打中了李乐斌的头部，23分14秒，徐纯合的第二棍打中了李乐斌握枪的手，就在徐纯合拿棍子的双手回撤之际，李乐斌开枪击中了徐纯合。

尸检报告认定，徐纯合是心脏破裂造成大失血死亡。对于为何不能瞄准非致命部位射击的疑问，李乐斌说："做不到，距离只有一米，而且这个人是在不停移动当中，而且还在不停击打我，这时候没有时间也不可能进行瞄准，打过手枪的人，我想都应该明白这个道理。"

### 调查认定：李乐斌使用枪支符合规定

《公安机关人民警察佩戴使用枪支规范》第三章第十五条第十款规定："以暴力方法抗拒或者阻碍人民警察依法履行职责或者暴力袭击人民警察，危及人民警察生命安全的，民警可以开枪。"

事件发生后，检察机关第一时间开展了独立调查。负责调查此事件的哈尔滨铁路运输检察院认定：民警李乐斌是依法执行公务，在处置此事件中使用枪支依规合法。

铁路公安的调查组也做出了同样的结论。

资料来源：《高清还原庆安枪击事件全程原始视频　开枪民警：很委屈》，央视网，http：//m.news.cntv.cn/2015/05/30/ARTI1433001361253800.shtml，最后访问日期：2017年7月5日。

5月14日，哈尔滨铁路公安局表示，5月2日黑龙江省庆安火车站派出所民警击毙一名暴力袭警犯罪嫌疑人。事发后，哈尔滨铁路公安局组成调查组对相关情况开展全面调查。截至目前，调查工作已基本结束，事实已查清。调查认为，民警李乐斌开枪是正当履行职务行为，符合人民警察使用警械和武器条例及公安部相关规定。

## 链接二：黑龙江庆安枪击事件调查结果公布：民警开枪正当

据中央电视台报道：哈尔滨铁路公安局调查组2016年5月14日公布庆安枪案调查结果。调查认为，民警李乐斌开枪是正当履行职务行为，符合人民警察使用警械和武器条例及公安部相关规定。

2016年5月2日，黑龙江省庆安火车站派出所民警击毙一名暴力袭警犯罪嫌疑人。事发后，哈尔滨铁路公安局迅速组成调查组对相关情况开展全面调查，进行了现场勘查、尸体及枪弹检验，调取了现场视频资料，赴济南、大连、伊春、齐齐哈尔等10余个城市，走访近100名旅客群众，找到60多名现场目击证人，逐一调查取证。截至目前，调查工作已基本结束，事实已查清。

经查，5月2日，黑龙江省庆安县丰收乡农民徐纯合（男，45岁，持当日庆安至金州的K930次列车硬座客票），与其母亲权玉顺（81岁）携3名子女去大连金州走亲。12时许，徐纯合在庆安站候车室进站入口处故意封堵通道，并将安检通道的旅客推出候车室外，关闭大门，致使40余名旅客无法进站，扰乱车站秩序。

保安人员制止无效后，到公安值勤室报警，民警李乐斌接报后前来处置，对徐纯合进行口头警告，责令立即停止违法行为。徐纯合不听劝阻，辱骂并用矿泉水瓶投掷民警。民警随即对徐纯合的双手进行控制，迫其闪开通道，让被阻旅客进站。在民警准备将其带到值勤室时，徐纯合继续对民警辱骂并用拳头击打。

在民警取出防暴棍制服徐纯合的过程中，徐纯合抢夺防暴棍，并拳击民警头部。民警使用防暴棍和拳脚还击，但未能将其制服。其间，徐先将其母向民警方向猛推，后又将自己6岁的女儿举起向民警抛摔，至其女落地摔伤，徐纯合趁机抢走防暴棍，抢打民警头部。

在危急情况下，民警取出佩枪，对徐纯合进行口头警告。徐纯合继续用防暴棍抢打民警持枪的手，在多次警告无效的情况下，民警开枪将徐击中。车站派出所随即拨打120呼救，12时25分前后120医生赶到现场，确认徐纯合已死亡。

调查认为，民警李乐斌开枪是正当履行职务行为，符合人民警察使用警械和武器条例及公安部相关规定。

资料来源：《黑龙江庆安枪案调查结果公布：民警开枪正当》，中新网，http://www.chinanews.com/fz/2015/05-14/7275643.shtml，最后访问日期：2017年7月5日。

中央电视台公布监控视频后，一起掺杂了截访传言、实名举报、网络谣言、维权律师等诸多舆情敏感要素的警察涉枪事件，逐渐开始平息。2016年5月15日，《人民日报》发表评论称："这次事件就像一面镜子，政府部门、社会公众和舆论，都能从这面镜子中看到存在的短板，看到更加理智、更加成熟、更加完善的必要性。"

### （五）余音

2016年5月16日，财经网报道，安徽省宣城市宁国市公安局官微发布消息称，对该局民警徐宁以警察身份发布涉及庆安事件帖文一事正在调查中。徐宁患有"偏执型精神障碍"，一直在治疗，自2010年起就不参与公安工作。网易网转载的该报道网友跟帖达1.3万条。还有大量网友据此搜索徐宁所发网帖并进行转发。同日，《东方早报》报道称，新华社黑龙江分社回应"个别微博用户称我社记者在'庆安枪击事件'采访中'收受好处费'，纯属造谣、诽谤"。

5月17日，中央电视台新闻频道16日播出的《新闻周刊》栏目中，白岩松对枪击事件提出的4个质疑被广泛转载报道。18日，《京华时报》报道称，徐纯合母亲的代理律师谢阳在广西为另一案件取证时遭20余人围殴。对此，有网友质疑律师遭打击，有网友则称"媒体无底线炒作"。互联网上还出现了对视频完整性和真实性的质疑。有网友问:"啥时候公布完整视频?"微博网友"@这是广州"说:"就算庆安公布了视频我也不相信内容的真实性,如果有利不用大家要求,他们早就公布了,就因难以自圆其说才迟迟不肯公布吧。"网友"kkkkk_wo"在天涯论坛发帖说:"这个视频本身是不完整的,至少旅客所拍摄的那部分就不存在,而且是经过编辑的,那么就不可能还原枪击事件全过程……"

在这一阶段,尽管舆论在小范围内仍对警察用枪行为有所质疑,但舆情热度相比之前有所降低。

## 二 "新闻搭车"现象的含义及特征

近年来,在某个舆情事件发生后,常常会伴生"新闻搭车"现象,两个或多个新闻元素叠加在一起,往往会产生"1+1>2"的搭车效应,令政府的舆论引导工作陷入被动。在庆安枪击事件中此起彼伏的"新闻搭车"现象,就使一起普通的枪击事件愈演愈烈,最终演变成了一次政府公信力危机事件,也引发了互联网上对"新闻搭车"问题的多方讨论。因此,庆安枪击事件无疑是研究"新闻搭车"现象的一个典型案例。本研究将通过梳理枪击事件中的"新闻搭车"现象,对新媒体时代的"新闻搭车"现象进行初步研究和探讨。

### (一)庆安枪击事件中的"新闻搭车"

2015年5月2日,庆安火车站的一声枪响,击中了黑龙江省绥化市庆安县官员举报的第一枚多米诺骨牌,互联网上出现的对庆安官员的举报潮,像一场无法预料的灾难一样接踵而至,庆安官场过去埋下的各种"舆论隐情",都被暴露在了舆论的聚光灯下。一起枪击事件,带来了愈演愈烈的舆情,再一次印证了舆论监督难以预估的影响力。

庆安枪击事件中的官员举报是从《南方都市报》发表的一则新闻开始的,在《黑龙江庆安枪击事件死者家属获"救助"》的报道中,提到了庆安县副县长董国生于事发次日慰问受伤民警,这一行为遭到了网友的质问:"检方还在调查,为何民警已获官方肯定?"于是,当天就有网友发帖举报董国生,曝出其户籍年龄、学历造假以及妻子在政府机构"吃空饷"等问题。由于发帖者自称从小认识董国生,知道董家内部的事,该帖子引起了广泛关注,董国生很快就成为网友"人肉"的对象。

而这只是庆安官场震动多米诺骨牌连锁反应的开始。2016年5月12日，庆安县民办教师孙广旭、陈船明等在网上发帖，实名举报该县大批官员涉嫌联手倒卖教师编制。举报帖称，原庆安县委书记、县长、教育局长、人事局长等人，在2000~2004年合谋把300个民转公指标公开拍卖，每个指标价格3万~5万元不等。① 在媒体深入采访的过程中，一名民办教师反映，官员买卖编制事发2000年左右。他说："全县的300个转正指标，除1998年前后录用49人，剩下的指标都被官员瓜分卖出去了。"举报人告诉记者，他们从2008年至今向各级纪检干部反映过，甚至还跟对方发生过冲突，但至今无实质回应，问题仍未解决。举报帖还列出了"官员买编卖编名单"，名单里包括原致富乡计生办助理董喜。而据早前举报董国生的网友称，董喜正是董国生的父亲。

同时，庆安县检察院干警隋伟忠在网上实名举报该院检察长魏鹏飞超标用车、悬挂假车牌等行为。② 举报材料称，魏鹏飞自2011年11月25日开始担任庆安县人民检察院检察长，在后来的4年间，超标违规使用公车并且悬挂假军牌和假牌照。举报信称，2011年11月，魏鹏飞使用超标的价值60余万元的白色丰田霸道吉普车上下班并执行公务，而且悬挂假车牌。2013年车改时，庆安拍卖公务用车，魏鹏飞没有正常交付，将车隐藏在检察院车库里，后来该车没有拍卖，现在不知去向。2013年，魏鹏飞借用企业单位庆安县银泉公司一台黑色帕萨特轿车，使用不到一年。举报信还提到，就在全国开展车改时，魏鹏飞顶风用公款超标购置了一台价值20多万元的新大众迈腾，并且以在黑龙江省检察院办理专案为名继续悬挂假车牌，假号牌为"黑AQK007"。发帖人称，他在庆安县交警大队未查询到该机动车相关信息。

2016年5月12日，庆安县公安局副局长兼交警大队队长王向阳也被网友举报。举报帖称，在2013年10月2日发生的一起交通事故逃逸致一死一伤案中，王向阳涉嫌徇私枉法、滥用职权，将事故责任认定负全责的犯罪嫌疑人王某抓捕后人车放行。③ 对此，王向阳回应媒体采访时称，这是一起普通交通事故，办案是按合法程序进行的，双方笔录、尸检报告等

---

① 《庆安枪案引发当地集中举报公务员：记者涌入县城》，《新京报》2015年5月14日。
② 《庆安检察院干警实名举报检察长公车挂假车牌》，《北京青年报》2015年5月14日。
③ 《庆安公安局副局长被举报滥用职权　回应：已结案》，《南方都市报》2015年5月13日。

材料齐全，不存在徇私枉法、滥用职权行为，事后法院也宣判了。王向阳猜测，对方可能是对最终的处理结果不满，于是借舆论关注枪击案的热潮举报。

据媒体盘点，枪击事件发生后，从事发初期到5月15日，庆安官场举报事件已逾10起。①

庆安枪击事件中的官场举报潮，是典型的"新闻搭车"现象，也是一种典型的舆情次生灾害，在近年来的互联网舆情应对中屡屡出现。这样一种"曲线救国"式的舆情形式，对政府形象具有很大的杀伤力，也给新媒体时代政府的舆论引导工作带来了很大的挑战。

人民日报评论指出，一个生命悲剧，一场舆论风波，应该成为反思进步的契机。多年后，也许庆安枪击事件还将被无数次提及，那时候，希望我们的目的是，通过对这起事件的反思，在今后每一次有新的舆论发生的时候，我们能更客观更理智地接近真相，关注事实。因此，虽然庆安枪击事件已尘埃落定，但事件中的"新闻搭车"现象不应该被忽视，更不应该被遗忘。那么，什么是"新闻搭车"？为什么会出现"新闻搭车"？如何才能有效避免"新闻搭车"？只有真正厘清了这些问题，才能从根本上防止"新闻搭车"现象带来的伤害。

### （二）"新闻搭车"概念辨析

在近年来的互联网舆情应对过程中，不断出现一些新的名词，如"次生舆情""次生丑闻""新闻搭车""第二落点"等。这些名词听起来意思都差不多，很多时候也都是通用的，但事实上，如果把互联网舆论引导尤其是把"新闻搭车"作为一个专门的对象来进行研究就会发现，基本概念的廓清或为概念"正名"十分必要。

"次生舆情""次生丑闻""新闻搭车""第二落点"，这几个名词的内涵与外延都有所不同。舆情是"舆论情况"的简称，是群众关于社会中各种现象、问题所表达的信念、态度、意见和情绪等表现的总和。② 在新媒体时代，虽然不能简单地在互联网舆情与民意之间画等号，但是，互联网舆情往往能够直接而集中地反映社会舆情。一起负面舆情，甚至可以在顷

---

① 《"庆安火车站枪击案"震动当地官场》，《新闻晨报》2015年5月14日。
② 《网络舆情》，百度百科，https://baike.baidu.com/item/%E7%BD%91%E7%BB%9C%E8%88%86%E6%83%85/687584?fr=aladdin，最后访问日期：2017年7月5日。

刻间摧毁政府长时间建立起来的公信力。

什么是次生舆情？在灾害学中，由原生灾害所诱导出来的灾害被称为次生灾害，如汶川大地震形成的唐家山堰塞湖，严重威胁下游居民的安全。同理，所谓次生舆情，就是由原生舆情所诱导出来的新的舆情，亦即在处置原生舆情的过程中，由于处置方式不当等原因导致产生的新的甚至更大的舆情危机。

什么是第二落点？所谓新闻的"第二落点"①，通常指的是媒体或记者运用纵深思维和发散思维，对某一新闻事件进行深度开掘，广度拓展，从事件的另一个时间点或新的角度组织报道，寻找和挖掘新闻的更多内涵和外延。突发新闻因其发生的突然性且往往具有灾难性，最能吸引受众眼球，成为社会舆论关注的热点和焦点，因此，突发事件现场一定是各级各类媒体记者角逐的重要场地，在这个没有硝烟的战场上，抢占新闻"第一落点"，是在竞争中脱颖而出的制胜法宝，而如果错失新闻的"第一落点"不能做到先声夺人，记者一定会不遗余力地挖掘新闻的"第二落点"，力图实现新闻突围。新闻的第二落点不只是背景资料的扩充，更是新闻事件的扩展和延伸，具有独立的新闻价值。它比拼的是一个媒体的策划力、一个记者的发现力和采访水平。②

寻找新闻"第二落点"，通常是在错失"第一落点"之后的无奈选择，但通过追踪报道事件的新变动、新发现和新进展，在追问中质疑，在质疑中查证，往往能够以点带面，透过现象发现本质，揭示事物发展规律，在为受众解疑释惑的同时，带来更加深刻的认识。因此，寻找新闻"第二落点"，越来越成为媒体在日趋激烈的市场竞争中采取的重要策略。③ 事实上，近年来，不少记者在赶赴新闻现场后，由于官方封堵总是被迫转战新闻"第二落点"，而这也正是突发事件发生后屡屡出现舆情次生灾害的主要原因。

---

① 所谓新闻"第一落点"，指的是记者第一时间抵达新闻现场发出的报道，其显著特征是速度快，现场感强。新闻"第一落点"能够真实记录突发事件有代表性的画面和决定性的瞬间，快速捕捉新闻现场稍纵即逝的细节和生动感人的故事，通过及时采访当事人、目击者、参与救援者、权威部门处理事件者等相关人员，获取关键事实和重要数据，为受众还原事件发生过程，呈现事件客观面貌。
② 陆冰梅：《深度体会寻找新闻"第二落点"》，《中国记者》2010 年第 3 期，第 67~68 页。
③ 黄德华：《如何抢好突发新闻的"第一落点"与"第二落点"》，《传媒》2014 年第 17 期，第 63~64 页。

什么是"新闻搭车"？所谓"新闻搭车"，是指爆料人在社会注意力集中于某个新闻事件之际，把与该事件无关的事件公布出来，以期引起社会舆论关注，从而解决自身诉求。在突发事件中，"新闻搭车"往往出其不意，难以预料，一波未平一波又起。在天津爆炸案中，有事故亲历者爆料"万科、湖北远大欠薪致无法返乡"，网民"love黑马中国"在百度贴吧爆料天津政府信访部门及金融工作部门渎职、不作为等，均属此列。"新闻搭车"现象不容小觑，在客观上会增加突发事件舆情处置的难度。

"次生丑闻""新闻搭车""第二落点"都属于"次生舆情"的范畴。"次生丑闻"是对"次生舆情"的负面表述，"新闻搭车"和"第二落点"都是"次生舆情"，是对"次生舆情"更为具体的表述和划分。"新闻搭车"和"第二落点"都是借助一个舆论热点的既有影响力主动公开新的信息，以期引发新的关注，但两者之间在舆情主体、舆情生产者和行为动机等方面，都可以较为明确地区别开来（见表1）。

表1 "新闻搭车"和"第二落点"的区别

| 维度或概念 | "新闻搭车" | "第二落点" |
| --- | --- | --- |
| 新闻由头 | 原生舆情 | 原生舆情 |
| 舆情主体 | 不同舆情 | 同一舆情的不同角度 |
| 舆情生产者 | 爆料人 | 媒体或网民 |
| 行为动机 | 个人目的 | 舆论监督 |

（三）"新闻搭车"的特征

由此可见，"新闻搭车"应该具备以下三个特征：一是"新闻搭车"所搭的"车"，是某个舆论热点事件既有的"舆情"热度；二是"新闻搭车"中"搭上车"的事件已经不是原来那个事件；三是"新闻搭车"者"搭车"的目的是寻求解决自己的问题，达成个人目的，而不是公共利益。

从这个意义上说，"杨达才的微笑"和"表哥"舆情并不是"新闻搭车"，因为微笑也好，手表也好，引发舆情的主体事件并没有发生变化，依然是"8·26"延安特大车祸，只不过是舆情关注的角度是一个新的角度；从行为动机来看，无论是持续爆料，还是"人肉搜索"，不排除有凑热闹和极个别泄私欲的成分，但大都带着"仇官"情绪来对政府官员进行监督，席卷而来的舆论狂潮并不是某一个或几个有爆料诉求的人带来的。

那么，故宫深陷"十重门"，算不算"新闻搭车"现象呢？2011年5月8日，香港两依藏博物馆在故宫斋宫举办展览"交融——两依藏珍选粹展"，发生展品离奇失窃事件，被称为"失窃门"。紧接着，在公安机关神速破案后，故宫博物院赠送北京市公安局的锦旗上，赫然将"捍祖国强盛"的"捍"字错写成"撼"字，闹出"错字门"。就在故宫先是为错字狡辩继而不得不道歉之时，故宫建福宫被改建成全球顶级富豪私人会所的所谓"会所门"又见诸报端。一波未平一波又起，7月底故宫再陷"哥窑门"。7月31日，故宫公开承认，国家一级文物宋代哥窑代表作品青釉葵瓣口盘在进行无损分析测试时，发生了严重的文物损坏。8月，故宫又相继被曝出近年连发4起珍贵文物人为损坏事件均秘而不宣的"瞒报门"，几年前清宫旧藏木质屏风修复时被水浸泡而隐瞒不报的"屏风门"，私自拍卖5件北宋名人书札的"拍卖门"，内部人员勾结导游私分门票款、事情败露后被知情者勒索10万元"封口费"的"封口门"，再加上"门票门""古籍门"，故宫深陷"十重门"。

从舆情主体来看，虽然不同的"门"都出现在故宫，但与原生舆情"失窃门"已经不是同一个事件，这似乎应该算是"新闻搭车"，但从行为动机来看，即使是实名举报，如有人在微博上指称故宫端门的展览涉嫌敛财和逃税，但其根本目的也是出于舆论监督，而不是个人利益诉求。因此，整体来看，故宫深陷"十重门"不能算是"新闻搭车"，而是次生舆情。

应该说，"新闻搭车"不是一个新的现象，在传统媒体时代也同样存在。比如，记者去某地调查某个新闻事件的时候，有当地的爆料者找到记者，向记者反映其他问题，而这一被反映的问题，有可能被记者作为原新闻事件的一个新由头报道出来，或者被作为一个新的选题进行采访报道，从而引起全社会的关注。20世纪80年代，有的记者出去采访，一个星期就会扛回一麻袋读者来信，这些来信的起草者和传递者，都是今天在互联网上主动爆料的网民，写信的目的无非希冀产生"新闻搭车"效应。

不过，在互联网时代，由于每个网民都是理论意义上的"自媒体"，所以爆料人不需要再借助于记者这个路径对爆料信息进行"二传"，而是自己直接就可以在互联网上把诉求表达出来，故而出现了庆安枪击事件中"多点开花"的"新闻搭车"现象。

事实上，"新闻搭车"的本质是舆情和民意的表达，是社会治理中出现的矛盾和问题，这些矛盾和问题只要得不到很好的解决，"搭车"的意愿就得以生成，"搭车"的必然性就已经存在，至于"搭"什么车，是传统媒体还是互联网？怎么"搭"车，是去找记者还是自己发微博？什么时候"搭"车，是借着某个舆情热度"搭"车还是自己直接爆料出来？这些都是偶然的，不确定的。

"新闻搭车"使政府舆论引导面临巨大的挑战：一是就像不断移动的靶心加大了射中的难度一样，"新闻搭车"使政府舆论引导的靶心不断处于变化之中，难度陡然增加。比如，在庆安枪击事件中，副县长被"人肉"搜索，教育系统及检察长被实名举报，再到交警队长被举报，就是典型的"新闻搭车"。这些"搭车"而来的舆情事件不断引爆舆论热点，几乎把这个东北边陲的小县城"炸晕"了，在"乱花渐欲迷人眼"的应接不暇中，不知道该怎么去收拾这个局面。二是"新闻搭车"通常都携带着利益相关方强烈的主观控诉，这往往会引发网民的"罗宾汉情节"，使互联网舆论出现"一边倒"的情形。此时，政府的舆论引导面临巨大压力，必须逆势而为，化被动为主动，其中的难度可想而知。三是"新闻搭车"的信息鱼龙混杂，真伪难辨。比如，对教育系统的举报是真的，但对交警队长的举报就不切合实际，在一片众声喧哗中，加大了舆论引导的复杂性。此时要通过舆论引导调和多元声音，凝聚社会共识，对政府的舆论引导工作提出了更高的能力要求。

### 三 "新闻搭车"的解决之道

就"新闻搭车"而言，谁来"搭车"，是否"搭车"，以什么样的形式"搭车"，并不是政府所能决定的。因此，本案例所探讨的"新闻搭车"的解决之道，并不是说怎么让老百姓不要去"搭车"，而是指尽可能从政府管理的维度，从源头上铲除"新闻搭车"可能产生负面效果的土壤。事实上，关于"新闻搭车"问题，任何简单粗暴的结论都只会导致此现象愈演愈烈。因此，一定要从"新闻搭车"产生的根源出发，探讨现象背后的各方面深层次原因，以此为基础来探索避免"新闻搭车"的根本路径。

#### （一）"新闻搭车"出现的原因分析

在庆安枪击事件中，庆安县副县长董国生之所以被"人肉"搜索，触发点就是在最基本的事实真相尚混沌不清、舆论已经开始"一边倒"地追问的情势下,就在事发次日代表省市领导高调慰问了案件中的受伤民警。"对民警为保护人民群众生命、财产安全,在负伤的情况下坚持与歹徒搏斗的行为给予肯定。"因此,正如一篇评论所说,他只是在不恰当的时间、不恰当的地点现身,进而把自己弄成了庆安枪击案舆情关注下举足轻重的一部分。①

再如,面对互联网上一浪高过一浪的对于枪击事件真相的追问,特别是面对媒体和公众对于公布监控视频的强烈要求,当地相关部门始终沉默以对,以至于5月9日新华社发表了评论《真相别总靠"倒逼"》,各大媒体也纷纷一个接一个"倒逼"公开,再加上公众对官员形象和政府公信力的习惯性质疑,使得社会情绪发酵到了一种白热化的程度,为接二连三出现"新闻搭车"制造了温床,提供了舆情基础。

再来看天津港"8·12"瑞海公司危险品仓库特别重大火灾爆炸事故中的新闻发布会。该事件发生后,天津市政府共举办了14次新闻发布会,但由于组织和回应不当,前6次新闻发布会几乎每一场都导致了多个次生舆情,招致舆论不满,网络传播中不断生成新的质疑和吐槽,政府公信力严重受损。

## 链接三:天津港"8·12"瑞海公司危险品仓库特别重大火灾爆炸事故中的前6次新闻发布会

### 第一次新闻发布会

次生舆情一:为什么分管安全生产的副市长没有出席第一次新闻发布会?为什么安监部门没有官员出席第一次发布会?

次生舆情二:滨海新区区长在回答危险品爆炸物与居民区之间的距离时说"还是蛮远的",引起舆论一片哗然。

次生舆情三:没有回应危化品仓库有没有储存氰化物;回应具体起火爆炸原因时说不清楚。

次生舆情四:发布会直播至记者提问环节中断。

---

① 杨鹏:《董国生"躺枪"是舆情处置失当的必然》,华商网,http://hsb.hsw.cn/2015-05/13/content_8572540.htm,最后访问日期:2017年7月5日。

### 第二次新闻发布会

次生舆情一：无法给出中转仓库危化品的详细信息。
次生舆情二：消防具体处置方法目前不清楚。
次生舆情三：安全评估报告需向交通运输部门沟通。
次生舆情四：发布会结束时，现场多名记者大喊"只峰是谁？"。
次生舆情五：发布会直播至记者提问环节中断。

### 第三次新闻发布会

次生舆情一：回应中使用"这个情况不了解，需要下来问一下。""这个情况我需要找同事核实一下。"
次生舆情二：发布会直播至记者提问环节中断。

### 第四次新闻发布会

次生舆情一：安评情况系交通部门掌握。
次生舆情二：记者们要求港口部门出现发声。
次生舆情三：回应中多次使用"不掌握""不了解""无法回答"等否定性词语。
次生舆情四：天津港消防员家属冲击发布会现场。
次生舆情五：发布会直播至记者提问环节中断。

### 第五次新闻发布会

次生舆情一：爆炸是否确定源头回应不清楚。
次生舆情二：危险品与小区建设距离问题回应"不是我的职责"。
次生舆情三："编外消防员谁统计"未获回应。
次生舆情四：关于伤亡具体数据，回答"不掌握"。
次生舆情五：发布会直播至记者提问环节中断。

### 第六次新闻发布会

次生舆情一：发布会延迟。
次生舆情二：记者提问"谁指挥负责救灾"，回应"尽快了解"。
次生舆情三：发布会人员说"大家好，很高兴在这里和大家见面"。

次生舆情四：发布会直播至记者提问环节中断。

资料来源：魏耀奔：《天津爆炸新闻发布会催生次生舆情 到底问题在哪》，腾讯网，http：//news.qq.com/a/20150817/017045.htm，最后访问日期：2017年8月27日。

从这些案例中我们可以看出，在突发事件发生之后，或者在某个负面的互联网舆情出现之后，如果政府的处置和应对是得当的，即使有人主观上有"搭车"的意愿，也不太容易"搭"上新闻这趟车。可见，之所以出现"新闻搭车"现象，根本原因还在于政府在应急管理工作中存在问题和漏洞，或者是在舆情应对中的方式方法不当。因此，探讨"新闻搭车"的解决之道，必须从标本兼治两个维度着手进行。

（二）治标之道：提升政府应急能力

突发事件发生后，一定要两条战线同时作战：一条是应急处置，另一条是舆论引导。这两条战线是不可分割的整体，同样重要，不可偏废，无论是哪一条战线出现了问题，都可能引发舆情的关注，带来对政府形象的负面影响，同时，还会给"新闻搭车"制造温床。

从庆安枪击事件来看，首先，应急处置本身是有问题的，在案情不明朗的时候副县长急着去慰问开枪的干警，这一举措的失当是导致"新闻搭车"多米诺骨牌的连锁反应的主要原因。为了尽快了结事情，和徐纯合的堂弟签订协议，这并不符合法律，因此导致了几位律师的介入，尤其是律师和家属签订的委托书在网络上的曝光，对当地政府不依法行政行为，产生了"高级黑"的舆情效果。其次，事件中的舆论引导也并不到位，面对公众强烈要求公开现场视频的诉求，庆安县政府和相关部门一直没有给出任何回应。"久拖不决，疑窦丛生"，这种态度引发"鸵鸟效应"，导致事件真相像谜团一般引人遐思，让事态愈演愈烈。而在一系列"新闻搭车"现象出现之后，事件处置的难度和复杂性完全超出了当地政府和有关部门的能力范围，推动着舆情一步步高涨，几近不可收拾。一时间，庆安枪击事件闹得沸沸扬扬，引发了中国网络舆论的又一次抨击怒潮。

信息技术发展到今天，已经进入自媒体时代。2016年1月，一段"女孩怒斥号贩子"的视频在网络上热传。在视频中，女孩声泪俱下地指责医院号贩子"猖獗",并质疑医院保安对号贩子不管不顾,导致自己和其他普通人挂不上专家号。该视频推动着网络舆情,倒逼北京市卫生计生委及各大医院出台了一系列新措施,包括北京市属医院间统筹调剂普通号,而且普通号不限号;实行非急诊预约挂号;建立医疗机构间层级转诊网络;推出知名专家团队服务模式;严格加号管理,取消医生个人手工加号条;等等。

可见,在自媒体时代,任何一个普通公众都有了社会动员和政治动员力,尤其是在微信时代,这是一个真正的社会主体社交媒体化,社交传播化的新时代,控制的难度要大得多,一旦传播出现了问题,就会成为社会情绪的触发点和蓄积点。事实上,今天在互联网上,政府的路线方针政策措施,官员的语言行为、着装表情都可能被放在各种环境下做出各种解读,解读后的意思也许并非原意,但被解读后的信息的影响却比原初信息的影响更大。这也是为什么很多"新闻搭车"的次生舆情在热度上甚至超过突发事件本身的原因。所以,今天的互联网管理,单纯用管控的手段并不能起到管控者期望达到的管控效果,即使信息被删除,快照也会被留在电脑里,当下一次事件发生的时候,旧事就会被重提,此时的压力与伤害就是几何级增长的。

因此,要从根本上避免"新闻搭车",必须要做好以下三个方面:第一,一定要树立一个基本理念,那就是应急处置与舆论引导是一体两翼的,处置就是传播,传播就是处置,没有不是传播的处置,没有不是处置的传播,在处置的时候就要考虑到处置可能产生的传播效果,而传播行为本身,也会被作为处置的不可分割的部分被评判和解读。第二,一定要努力提升政府应急管理能力,科学有效地处置突发事件,避免因为处置不得当引发媒体关注与社会抨击。第三,一定要做好突发事件信息发布,主动公开相关信息,及时回应社会关切。现代政治权力来源于信息的释放,只有善于利用信息的驱动力才能实现有效善治。因此,在日常的施政中,在突发事件发生后,都要善于运用媒体规律,积极主动发布信息,利用传统媒体以及新兴的社交媒体做好政治传播,通过驱动信息形成借力打力的传播效果。

(三)治本之道:推进社会治理创新

"新闻搭车"无疑具有一定的积极意义和正向功能。比如,庆安县副县长董国生被曝出户籍、年龄、学历造假以及妻子"吃空饷"等问题,这些问题在枪击事件发生之前举报人就多次上访和举报,但都石沉大海,没有任何反应。这一次,举报人借着枪击事件吸引了全国注意力,把以前的问题捅了出来,在"围魏救赵"式的网络舆情倒逼之下,有关部门不得不迅速查处,董国生最终被停职。至此,官员腐败得以清除,公民权利得以伸张,同时,社会上一直以来隐藏的不稳定因素也得以消除。①

从这个意义来说,"新闻搭车"不仅不应该被视为病灶,而且应该得到鼓励和赞赏。因为对公众来说,当"信法不如信访,信访不如信网","新闻搭车"就成了他们在无奈之下的一种举措,也是他们可以选择的最后一种有效救济。也就是说,"新闻搭车"只是一个契机、一个载体、一个反映问题的特殊渠道,其本质还是在社会治理出现了问题。由于这些问题在现实中无法得到有效解决,他们就会主动去寻求"新闻搭车"的机会,使自己的诉求表达通过某一个新闻事件"借尸还魂"。此为,如果不是搭上了这最后一班"车",估计官员腐败等问题永远都不可能浮出水面,坏行为就可能永远被姑息,问题官员就可能一直滥竽充数下去,也就不可能达到惩前毖后、治病救人的效果。

但是,如果底层诉求都像庆安枪击事件中的"新闻搭车"一样,采用极端的方式在社会治理末端来寻求释放和回应,而不是通过搭建顺畅的民情民意表达平台,理顺群众利益诉求表达机制的脉络,系统性地解决社会治理过程中的群众合法权益保障问题,这样的管理方式肯定是有问题的。所以,"新闻搭车"固然能使公众诉求得到表达的机会,固然能通过倒逼的方式解决个别社会问题,但这显然是"头痛医头、脚痛医脚"的办法,长此以往只会使问题越积越多,矛盾越来越激化,进一步割裂本就脆弱无比的社会信任纽带。

在庆安枪击事件中,候车室监控视频公开之后,舆论出现"U"型反转。在公布视频的同时,徐纯合一家的火车票也被晒了出来。他们买的是到辽宁金州的车票,是去走亲戚,不可能跑到北京上访。晒出火车票有力地击破了徐纯合是访民、遭遇截访的谣言。而晒出火车票,公布视频,公布调查结果等一系列用事实说话的措施,使徐纯合最终被还原成一个失意

---

① 杨涛:《"新闻搭车"是谁的悲哀?》,红网,http://hlj.rednet.cn/c/2015/05/15/3679163.htm,最后访问日期:2017年7月5日。

的中年男人，从监控视频看还是一个酒后肇事、向空中抛出亲生女儿的危险分子。对此，《人民日报》时评《庆安枪案一波三折谁该反思》一针见血地指出，这本是一次正当履行职务行为，却演变成一波三折的舆论事件，如果当地政府在应对舆论时能够处理得当，或许就能避免无谓的"次生灾害"。① 红网则发表评论《新闻搭车，是谁的悲哀》认为，由庆安事件引起"新闻搭车"现象，能解一时之急，却不是长久之计。② 要让"新闻搭车"现象减少，就必须大力建设法制，将解决矛盾纳入法制轨道，同时大力加强舆论监督，让舆论监督在公民需要时不会缺位。

因此，研究"新闻搭车"现象，并寻求其解决之道，不是为了堵塞民意，而是为了找到对症的"药方"，疏通民意表达的渠道，使社会肌体本身能够健康良性地运转起来，唯有如此，"新闻搭车"现象才真正能够少出现，乃至不出现。这就需要做到以下几点。

首先，要主动打捞梳理"沉没的声音"。如前所述，"新闻搭车"的本质是"民意搭车"，是"舆情搭车"，这些民意和舆情得不到应有的关注，不能被打捞出来，就只能是郁积在民众的内心，隐藏在多数人看不到的渠道中。因此，正如人民网舆情监测室秘书长祝华新在一篇文章《网络舆论倒逼中国改革》中指出，借助互联网改进公共治理，撬动民间社会，促进官民沟通，是当前成本最小、风险最低的政治体制改革举措。③ 一定要在众声喧哗中积极主动地打捞"沉没的声音"，通过舆情调查和舆情监控的手段，对潜在舆情或尚未形成舆论的舆情进行主动打捞、梳理，以及时发现问题、诉求，防患于未然。只有主动系统地监测舆情、打捞舆论，并能对舆情做出准确分析和有针对性的引导，舆情才不会出现压抑的情形，才不会出现舆情的借机表达。④ 因此，打捞"沉没的声音"，既是疏导社会情绪的重要路径，更是防患于未然最有效的手段，当然，也是社会管理者应尽的责任。

其次，从根本上看，"新闻搭车"的源头是社会治理，因此要做好以

---

① 李拯：《庆安枪案，我们该从中看到什么？》，《人民日报》2015年5月15日，第5版。
② 杨涛：《"新闻搭车"是谁的悲哀?》，红网，http://hlj.rednet.cn/c/2015/05/15/3679163.htm，最后访问日期：2017年7月5日。
③ 祝华新：《网络舆论倒逼中国改革》，人民网，http://yuqing.people.com.cn/GB/212786/15835373.html，最后访问日期：2017年8月10日。
④ 李劭强：《"新闻搭车"的舆情分析与引导策略》，《中国广播》2015年第11期，第30~33页。

下两个方面的工作。

一方面，一定要建立健全群众利益诉求表达渠道。如果舆情表达渠道是畅通的，民众的利益诉求就可以通过正当而有效的政府管理渠道得到回应和解决，舆情就不会被淤积起来，更不会持续发酵，并且积极寻求另一个热点事件作为"新闻搭车"的机会，从而导致舆情扩大化的后果。

回到庆安枪击事件中，如此多的举报、如此多的非议，庆安多年前早已埋下的地雷，随着火车站的一声枪响，一个个引爆开来。这不得不让我们产生疑问？这些年累积的问题，如果都得到了及时的解决和处理，庆安的震荡，还会来得如此猛烈吗？如果这些举报，在舆情发生的初期都得以一一处理，庆安枪击事件事态的发展，会如此出人意料吗？①

另一方面，一定要创新社会管理，从政府权力本位转向公民权利本位，坚守社会主义核心价值体系，以人为本，确保公共利益的最大化，实现国家治理现代化，唯有如此，才能从根本上提升政府公信力，也才是真正意义上避免"新闻搭车"现象出现的解决之道。

（课题组组长：王彩平；主要成员：沙玉超、董泽宇、王强；本报告主要执笔人：王彩平）

---

① 钟旭：《舆情分析：庆安枪击事件引发的舆论反思》，中青舆情，http://zqyq.youth.cn/2015/0515/1203527.shtml，最后访问日期：2017年7月5日。

# 跨辖区食品安全事件舆情管理

## ——山东省青岛市"问题西瓜"事件

**摘 要**：2015年3月底4月初发生在山东省青岛市的"问题西瓜"事件，具有食品安全事件常见的特征，即跨辖区管理。这一事件反映出跨辖区突发事件常见的舆情特征——舆情管理缺乏系统性的多方"共输"，表现为涉事主体各自为政、自说自话，媒体先入为主、揣测性报道，权威主体惯性采取"鸵鸟政策"等。跨辖区舆情管理需要建立相应机制进行制度化约束和规范，包括舆情信息即时通报共享机制、跨辖区事件的协同管理机制、舆情形势共同会商研判机制、权威主体响应舆情规范机制等。

**关键词**：跨辖区食品安全事件；舆情管理；"问题西瓜"事件

## 一 事件过程概述

2015年3月29日，青岛市即墨市3位市民因吃西瓜发生恶心、头晕等症状，经医院检查3人都是有机磷中毒，即墨市卫生等相关部门介入调查。

3月31日，疑似西瓜中毒的舆情信息开始出现，最早由微博账号"@蓝色环岛卫生网－青岛健康"发出。

31日中午，《齐鲁晚报》刊发文章《即墨市场现"毒西瓜"三人中毒住院》，开始报道疑似西瓜中毒事件。这篇文章指出："31日，记者从即墨市人民医院了解到，刘女士等3人都是有机磷中毒，经过治疗目前病情稳定。随后，记者致电即墨市食品药品监督管理局，电话一直处于无法接通状态。记者了解到，市民所食用的西瓜，即墨疾控中心的工作人员已经取样检测，即墨市疾控中心相关工作人员称，具体检测结果及相关情况需核实后，在下午才能给予答复。"该文末尾有意识地将疑似问题西瓜指向"黑美人"品种西瓜："据了解，近日来，即墨人民医院接诊12名中毒患者，符合有机磷中毒症状，这些患者在事发之前都吃过一种名叫黑美人的西瓜。"① 该文发出后，一些网站迅即进行了转发。具有较大影响力的微博账号"@头条新闻"等也对事件进行了关注。

31日16时26分，青岛市食品药品监督管理局发布《青岛全市连夜排查"问题西瓜"》，就疑似西瓜中毒事件进行了首次回应。除了列举已开展的措施之外，青岛市食品药品监督管理局在该文中还披露了疑似中毒者所食用的西瓜来源："患者所食用的西瓜来源于即墨市大信中心社区的青岛东方鼎信国家农副产品交易中心，系海南万宁出产的冰糖黑美人西瓜。"海南省万宁市的黑美人西瓜开始"卷入""问题西瓜"事件。

## 青岛全市连夜排查"问题西瓜"

日前，即墨市、胶州市食品药品监督管理局接报，有消费者从水果摊购买西瓜食用后，出现呕吐、头晕等症状。接报后，全市食品药品监管部门立即行动，采取了四项措施：一是协调卫生部门疾控中心，对食用剩余的西瓜进行流行病学调查，判定事件原因。二是执法人员根据患者提供的线索，对疑似"问题西瓜"的来源进行了追溯。经调查，患者所食用的西瓜来源于即墨市大信中心社区的青岛东方鼎信国家农副产品交易中心，系海南万宁出产的冰糖黑美人西瓜。三是执法人员连夜行动，目前正在对该市场经营的所有西瓜进行全面检查和检验，并对全市各区（市）所有的西瓜经营者开展全面检查、检验，一旦发现疑似"问题西瓜"，立即停止销售、下架封存、组织召回，对经定性定量检测确有问题的，依法严惩不贷。四是联合公安机关，依法进行调查处理。消费者怀疑西瓜有食品质量问题，可拨打食品药品监管投诉举报电话12331进行投诉举报。

资料来源：青岛市食品药品监督管理局：《青岛全市连夜排查"问题西瓜"》，青岛市食品药品监督管理局网站，http://qingdao.qlwb.com.cn/html/2015/guanzhu_0331/12483.html，最后访问日期：2017年7月5日。

---

① 陈之焕：《即墨市场现"毒西瓜"三人中毒住院》，齐鲁晚报网，http://qingdao.qlwb.com.cn/html/2015/guanzhu_0331/12479.html，最后访问日期：2017年7月5日。

山东省和青岛市的媒体很快转发了青岛市食品药品监督管理局发布的内容。但就31日的转发情况来看，媒体尚未将矛头重心指向海南万宁。

31日18时27分，即墨市食品药品监督管理局官方微博"@即墨市食品药品监督管理局"发布长篇微博文章《即墨市追溯抽检"毒西瓜"首批次抽检结果合格》（该文于4月2日又发布于即墨市食品药品监督管理局网站），首次以官方身份将"问题西瓜"定义为"毒西瓜"，然而其内容中的检测结论非但不能验证西瓜之"毒"，反而得出了"检测结论合格，符合有关标准"的相反结论。在该文中，即墨市食品药品监督管理局通报称："已对其食用剩余的西瓜进行取证，送往青岛市疾控中心进行检验，是否疑似有机磷中毒需4月1日出具检验报告后确定。"并确认："经查该批'黑美人'西瓜产自我国南方。"与此同时，该文还指出："委托第三方检验检测机构对查封的西瓜进行抽检，3月31日12时首批抽检检测报告已出具，检测结论合格，符合国家有关标准要求。"

4月1日上午，齐鲁晚报网登载《青岛12人吃"黑美人"中毒　部分检出农药残留超标》一文，报道了采访食物中毒者。其中，由于涉及孕妇"中毒"的内容而备受关注。"在即墨市人民医院接受治疗的，还有身怀六甲的王女士，她因为吃了'毒西瓜'一直在接受治疗，而她腹中胎儿可能不保。""大夫说，因为中毒比较严重，已经侵入婴儿的血液，即使出生也会有脑瘫等后遗症。兰先生告诉记者，当晚11点，他们又从青医附院转回到即墨市人民医院继续治疗。医生建议先把大人治好后，再把婴儿流产。"① 该报道同时以小标题的方式转述了青岛市食品药品监督管理局确定西瓜来源系海南万宁，但首批检测符合标准。齐鲁晚报网的报道很快被一些媒体更改为《山东青岛孕妇吃西瓜胎儿中毒　产检农药残留超标》。② 这一更改由于直观使用了"孕妇""胎儿中毒"等字眼，极大地刺激了舆情，媒体开始大量转发，一些影响力较大的微博账号，如"@头条新闻"等也开始转发，"毒西瓜"成为当天的热度搜索词。

下午，青岛市食品药品监督管理局发布《关于疑似"问题西瓜"事件

---

① 陈之焕、刘震：《青岛12人吃"黑美人"中毒　部分检出农药残留超标》，齐鲁晚报网，http：//www.qlwb.com.cn/2015/0401/349282.shtml，最后访问日期：2017年7月5日。
② 《山东青岛孕妇吃西瓜胎儿中毒　产检农药残留超标》，齐鲁晚报网，http：//news.sina.com.cn/green/news/roll/2015-04-01/112031669751.shtml，最后访问日期：2017年7月5日。

的处理情况》的通报，再次明确："患者所食用的西瓜来源于即墨市大信中心社区的青岛东方鼎信国家农副产品交易中心，系海南万宁出产的冰糖黑美人西瓜，共3万斤。"

## 关于疑似"问题西瓜"事件的处理情况

接即墨市、胶州市食品药品监督管理局报告后，市食品药品监督管理局立即组织全市食品药品监管部门，于3月30日连夜对疑似"问题西瓜"情况进行了调查处理。截至目前，调查处理情况如下。

第一，全市共有17人在食用水果摊购买的西瓜后，出现呕吐、头晕等症状。其中，即墨市9人，胶州市8人。除一名患者住院治疗外，其他患者均已好转或出院。截至目前，食品药品监管部门未再接到消费者关于食用西瓜引发疑似食物中毒的报告。

第二，患者所食用的西瓜来源于即墨市大信中心社区的青岛东方鼎信国家农副产品交易中心，系海南万宁出产的冰糖黑美人西瓜，共3万斤，主要流向即墨、胶州、城阳，执法人员已对未售出的西瓜进行了查封。

第三，卫生部门、疾控中心正在对食用剩余的西瓜进行流行病学调查，判定事件原因。经对消费者食用的西瓜进行检验，初步判定为农药残留超标。

第四，食品药品监管执法人员正在对该市场经营的所有西瓜进行全面检查和抽检，并对全市各区（市）所有的西瓜经营者开展全面检查、抽检，重点突出各级批发市场，突出海南产地的西瓜。目前检验结果合格，西瓜市场总体平稳。

第五，食品药品监管部门会对"问题西瓜"实施停止销售、下架封存、组织召回、监督销毁等措施，并已经联合公安机关开展调查，一旦发现违法犯罪行为，依法严惩不贷。

第六，食品药品监管部门在此提醒消费者，如果怀疑西瓜有食品质量问题，请及时拨打食品药品监管投诉举报电话12331进行投诉举报。

2015年4月1日

资料来源：青岛市食品药品监督管理局：《关于疑似"问题西瓜"事件的处理情况》，青岛市食品药品监督管理局网站，http：//sfda.qingdao.gov.cn/n32205902/n32205903/n32205904/150401135153876403.html，最后访问日期：2017年7月5日。

4月1日14时49分，青岛市政府官方微博"@青岛发布"以长微博方式转发了青岛市食品药品监督管理局的《关于疑似"问题西瓜"事件的处理情况》。

4月1日下午，青岛市食品药品监督管理局发布西瓜消费警示，不再使用此前的"问题西瓜"字样，而改用"海南万宁出产的冰糖黑美人西瓜"。

## 市食品药品监督管理局发布西瓜消费警示

近日，有消费者因食用海南万宁出产的冰糖黑美人西瓜出现恶心、呕吐等症状，市食品药品监督管理局提醒广大消费者：请您谨慎购买，如发现质量问题请及时拨打食品药品投诉举报电话12331。

资料来源：青岛市食品药品监督管理局：《市食品药品监管局发布西瓜消费警示》，青岛市食品药品监督管理局网站，http：//sfda.qingdao.gov.cn/n32205902/n32205903/n32205904/150401184256152554.html，最后访问日期：2017年7月5日。

4月1日17时7分，青岛市食品药品监督管理局官方微博账号"@青岛食品药品监管"以调侃的方式发了一条微博，称："'问题西瓜'和俺木有关系！愚人节青岛西瓜被'愚'了！"该条微博还说明"问题西瓜"产自海南。

4月1日17时13分，海南省万宁市政府官方微博账号"@万宁发布"就青岛方指涉"问题西瓜"产自万宁进行了首次回应："我市委市政府高度重视，表示追溯源头，查实情况，如发现有违规施用剧烈农药的，坚决依法严惩，绝不姑息。"该条微博同时披露："今天下午农业、食药监等部门组成调查组，赶赴山东调查取证，相关调查结果将及时向社会通报。"

万宁市关于组成联合调查组赴山东调查取证的措施发布后，包括《齐鲁晚报》在内的媒体纷纷转发，舆论对这一积极态度和措施表示了较高的认可。

4月1日18时48分，"@青岛发布"转发了青岛市食药监局的"消费警示"。

4月2日9时24分，《齐鲁晚报》刊发报道《黑美人从万宁到青岛应有多道检测程序却出问题》。在该报道中，记者采访了济南市农业局蔬菜育苗首席专家张伟丽关于西瓜检测问题的看法。该专家介绍说："海南地区的土壤污染和病虫害相对较多，在农药使用上可能会多一些。像是本地出产的西瓜，监管系统比较到位，追溯起来也更加简单。"①

4月2日上午，《齐鲁晚报》还报道了万宁市联合调查组在青岛工作的情况："在青岛市食品药品监督管理局等部门的配合下，海南万宁市农业局和食品药品监督管理局成立的联合调查组抵达即墨大信青岛东方鼎信农副产品交易中心，已经对'问题西瓜'展开调查。"②

4月2日下午，青岛市食品药品监督管理局发布第三次情况通报。这次通报继续使用"问题西瓜"的字样，明确了"患者食用的西瓜为氨基甲酸酯类农药涕灭威（aldicarb）超标"。该通报同时指出："据即墨市卫生局调查：即墨市人民医院4月1日B超检查显示，食用'问题西瓜'孕妇胎儿未见明显异常，是否有其他问题，目前尚无法确定；该医院接诊医护人员均未接受过新闻媒体采访。其他患者已无明显症状。"这意味着此前媒体所报道的孕妇因食用"问题西瓜"致胎儿中毒的报道存在不实情况。

## 青岛市食品药品监督管理局第三次发布关于"问题西瓜"事件的处理情况

第一，卫生部门疾控中心流行病学调查结论确认，患者食用的西瓜为氨基甲酸酯类农药涕灭威（aldicarb）超标。

第二，患者食用的西瓜均来源于即墨市青岛东方鼎信国家农副产

---

① 陈之焕、吕璐、张玉岩，《黑美人从万宁到青岛应有多道检测程序却出问题》，齐鲁晚报网，2015年4月2日，http://www.qlwb.com.cn/2015/0402/350391_2.shtml，最后访问日期：2017年7月5日。

② 《海南万宁联合调查组抵青开始调查"问题西瓜"》，新浪微博，http://weibo.com/p/1001603827141966970479，最后访问日期：2017年7月5日。

品交易中心的两家批发商，即墨市公安机关已介入处理。

第三，据即墨市卫生局调查：即墨市人民医院4月1日B超检查显示，食用"问题西瓜"孕妇胎儿未见明显异常，是否有其他问题，目前尚无法确定；该院接诊医护人员均未接受过新闻媒体采访。其他患者已无明显症状。

第四，截至目前，全市食品药品监管部门已出动执法人员870人次，检查经营单位1152家，检查西瓜70663公斤，对来源不明等没有质量保证的西瓜下架封存3918公斤。

第五，市食品药品监督管理局提醒广大消费者：涕灭威，主要用于防治蚜虫、螨类等病虫害，可通过吸入、食入、经皮吸收等方式危害人体健康。早期中毒症状主要表现为头昏、眼花、舌头发麻、乏力、面色苍白、恶心呕吐等，一般情况下病程较短，在人体内代谢迅速，经水解后代谢产物随尿排出。消费者如食用后出现以上不适症状，请立即到医院就诊，并及时拨打食品药品投诉举报电话12331进行投诉举报。

资料来源：青岛市食品药品监督管理局：《青岛市食药监局第三次发布：关于"问题西瓜"事件的处理情况》，青岛市食品药品监督管理局网站，http://sfda.qingdao.gov.cn/n32205902/n32205903/n32205904/150402162827015401.html，最后访问日期：2017年7月5日。

4月3日凌晨，万宁市通过媒体通报西瓜排查工作进展，称未发现有违规使用农药的情况。"4月2日，该市成立8个工作小组对8个乡镇的西瓜种植基地生产使用农药情况进行排查，未发现有违规使用农药的情况，并抽检3个农贸市场12个西瓜销售摊点和2个超市共14个样本，经检测全部合格。另外，该市抽调工作人员组成4个督查组，对各镇排查情况进行跟踪督查。4月2日的督查结果显示，8个乡镇西瓜种植基地未发现有违规使用农药的情况。该市目前已对曾调运至山东地区的西瓜种植基地进行抽样检查，并已抽取40个样本送省检测。"[1]

---

[1] 《万宁排查全市西瓜种植户未发现违规使用农药》，人民网，http://hi.people.com.cn/n/2015/0403/c231190-24370449.html，最后访问日期：2017年7月5日。

4月3日，青岛市食品药品监督管理局发布第四次情况通报，执法人员"检查西瓜76016公斤，抽检979批次，初步判定9批次含有涕灭威，已进行了下架封存"。然而，该通报并没有说明含有涕灭威9个批次、被下架封存的西瓜共计多少斤。

### 市食品药品监督管理局第四次发布关于"问题西瓜"事件的处理情况

截至目前，全市食品药品监管部门已出动执法人员1528人次，检查经营单位2015家，检查西瓜76016公斤，抽检979批次，初步判定9批次含有涕灭威，已进行了下架封存。投诉举报电话：12331。

资料来源：青岛市食品药品监督管理局：《市食品药品监管局第四次发布：关于"问题西瓜"事件的处理情况》，青岛市食品药品监督管理局网站，http：//sfda. qingdao. gov. cn/n32205902/n32205903/n32205904/150403173409154817. html，最后访问日期：2017年7月5日。

4月5日，青岛市食品药品监督管理局发布第五次情况通报，称未再发现新的"问题西瓜"，事件已进入立案查办阶段。

### 市食品药品监督管理局第五次发布关于问题西瓜事件的处理情况

截至目前，全市食品药品监管部门已累计出动执法人员2793人次，检查经营单位3979家，检查西瓜156587公斤，抽检1287批次，未再发现新的"问题西瓜"。我们将继续加大执法检查力度，确保西瓜市场质量安全。目前，"问题西瓜"事件已进入立案查办阶段，如有新的情况，我们将及时向社会发布。如果您怀疑西瓜有质量问题，请及时拨打食品药品投诉举报电话12331投诉举报。

资料来源：青岛市食品药品监督管理局：《市食品药品监管局第五次发布：关于问题西瓜事件的处理情况》，青岛政务网，http：//sf-da. qingdao. gov. cn/n32205902/n32205903/n32205904/150405174315624422. html，最后访问日期：2017年7月5日。

4月5日,《南方农村报》报道了其对万宁市部分西瓜种植户的报道,并全文转发了对"问题西瓜"事件的一份"自白书"。在这份"自白书"中,西瓜种植户认为种植环节不可能用涕灭威,也没有必要。"在一亩地约9000元的成本中,农药占的比例不到5%,也就是450元。我们没必要为省这部分购买价格稍低的高毒农药,牺牲全部的种植心血。""自白书"最后针对青岛市食品药品监督管理局发布的4次处理情况公告提出了三点质疑:"第一,发布中称,患者食用的涕灭威超标的西瓜来自海南万宁市,但并未明确表示涕灭威是出现在种植环节,流通环节还是销售环节。第二,公告中为何没有标明涕灭威超标的具体含量?第三,'问题西瓜'来自海南万宁的说法,只在前两次公告中有说明,后两次并未明确指出。但第四次公告中称'青岛全市食药监进行了979个批次的抽检,其中9个批次含有涕灭威'。请问,9个批次中有多少是来自海南万宁?"

### 一封海南万宁东方西瓜种植户的自白:该由全岛瓜农背负罪责吗?

今天万宁的无籽西瓜跌到8毛钱/斤,但考虑到瓜都快熟了,等不起,只能流着泪卖。还要担心万一明天果商不收瓜了。

给大家算一笔账,目前在和乐镇种西瓜,一亩成本主要有:地租2500~2800元、长期工人3000元、肥料2000元、农药300~500元,总投入约9000元/亩。管理好,亩产7500~8000斤,因此卖到1.3元/斤才能收回本钱。在这里种西瓜的都是100亩以上的大户,不上量小户根本赚不到钱。

4月1日的报道一出,我们产的无籽西瓜从2元/斤,一天掉价几毛钱,现在已经跌破成本价。

我们都是近100亩的大户,几百万元的损失谁来赔?如果瓜真卖不出去,可能五六年都赚不回损失。眼下正是西瓜上市高峰期,在和乐镇,8000多亩的无籽西瓜,至少有一半还没有卖出去。

但是果商说,他们也没有办法,现在不敢多收。需要等政府与媒体的后续报道,再决定(收不收)。但我们就不明白了:

(1)"问题西瓜"品种是冰糖黑美人,为什么万宁主产的无籽西瓜却遭了殃?

我们种瓜的都熟悉西瓜品种，但消费者可能不清楚。其实，报道的"问题西瓜"是长椭圆黑皮的黑美人，而我们万宁种的西瓜主要是无籽西瓜、麒麟瓜两个品种。

万宁种植的黑美人规模很小，主要目的是把它的花粉授到四倍体西瓜上，最终得到无籽西瓜。

无籽西瓜是露天种在沙地里，麒麟瓜是大棚种植。这次风波并未影响麒麟瓜的销量，其主销江浙一带，价格一直维持在2.8元/斤以上，且已上市多半。我们种的无籽西瓜和黑美人一样，销往全国，是不是因此躺着中枪，我们不知。

（2）我们的种植环节不可能用涕灭威，也没有必要。

报道说"问题西瓜"的元凶是涕灭威残留超标。但是，自海南农药实行专营后，农资店里是买不到任何高毒农药的，更何况海南在1997年就已禁止全岛使用涕灭威。我们真不知涕灭威还能从哪里来？

在一亩地约9000元的成本中，农药占的比例不到5%，也就是450元。我们没必要为省这部分购买价格稍低的高毒农药，牺牲全部的种植心血。

此外，在收购习惯之前，都是前一天由中介带着果商去地里查看。收瓜的时候，还都是由专门挑瓜的熟练工人一个个选出来的。

最重要的是，我们种的西瓜，每天都拿来解渴，如果有毒，中毒的首先是我们自己。

（3）没有"检疫证"的瓜无法出岛，"问题西瓜"是怎么出去的？

按照法规，卖出的每车瓜必须出具农残检测合格报告，我们称为"检疫证"，才可出岛。农残检测主要是有机磷与氨基甲酸酯含量，而涕灭威便属于氨基酸甲酸酯类。我不清楚，都是检测过的瓜，为什么还说我们种的瓜有问题？

（4）为何全岛瓜农都要来背这个责任？

我们这里的种瓜农户，每次采收都超过一车。而且黑美人、无籽西瓜等品种均为露地种植。请问，同一农户种出的西瓜，只出现部分有问题的概率大吗？

就算出现的"问题西瓜"是种植环节出了问题，3万斤的量只等于5亩地，很可能只是单个农户的问题。但是，今天东方黑美人跌破成本价，马上琼海、文昌的西瓜也将大量上市，海南超20万亩西瓜是否都会面临同样的销售困境？

(5) 万宁政府赴山东调查结果何时出？

我们想问万宁市领导，青岛方面已经出了4次公告，但你们去山东调查此事好几天了，为什么一点回应也没有？地里的西瓜等不起啊！

今天，看到徐州、上海抽检的海南西瓜，均没有出现农药残留问题的消息，算是唯一的安慰。

(6) 媒体发布的有关"问题西瓜"或致孕妇胎儿不保的消息从何而来？

4月2日青岛市食品药品监督管理局发布的"问题西瓜"事件处理情况中称，食用"问题西瓜"孕妇胎儿未见明显异常，且医治中毒者医院接诊医护人员，均未接受过新闻媒体采访。其他患者已无明显症状。

请问，之前媒体报道的"问题西瓜或致孕妇胎儿不保"的新闻是从何而来的？

此外，我们看了针对"问题西瓜"事件，青岛市食品药品监督管理局发布的4次处理情况公告。有一些是公告一直未发布，但我们认为十分关键的信息，也让我们十分不理解，具体整理如下：

第一，发布中称，患者食用的涕灭威超标的西瓜来自海南万宁市，但并未明确表示涕灭威是出现在种植环节，流通环节还是销售环节。

第二，公告中为何没有标明涕灭威超标的具体含量？

第三，"问题西瓜"来自海南万宁的说法，只在前两次公告中有说明，后两次并未明确指出。但第四次公告中称"青岛全市食药监进行了979个批次的抽检，其中9个批次含有涕灭威"。请问，9个批次中有多少是来自海南万宁？

海南万宁东方西瓜种植户<br>2015年4月4日

资料来源：《为什么受伤的总是海南瓜果？！万宁西瓜跌破成本！瓜农含泪连发6问》，《国际旅游岛商报》2015年4月5日。

4月6日，万宁市西瓜种植户的"自白书"在微博和微信等有一定传播。

4月7日，海南省和万宁市通报了对西瓜种植的自查情况以及赴青岛联合调查组的调查情况。万宁市方面称："自4月1日起，万宁对全市种植西瓜的8个乡镇的西瓜基地进行地毯式排查，已检测西瓜样品5200个，均未发现违规使用农药情况。万宁西瓜的销售价格正逐步回升。"①

在全省范围自查方面，海南省食品药品监督管理局发布了全省各市县食品药品监督管理局的检查情况，均未发现有农药残留超标的情况。②

关于联合调查组的调查情况，万宁市向媒体通报说："事件发生后，4月1~4日，海南省农业厅、万宁市派出调查小组赴山东青岛市、即墨市和胶州市调查了解'问题西瓜'事件的相关情况。调查组在青岛市农委和市食品药品监督管理局的陪同下，专访了即墨市和胶州市多家部门及经销商，但上述单位均未能提供'问题西瓜'来源于海南万宁的相关证据。"③

4月8日上午，大众网发布报道《青岛"问题西瓜"事件发酵：西瓜滞销 2患者仍住院》，提到此前食用"问题西瓜"的孕妇已经引产。"在即墨市人民医院，因食用'问题西瓜'而住院治疗的王女士已从急诊病房转至妇产科病房。王女士的丈夫兰先生告诉大众网记者，王女士已经于4月6日打上引产针，实施引产手术，医生说今天晚上或者明天开始疼，孩子会慢慢脱离母体。"④

4月9日后，"问题西瓜"事件的舆情开始呈现出减弱趋势。

4月16日，"问题西瓜"事件舆情开始反弹。上午，中国广播网发布报道《疑似问题西瓜导致海南瓜农损失惨重 调查结果难出炉》，追问道："是不是食用了西瓜出现不适症状？西瓜到底有什么问题？到今天已经过

---

① 付美斌：《海南万宁对西瓜生产进行地毯式排查未见异常瓜价回升》，中国新闻网，http://www.chinanews.com/sh/2015/04-07/7189687.shtm，最后访问日期：2017年7月5日。
② 海南省食品药品监督管理局：《各局对西瓜进行抽样快检均未发现农残超标》，海南省食品药品监督管理局网站，http://www.hifda.gov.cn/zxdt/sxdt/201504/t20150407_1544307.html，最后访问日期：2017年7月5日。
③ 付美斌：《海南万宁对西瓜生产进行地毯式排查未见异常瓜价回升》，中国新闻网，http://www.chinanews.com/sh/2015/04-07/7189687.shtm，最后访问日期：2017年7月5日。
④ 《青岛"问题西瓜"事件发酵：西瓜滞销 2患者仍住院》，大众网，http://sd.sdnews.com.cn/yw/201504/t20150408_1880070.htm，最后访问日期：2017年7月5日。

去 2 周的时间，但青岛和海南官方仍未就此事下定论。"该报道采访了万宁市的部分西瓜种植户，称："万宁市的西瓜种植以大户居多，他们从村民手中以每亩 2600 元左右的价格租地，算上人工、水电、种苗、农药等费用，每亩西瓜的成本大约为 9000 元，其中农药成本在 600 元左右，占比不到 6.7%，很多种植户说在农药的使用上省不了多少钱，没有使用剧毒农药的必要。"[1]

16 日上午，齐鲁晚报网发布报道《青岛吃西瓜中毒孕妇 索赔遇到难题》指出："经过半个多月的住院治疗，因食用问题西瓜入院的孕妇患者于 15 日下午出院。家属决定就问题西瓜造成的伤害寻求赔偿，但遇到证据难题。"[2]

当天，即墨市食品药品监督管理局发布事件进展通报："'问题西瓜'均由即墨市青岛东方鼎信实业有限公司的两家批发商王某和陈某从海南万宁购进，共计三批，均有样品检出涕灭威。"16 日 15 时 26 分，青岛市食品药品监督管理局官方微博转发了即墨市食品药品监督管理局发布的文章。媒体也纷纷对即墨市食品药品监督管理局的发布进行转发。

## 即墨市食品药品监督管理局发布关于"问题西瓜"的立案查办进展情况

经即墨市食品药品监管局联合公安机关查证，"问题西瓜"均由即墨市青岛东方鼎信实业有限公司的 2 家批发商王某和陈某从海南万宁购进，共计 3 批，均有样品检出涕灭威。其中，王某 1 批，2015 年 3 月 24 日从海南万宁发货，3 月 27 日运抵；陈某 2 批，一批于 2015 年 3 月 25 日从海南万宁发货，3 月 28 日运抵；另一批于 2015 年 3 月 28 日从海南万宁发货，3 月 31 日运抵。主要证据有：货物运输介绍单和运输合同、运输车辆监控录像、银行卡取款业务回单、万宁市农业局和万宁市农产品质量安全检验检测站出具的农残检验报告单、万宁

---

[1] 《疑似问题西瓜导致海南瓜农损失惨重 调查结果难出炉》，中国广播网，http://www.cnfood.cn/n/2015/0416/52609.html，最后访问日期：2017 年 7 月 5 日。

[2] 陈焕之：《青岛吃西瓜中毒孕妇 索赔遇到难题》，齐鲁晚报网，http://news.eastday.com/eastday/13news/auto/news/china/u7ai3792521_K4.html，最后访问日期：2017 年 7 月 5 日。

供货人出具的供货证明、检测机构出具的检验检测报告以及当事人的供述等。4月8日,即墨市食品药品监管局已向海南万宁市有关部门发函协查。

资料来源:青岛市食品药品监督管理局:《即墨市食品药品监督管理局发布:关于"问题西瓜"的立案查办进展情况》,青岛市食品药品监督管理局网站,http://sfda.qingdao.gov.cn/n32205902/n32205903/n32205904/150416140118602762.htm,最后访问日期:2017年7月5日。

4月17日上午,青岛一家购物中心举行了一场所谓的"全民砸西瓜"活动。现场,众多青岛市民亲手销毁了"问题西瓜"事件发生后被下架的西瓜,销毁总重量超过4吨。青岛新闻网、《齐鲁网报》等山东省内、青岛市本地媒体纷纷报道了砸西瓜活动。4月17日19时58分,青岛市政府官方微博"@青岛发布"也报道了砸西瓜活动。

4月18日,各大媒体纷纷转发报道青岛的砸西瓜活动。4月19日上午,腾讯微信将青岛砸西瓜活动作为头条新闻推送,砸西瓜活动成为当天的重大舆情热点。

4月19日晚上,中国新闻网发布报道《海南万宁瓜农吁查清问题瓜园:莫让所有人担污名》指出:"近日青岛的一场'砸西瓜'秀,将本来日趋平静的海南万宁'问题西瓜'事件,再次推上风口浪尖。19日,有万宁瓜农呼吁追查所谓'问题西瓜'到底产自哪片瓜园?如何通过检测卖到山东?他们表示,不能让所有万宁瓜农担此污名。"[①]

4月20日,央广网发布报道《海南"问题西瓜"事件扑朔迷离 三大疑问待解》,提出了三个问题:首先,"涕灭威"到底来自哪里?为何已禁止多年,还会有农户使用这种剧毒农药?其次,"问题西瓜"是如何突破层层监管进入市场的?最后,"问题西瓜"究竟出自哪块地?[②]

4月23日,新华网发布报道《国务院食安办派工作组督导"问题西瓜"调查》指出:"山东即墨、胶州等地17人因食用西瓜出现呕吐、头晕

---

① 《海南万宁瓜农吁查清问题瓜园——莫让所有人担污名》,中国新闻网,http://news.sina.com.cn/c/2015-04-19/223131735603.shtml,最后访问日期:2017年7月5日。

② 《海南"问题西瓜"事件扑朔迷离 三大疑问待解》,央广网,http://china.cnr.cn/yaowen/20150420/t20150420_518353411_1.shtml,最后访问日期:2017年7月5日。

等症状。经查,相关西瓜农药"涕灭威"超标,产地疑为海南万宁市。国务院食品安全委员会办公室近日派出工作组到山东、海南督导两地对"问题西瓜"事件的调查。有关方面将第一时间向社会发布调查结果。"[1]

23日当天,海南本地媒体纷纷报道海南有关部门全力配合调查西瓜事件:"在事实调查清楚之后,有关方面将在第一时间毫不掩饰地向社会正式发布调查结果。一经发现任何人、任何地点实施违法犯罪行为,将严惩重处,并对相关人员严肃追责。"[2]

4月24日后,"问题西瓜"事件舆情逐渐减弱并消退,而相关监管主体和部门也没有再就该事件进行新的通报。

## 二 舆情呈现特点:舆情管理缺乏系统性的多方"共输"

"问题西瓜"事件在舆情管理上所呈现的特点是跨辖区性,监管主体涉及青岛市政府、海南省(万宁市)政府及相关部门。这种跨辖区性是食品安全事件管理常见的特点。

由于专门法和专门性应急预案缺乏明确的规定,在出现跨辖区食品安全事件时,各涉事管理主体往往无所适从、不知所措。其结果是各主体在事件的舆情上出现"共输"现象,严重损害政府的公信力。

### (一)涉事主体各自为政、自说自话

经过近年的经验积累,各地政府均已认识到食品安全事件中的舆情效应,也十分重视在食品安全事件管理过程中积极回应社会关切。然而,从各自利益出发,在出现跨辖区食品安全事件时,相关监管主体往往都只从自身价值判断进行舆情回应。这种自身利益最大化的所谓"理性选择"的结果,常常是导致相关主体之间在舆情上的互相"掐架"。

在2015年的"问题西瓜"事件中,涉事的山东省青岛市和海南省万宁市监管主体可以说都在十分积极地、努力地回应舆情,但各自为政的做法导致了"掐架"的现象。

在"问题西瓜"事件处置过程中的舆情回应中,青岛方面共计发布信息

---

[1] 《国务院食安办派工作组督导"问题西瓜"调查》,新华网,http://news.xinhuanet.com/legal/2015-04/23/c_127725747.htm,最后访问日期:2017年7月5日。

[2] 《海南有关部门全力配合调查西瓜事件》,海南省人民政府网站,http://www.hainan.gov.cn/hn/yw/jrhn/201504/t20150423_1553937.html,最后访问日期:2017年7月5日。

8次（见表1），海南（万宁）方面共计发布信息5次（见表2）。通过对两地舆情回应进行比较可以看出，两地监管主体基本上是自说自话，都想告诉公众"这事与我无关"，甚至一方主体试图给公众留下的印象是"问题出在他身上"。然而，这种"自扫门前雪"的回应方式很难得到公众的理解，反而会认为两地在互相推诿，没有真正从维护公众食品安全的角度出发。

**表1 青岛方处置"问题西瓜"事件中的舆情回应**

| 回应时间 | 回应主体 | 回应渠道 | 主要内容 |
| --- | --- | --- | --- |
| 2015年3月31日 | 青岛市食品药品监督管理局 | 官方网站、媒体 | 针对即墨市、胶州市有消费者食用西瓜后出现呕吐、头晕等症状，全市食品药品监管部门进行排查 |
| 2015年3月31日 | 即墨市食品药品监督管理局 | 官方网站、媒体、官方微博 | 通报首批抽检西瓜结果合格；经查"问题"西瓜"黑美人"品种来自我国南方 |
| 2015年4月1日 | 青岛市食品药品监督管理局 | 官方网站、媒体、官方微博 | 确认"问题西瓜"系海南万宁出产的冰糖黑美人西瓜，共3万斤，主要流向即墨、胶州、城阳，执法人员已对未售出的西瓜进行了查封 |
| 2015年4月1日 | 青岛市食品药品监督管理局 | 官方网站、媒体、官方微博 | 消费警示：有消费者因食用海南万宁出产的冰糖黑美人西瓜出现恶心、呕吐等症状，市食品药品监管局提醒广大消费者：请您谨慎购买 |
| 2015年4月2日 | 青岛市食品药品监督管理局 | 官方网站、媒体 | 确认患者食用的西瓜为氨基甲酸酯类农药涕灭威（aldicarb）超标。食用"问题西瓜"孕妇胎儿未见明显异常，是否有其他问题，目前尚无法确定；该医院接诊医护人员均未接受过新闻媒体采访 |
| 2015年4月3日 | 青岛市食品药品监督管理局 | 官方网站、媒体 | 截至目前的检查情况：抽检979批次，初步判定9批次含有涕灭威，已进行了下架封存 |
| 2014年4月5日 | 青岛市食品药品监督管理局 | 官方网站、媒体 | 截至目前的检查情况：未再发现新的"问题西瓜" |
| 2015年4月16日 | 即墨市食品药品监督管理局 | 官方网站、媒体、官方微博 | "问题西瓜"均由即墨青岛东方鼎信实业有限公司的两家批发商王某和陈某从海南万宁购进，共计3批，均有样品检出涕灭威。即墨市食品药品监督管理局已向海南万宁市有关部门发函协查 |

表 2　海南（万宁）方处置"问题西瓜"事件中的舆情回应

| 回应时间 | 回应主体 | 回应渠道 | 主要内容 |
| --- | --- | --- | --- |
| 2015 年 4 月 1 日 | 万宁市政府 | 官方微博、媒体 | 市委、市政府高度重视，表示追溯源头，查实情况，如发现有违规使用剧烈农药的，坚决依法严惩，绝不姑息。市农业、食药监等部门组成调查组，赶赴山东调查取证 |
| 2015 年 4 月 3 日 | 万宁市政府 | 媒体 | 通报西瓜排查工作进展，未发现有违规使用农药的情况 |
| 2015 年 4 月 7 日 | 万宁市政府 | 媒体、官方微博 | 通报赴青岛联合调查组调查情况：调查组在青岛市农委和市食品药品监督管理局的陪同下，专访了即墨市和胶州市多家部门及经销商，但上述单位均未能提供"问题西瓜"来源于海南万宁的相关证据 |
| 2015 年 4 月 7 日 | 海南省食品药品监督管理局 | 官方网站 | 通报西瓜抽检情况：各市县食品药品监督管理局抽查，均未发现农药残留超标情况 |
| 2015 年 4 月 23 日 | 海南省政府 | 媒体、官方微博 | 经省农业厅、食品药品监督管理局、万宁市政府严格抽查，尚未发现西瓜种植环节使用"涕灭威"的情况。青岛、万宁两地公安正全力侦办。国务院食品安全委员会办公室近日派出工作组先后到山东、海南督促检查指导两地就西瓜事件开展调查和相关工作，海南有关部门全力配合调查 |

随着事态的发展，在事件的后期，青岛市有商家在 4 月 17 日组织了"砸西瓜"活动。这种号称砸"问题西瓜"的活动，系个别商家的一种"作秀"行为。令人诧异的是，个别商家的这种"作秀"行为似乎得到了青岛官方的认可。4 月 17 日 19 时 58 分，青岛市政府官方微博"@青岛发布"主动发布了所谓"青岛商城怒砸问题西瓜"的信息。

"@青岛发布"这一信息发布后，非但没有得到公众对青岛方面的谅解，反倒引发了公众对于两地政府在互相"掐架"的猜想。此时，舆论对两地政府都提出了质疑：一方面，公众质疑青岛市政府支持"砸西瓜"行为的动机是在挑起舆论对海南方面的施压，认为这是一种官方作秀行为，并无助于事件的解决。舆论认为，此时最需要做的是尽快调查清楚事件，到底是否存在"问题西瓜"，如果存在又是来源于哪里，已经流通的情况及如何避免食用"问题西瓜"。有媒体就质问："青岛市民怒砸西瓜能否砸出国人对食品安全的信任呢？"[①] 另一方面，公众质疑万宁市政府方面，"问题西瓜"是否真的来自万宁，万宁西瓜是否存在农药超标问题。然而，出于种种原因，万宁市在这一阶段已经无法发声来为自己申辩。

因此，"砸西瓜"行为及青岛官方的公开声援实际上给两地政府的公信力都带来了重大伤害，同时刺激了舆情的二次反弹。

### （二）媒体先入为主、揣测性报道

由于跨辖区的特征，在出现食品安全事件时，当地媒体往往愿意从保障本地公众安全的角度出发报道。这种出发点本身并没问题，但其衍生的结果常常是为了扩大传播度而刻意渲染，甚至在一定程度上先入为主地发布揣测性报道。

在2015年4月1日之前，"问题西瓜"事件的舆情主要在青岛地区，表现为局部性。该事件之所以能迅速扩散，成为全国性舆情，源自《齐鲁晚报》4月1日的一篇报道《青岛12人吃"黑美人"中毒 部分检出农药残留超标》。该文以小标题的形式报道"毒素侵入到未出生婴儿的血液中"："在即墨市人民医院接受治疗的，还有身怀六甲的王女士，她因为吃了'毒西瓜'一直在接受治疗，而她腹中胎儿可能不保。"[②] 随后，一些媒体在对该文的转发过程中，又将"胎儿中毒""胎儿不保"的字眼进行提取作为报道的标题，如《山东青岛孕妇吃西瓜胎儿中毒 产检农药残留超标》[③] 等。这种标签化的报道，很快刺激了公众的情绪，更多人开始关注事件，更多媒体参与转发，从而使得原本关注度不大的事件变为舆情事件。然而，青岛市食药局的情况通报称："据即墨市卫生局调查：即墨市人民医院4月1日B超检查显示，食用'问题西瓜'孕妇胎儿未见明显异

---

[①] 梁云风：《怒砸问题西瓜能否砸出食品安全的信任》，齐鲁网，http://pinglun.iqilu.com/yuanchuang/2015/0420/2375459.shtml，最后访问日期：2017年7月5日。

[②] 陈之焕、刘震：《青岛12人吃"黑美人"中毒 部分检出农药残留超标》，《齐鲁晚报》2015年4月1日。

[③] 《山东青岛孕妇吃西瓜胎儿中毒 产检农药残留超标》，新浪新闻，http://news.sina.com.cn/green/news/roll/2015-04-01/112031669751.shtml，最后访问日期：2017年7月5日。

常,是否有其他问题,目前尚无法确定;该医院接诊医护人员均未接受过新闻媒体采访。其他患者已无明显症状。"① 这意味着此前媒体所报道的孕妇因食用"问题西瓜"致胎儿中毒的报道存在不实情况。这种标签化的报道或多或少加剧了公众的恐慌。②

随着事件的发展,媒体的揣测性报道继续深化。4月3日,大众网发布了报道《倒追海南"毒西瓜"外流路线 禁用农药连闯三关》。在这一报道中,记者试图将责任引导向万宁方面,而这种"引导"明显存在严重的揣测性,甚至为了坐实这种揣测性结论,而不惜借用所谓的专家或者第三方之口:"西瓜在农药残留超标的情况下能够拿到合格报告,且从海南外运至青岛,袁铭(即墨市青岛东方鼎信国家农副产品交易中心客户经理)分析认为,问题应该出在地头。""100%持检测合格报告单出岛和对重点西瓜生产乡镇的抽检,均没有挡住'毒西瓜'离开海南,直奔青岛。""涕灭威使用与土壤和品种有关,山东瓜农几乎不用。""大众网记者采访山东威海一位有着多年西瓜种植经验的瓜农了解到,涕灭威这类农药主要是防治西瓜根部线虫病,在山东,瓜农现在很少使用该类农药,这与土壤条件和西瓜品种有很大关系。可能海南高温高湿,线虫病比较厉害,'黑美人'这个品种又比较'高档',所以要用这种高毒农药。"③

除了揣测性报道之外,个别媒体还进行了煽情性报道。大众网在报道食用"问题西瓜"的孕妇已做引产的同时,进一步写道:"王女士的婆婆李女士告诉记者,早在两年前,儿媳妇怀孕40多天时,因为不慎摔了一跤导致流产,之后一直怀不上,这一段时间他们寻医问药,好不容易怀上了,可又遇到这事,她提起来就十分伤心,希望能给个说法。"④ 这种煽情性的报道并无助于公众对于事件进展的理性了解,无助于政府相关部门对于事件的妥善处置,更无助于事件舆情的退烧。

---

① 青岛市食品药品监督管理局:《青岛市食药监局第三次发布:关于"问题西瓜"事件的处理情况》,青岛市食品药品监督管理局网,http://sfda.qingdao.gov.cn/n32205902/n32205903/n32205904/150402162827015401.html,最后访问日期:2017年7月5日。
② 韩蕃璠等:《食品安全舆情研判与处置的思考与实践》,《中国食品卫生杂志》2013年第3期,第280页。
③ 马俊骥、高忠业、李敏:《倒追海南"毒西瓜"外流路线 禁用农药连闯三关》,大众网,http://sd.dzwww.com/sdnews/201504/t20150403_12159236.htm,最后访问日期:2017年7月5日。
④ 《问题西瓜事件发酵——西瓜滞销 2患者仍住院》,大众网,http://sd.sdnews.com.cn/yw/201504/t20150408_1880070.htm,最后访问日期:2017年7月5日。

无论是《齐鲁晚报》，还是大众网，都是具有山东省政府背景的媒体。作为当事方之一，具有官方背景的媒体这种揣测性报道，无疑都加重了公众对于其动机的质疑，不但无助于舆情的缓解，反而容易挑起对立情绪，进一步刺激舆情持续发酵。

（三）权威主体惯性采取"鸵鸟政策"

在舆情引导中，权威主体的发声有助于公众质疑的缓解。在跨辖区食品安全事件的舆情引导工作中，权威主体显然是能够对所有涉事主体都进行协调的上一级部门，在"问题西瓜"事件中应当是国务院或国务院食品安全办公室。然而，跨辖区食品安全事件舆情管理在现阶段的一个诡异表现是权威主体往往都习惯于采取"鸵鸟政策"。

在"问题西瓜"事件中，国务院食品安全办公室在后期介入，赴山东和海南两地进行了调查。这符合《食品安全法》的要求。如若其能主动发出调查进展信息，无疑能够回应公众对"问题西瓜"事件中的种种疑问。遗憾的是，国务院食品安全办公室的行动与措施出现于新华社的报道中："山东即墨、胶州等地17人因食用西瓜出现呕吐、头晕等症状。经查，相关西瓜农药'涕灭威'超标，产地疑为海南万宁市。国务院食品安全委员会办公室近日派出工作组到山东、海南督导两地对'问题西瓜'事件的调查。有关方面将第一时间向社会发布调查结果。"① 对于该报道中所承诺的"有关方面将第一时间向社会发布调查结果"，最后却不了了之。

作为权威主体的国务院食品安全办公室对调查结果的失语，不但可能让万宁西瓜"蒙冤"，也未能给青岛市本地公众一个满意答复，还给其自身公信力造成了损害。公众质疑，既然已经进行了调查，为何却没有结果？实际上，在公众看来，出了食品安全事件固然可怕，但比食品安全事件更可怕的是监管部门的缺位。在这一起"问题西瓜"事件中，作为权威主体的国务院食品安全办公室显然存在对公众释疑方面的缺位。

综合上述分析，"问题西瓜"事件给青岛市、万宁市以及国务院食品安全办公室等多方主体都造成了公信力损害。各方在跨辖区食品安全事件的舆情管理中属于"共输"方。对于青岛，舆论质疑支持"砸西瓜"活动

---

① 《国务院食安办派工作组督导"问题西瓜"调查》，新华网，http://news.xinhuanet.com/legal/2015-04/23/c_127725747.htm，最后访问日期：2017年7月5日。

的作秀；对于海南（万宁），舆论所关注的其所产的西瓜是否存在农药超标问题，没有进一步进行澄清和回应；对于国务院食品安全办公室，作为权威主体已经表示启动调查并承诺将通报调查结果，却未能兑现，在让公众期待落空的同时，也有损食品安全权威主体的形象。

### 三 舆情管理评价

针对突发食品安全事件的跨辖区特征，《食品安全法》的规定是："涉及两个以上省、自治区、直辖市的重大食品安全事故由国务院食品药品监督管理部门依照前款规定组织事故责任调查。"也就是说，按照《食品安全法》，出现跨辖区食品安全事件时，应由上一级人民政府的食品药品监管部门开展责任调查。

至于专门针对食品安全事故应对所制定的《国家重大食品安全事故应急预案》则规定了"全国统一领导、地方政府负责、部门指导协调、各方联合行动"的食品安全工作原则，"根据食品安全事故的范围、性质和危害程度，对重大食品安全事故实行分级管理"。然而，对于不同级别的食品安全事故标准，《国家重大食品安全事故应急预案》并没有明确界定。对于出现跨辖区食品安全事故的处置，《国家重大食品安全事故应急预案》更是没有规定。

相关法规的不健全或模糊规定，导致了在"问题西瓜"事件中，各监管主体在事件处置层面尽管都做得较为突出，但在舆情管理层面则显然缺乏系统性。

#### （一）青岛（即墨）方

作为事件的属地责任方，青岛市试图尽到主体责任的落实，为此做了不少相关工作。

一是积极介入调查排查。在发现3位市民出现相同异常状况时，即墨市卫生等相关部门就及时介入调查。在初步确定市民的异常状况系疑似食用西瓜后引起的之后，3月31日，青岛市对全市进行了连夜排查。截至4月5日，全市食品药品监管部门已出动执法人员1528人次，检查经营单位2015家，检查西瓜76016公斤，抽检979批次。①

---

① 青岛市食品药品监督管理局：《市食品药品监管局第四次发布：关于"问题西瓜"事件的处理情况》，青岛市食品药品监督管理局网站，http：//sfda.qingdao.gov.cn/n32205902/n32205903/n32205904/150403173409154817.html，最后访问日期：2017年7月5日。

二是及时通报处置进展。青岛方在整个事件的处置过程中的通报还是十分主动及时的。除了食品药品监督管理部门的 8 次主动通报之外，青岛方面还通过官方新闻网站、本地媒体、政务微博账号等多种渠道发布事件处置进展以及相关警示信息。

三是努力矫正不实信息。在事件初期，有关媒体报道中认为一位孕妇因为食用了"问题西瓜"即将面临"胎儿不保"。这一报道是刺激公众较大范围关注的重要原因之一。然而，这一信息却是没有确切信息源的揣测性报道。针对这一情况，4 月 2 日下午，青岛市在通报事件进展的同时，及时进行了澄清与矫正。

尽管青岛方努力做了大量工作，但在整个事件发展过程中仍然存在不少有待提高的方面，某些做法甚至还激化了舆情。

第一，随意界定事件性质。事件结果表明，青岛方在多数情况下将事件性质定义为疑似"问题西瓜"事件是相对准确的。然而，即墨市食品药品监督管理局在 3 月 31 日的通报中，却出现了随意定性的情况，将事件定性为"毒西瓜"引起的。更让人难以捉摸的是，在这篇通报中，没有任何数据或者内容能够证明其发现了"毒西瓜"。反之，无论是该通报的标题还是内容结论都表明，其已经排查的西瓜都没有问题，都是合格的。这种自相矛盾的通报，不但不能平息公众的情绪，还损害了自身的公信力。

第二，涉嫌挑起对立情绪。上述即墨市食品药品监督管理局随意界定事件性质的做法本身也是一种涉嫌挑起对立情绪的做法，因为在该通报中，明确了"问题西瓜"来源系海南万宁市，但在所检测对象均为合格的情况下定义为"毒西瓜"，存在将舆情的热火引向海南万宁的嫌疑。除此之外，青岛方涉嫌挑起对立情绪的更严重的做法是疑似支持商家组织的"砸西瓜"活动。青岛方面的官方政务微博、官方媒体纷纷报道了 4 月 17 日的商家组织"砸西瓜"活动，并在报道中提及所砸西瓜均来自海南省万宁市。这种做法是十分容易激起两地的对立情绪的。这一做法出现后，海南本地的媒体、公众纷纷提出了质疑，表示不平。

有海南本地的自媒体账号就发表了如下评论：

### 青岛的"问题西瓜"砸给谁看？

从时间上看，月初下架的 4 吨"问题西瓜"，哪怕是放倒冷库里，现在大概也开始腐烂了。这家购物中心举行'全民砸西瓜'活动，与其说是为了发泄一种不满，不如说是一种吸引眼球的促销。反正是要扔的，干脆拿出来砸了。如果他们不保持一点标本，这证据灭失，今后要给海南西瓜栽赃更没证据了。很多时候，时间不是能抹平一切吗？

从形式上看，青岛的"全民砸西瓜"活动，近似于一场闹剧。媒体报道用了"别开生面"这一很不严肃的词，让人看出了"全民砸西瓜"活动很不严肃。不知这家购物中心邀请万宁派去的调查组没有，说不定这些人现在还在青岛调查的。不过"全民砸西瓜"还是有点夸张，"众多青岛市民"？从照片上看也就百十人而已，就这能代表"全民"？

从内容上看，图片说明还是认为，"有十余位青岛市民因食用来自海南万宁的农残超标西瓜而中毒入院"，这事似乎还没过去。有报道说，调查组在青岛市农委和市食品药品监督管理局的陪同下，专访了即墨市和胶州市多家部门及经销商，但上述单位均未能提供"问题西瓜"来源于海南万宁的相关证据。那么现在砸西瓜的时候证据找到了吗？①

另有评论认为这种"砸西瓜"活动系"傻帽"式处置："就单纯这个问题西瓜而言，仍有许多问题需要厘清……这种中毒是否由西瓜引起，还要等检测结果出来才能下结论。也就是说，在事情真相没有弄清楚之前，购物中心就举行了怒砸'问题西瓜'活动未免有点轻率。这些被砸的西瓜里有没有被'冤枉'的瓜？会不会因此而毁掉了真正的证据？中毒者吃的瓜到底来源于哪里？职能部门拿到了切实的样品物证没有？问责到当事人没有？……这些都值得考证与质疑。"②

第三，内部缺乏统一协调。从青岛方在整个事件处置过程中的表现来看，其内部缺乏突发事件应对和舆情管理的统一协调机制。①食品药品监督管理部门系统内部缺乏协调统筹。青岛市食品药品监督管理局和下属的

---

① 矢弓：《青岛的"问题西瓜"砸给谁看?》，天涯博客，http://blog.tianya.cn/post-336487-83316850-1.shtml，最后访问日期：2017年7月5日。

② 徐大发：《民众怒砸问题西瓜 切莫"傻瓜式"处置》，东北新闻网，http://news.nen.com.cn/system/2015/04/20/017302727.shtml，最后访问日期：2017年7月5日。

食品药品监督管理部门之间没有统一协调。在青岛市食品药品监督管理局已经发布事件信息的情况下，即墨市食品药品监督管理局又自行发布并随意定性事件，与青岛市局的定性相互冲突。从信息权威性的角度看，一旦上一级机构启动了响应和发布了信息，就应当由上级机构继续发布，因为其权威性较之于下一级显然更高。②政府和部门之间缺乏统一协调。青岛市食品药品监督管理局在整个过程中发布了8次信息，且这些信息都相对客观而中立，在较大程度上回应了公众的关切，也在一定程度上建立了公信力。然而，"@青岛发布"主动发布的"砸西瓜"活动，却损害了食品药品监督管理部门此前的所有努力。更要重的是，"@青岛发布"在舆论上代表的是青岛市政府，给公众造成了打食品药品监督管理局的"脸"的印象。③政府和媒体之间缺乏统一协调。在推高事件舆情热度的几个环节，都是由于青岛（或山东省）本地官方媒体的报道，特别是揣测性报道，而外地媒体或市场化媒体大都是转发青岛本地媒体的报道。青岛本地媒体的这些报道虽然给其带来了一定的阅读量，却为政府处置事件带来了较大的阻力，甚至误导了公众，反而让政府被动。而实际上，如果有内部统一协调机制，事件处置过程的管理和舆情的管理就不至于那么失序。

### （二）海南（万宁）方

与青岛方面一样，海南省及其万宁市在获悉"问题西瓜"涉及自身时，也在第一时间启动了响应机制，主动与作为属地的青岛方进行沟通，并及时通报情况。

一是全力配合调查。海南省农业厅，万宁市委、市政府于2015年4月1日派出由万宁市农业局局长蔡吉林为负责人，海南省农业厅市场处调研员陈守宏，万宁市食品药品监督管理局局长许晓，万宁市法制办主任莫积仁，万宁市农业局干部王震、陈随跃等6人组成的"问题西瓜"调查小组赴青岛。调查小组以全面了解"问题西瓜"事件为原则，以协助青岛方调查工作的诚恳态度，以听对方说明、查对方资料、查勘现场、现场取样和询问相关人员的方式，于2015年4月2～4日，在青岛市、即墨市和胶州市调查了解"问题西瓜"事件相关情况。

二是尽力进行排查。4月1日上午，万宁市委书记张美文立即做出指示，要求追溯源头，查实情况，如发现有种植户违规使用剧毒农药的，坚决依法严惩，绝不姑息。海南省农业厅厅长江华安等也及时向万宁市政府通报情况，并对应急处置工作进行了指导。4月1日上午，万宁市委副书记、市长周高明及分管农业的副市长李时军紧急召集市农业、食品药品监督管理等部门召开专题会议，从四个方面做好应对工作。一是农业、食品药品监督管理、公安等部门组成联合调查组，并于当天下午紧急赴山东现场调查取证，核实情况。二是对全市西瓜种植进行拉网式排查检测，进一步加强西瓜供应市场的监管。三是做好媒体工作，统一口径，及时通报调查结果，并向全社会公布投诉举报电话。四是成立事件应急领导小组，由市长周高明担任组长，市政府办、农业局、食品药品监督管理局、新闻办等部门主要领导为成员，负责事件的应急处置。

分管农业的副市长李时军于4月1日14时30分主持召开紧急工作会议，进行工作布置。要求礼纪、万城、和乐等8个有西瓜种植的镇政府牵头，工商、食品药品监督管理、农业、公安4个部门共64名工作人员配合，成立8个工作小组，对各镇辖区范围的西瓜种植基地进行地毯式排查，主要检查生产用药情况。同时成立4个督查组，每个督查组负责2个镇，督查各镇是否认真落实市政府布置的各项工作。经过几天的排查，8个联合工作小组全面排查了全市所有的西瓜种植基地，检测西瓜样品5200个，均未发现违规使用农药情况。

万宁市农业局会后立即排查3月20～26日所有出具的农残检测报告单，查出在此期间共计有10车黑美人西瓜发往山东青岛，其中和乐2车、东澳5车、礼纪3车。①

根据赴山东调查组反馈涉事的两位西瓜运销商的相关信息，市农业局实地调查核实，对涉及的西瓜基地进行执法检查，详细检查了整个生产过程的用药记录，并对礼纪周边的农资店进行执法检查，未发现违规用药及违规销售情况。市农业局配合省农业厅对涉事及主产区的西瓜种植基地进行抽样检测，共计抽80个西瓜样品，其中40个样品送至省农业厅进行农药残留物快速检测；20个样品送至省农业厅进行详细的定量检测；20个西瓜样品至三亚市检测中心进行详细的定量检测，检测结果均为合格。市农业执法大队、农技中心组成联合执法小组，对全市103家农药店进行执法检查，未发现违规销售禁用、高剧毒农药的情况。

万宁市食品药品监督管理局安排流通工作室人员对万城、礼纪、兴

---

① 《万宁市配合调查处置山东"问题西瓜"事件情况材料》，内部调研资料，2015年4月。

隆、长丰等地区的西瓜销售点进行检查，抽检43个西瓜销售摊点和2个超市，共45个样本，经检测全部合格。①

三是努力维护大局。在4月17日看到商家组织"砸西瓜"并经青岛市官方媒体、青岛市官方微博进行报道之后，公众在质疑青岛方作秀的同时，也发起了对海南（万宁）方的追问。甚至有万宁瓜农希望发起对青岛"砸西瓜"的对抗性、声讨性活动。这时，万宁市委、市政府保持了冷静思考的态度，出于维护大局的考虑，宁受委屈，也没有发起对抗性的声讨活动。如果万宁市发起了对抗性声讨活动，在公众看来，就成了两地政府在进行舆论战。而政府间的舆论战本身又是刺激公众情绪的舆论焦点，并无助于舆情的平息，也无助于两地政府协同处置事件。

应当说，海南（万宁）方面在整个事件的舆情管理中还是保持了理性，坚持科学性，维护了大局。尽管如此，也不能说海南（万宁）方在此过程中就没有不足，至少有两个方面是需要指出的。

其一，头重脚轻，后期失语。4月1日，当媒体报道万宁市派出联合调查组赴青岛配合调查"问题西瓜"事件后，公众为这一决策眼睛一亮，舆论一片叫好，都在为万宁市的这一做法点赞，因为此前尚未有过类似做法。公众在为万宁市派出调查组叫好的同时，其实也期待青岛方面和海南方的调查组共同工作，为追溯"问题西瓜"共同努力。4月7日，调查组通报了在青岛的工作情况，但令人遗憾的是，这一通报成为万宁市在此事件中的最后一次通报，之后再也听不到其声音了。特别是在4月17日出现青岛商家的"砸西瓜"活动之后，公众一直期待万宁方面对"问题西瓜"是否来自万宁、万宁的进一步排查等情况有所回应。"万宁问题西瓜，真相到底在哪？等到谣言满天飞之后，真相才姗姗来迟，那又有什么意义？调查不能一直在路上，瓜农不能一直在等待，等我们查清楚一切，这个瓜季就错过了，更多无辜的瓜农就被坑了。毕竟，偷偷摸摸违规的瓜农是极少数，海南西瓜在岛外还是有影响力的，我们不能让一粒老鼠屎坏了一锅汤。"②

有海南本地的自媒体账号就追问："从效果上看，青岛这场'全民砸西瓜'活动还是伤害了海南。如果问题西瓜确实来自海南万宁，那万宁为

---

① 《万宁市配合调查处置山东"问题西瓜"事件情况材料》，内部调研资料，2015年4月。
② 《海南问题西瓜，真相到底在哪？》，新浪博客，http://blog.sina.com.cn/s/blog_68566e660102vldx.html，最后访问日期：2017年7月5日。

什么至今不认账道歉？如果没证据证明问题西瓜与海南有关，那海南为什么不澄清？调查组快一个月还没给出调查结果，调查组怎么永远在路上？问题食品，人们宁可信其有，没结果就给砸给你看。万宁派出去的调查组，你们看到了吗？"①天涯博客更是以《寻找失联的万宁市调查组》为题，希望万宁市要及时回应。"回溯整个事件过程，万宁市及时主动派出调查组这一动作，无疑让人眼前一亮，也让公众对其充满希望。但是随后就消失在新闻雷达范围内，至今失联。而海南的应对也是贫乏而又苍白，一方面对于西瓜来源于万宁的质疑不予评论和回应。另一方面，发布新闻称，经过排查，海南目前种植的西瓜没有问题。至此便没有下文。"②可惜的是，万宁市此时由于种种原因已经无法自主。

其二，上下未能形成合力。实际上，海南方在"问题西瓜"事件舆情管理中出现的头重脚轻现象，与其内部的沟通机制有一定关系。沟通的不顺畅使其未能形成上下合力，未能整体性管理舆情。仅从公开渠道的材料就能发现，在事件之初，万宁市在海南省有关部门指导下进行事件处置和舆情管理，在两个层面都是相对有序的。但是，随着事件的发展，特别是青岛方面出现"砸西瓜"活动之后，万宁市的管理权被接管，由上级部门进行统一发布。这种接管和舆情回应级别的提升本身是好事，有助于提高公众的认可度。但是，接管之后，应当有序及时地回应公众关切。遗憾的是，上级部门接管之后所进行的第一次也是唯一一次回应却是在"砸西瓜"活动一周之后的4月23日发布《海南有关部门全力配合调查西瓜事件》，内容亦无太多信息增量。舆情最后的消退是以海南方保持沉默、海南西瓜市场受到损害收场的。

## （三）国务院食品安全办公室

作为食品安全的最高监管机构，国务院食品安全办公室在"问题西瓜"事件中的反应是最让人捉摸不透的，似乎成为公众常常寻找的、神秘的"有关部门"。

一方面，依法介入调查。在青岛方面出现了"砸西瓜"活动之后，国

---

① 矢弓：《青岛的"问题西瓜"砸给谁看？》，天涯博客，http://blog.tianya.cn/post-336487-83316850-1.shtml，最后访问日期：2017年7月5日。
② 《寻找失联的万宁市调查组》，天涯博客，http://bbs.tianya.cn/post-hn-91842-1.shtml#rd，最后访问日期：2017年7月5日。

务院食品安全办公室派人赴青岛、海南两地进行督查,并通过媒体发布了启动督查的信息。这一行动符合法律赋予其监管跨省食品安全事件的职责。

另一方面,信息供给不足。督查机制启动后,国务院食品安全办公室并未如对媒体所承诺的"有关方面将第一时间向社会发布调查结果",后续并无进一步的信息发布。更诡异的是,自4月23日新华网报道《国务院食安办派工作组督导"问题西瓜"调查》这一内容之后,无论是涉事的青岛市和海南省(万宁市),还是履行督查责任的国务院食品安全办公室,都无关于"问题西瓜"事件的处置和调查进展信息。

"问题西瓜"事件最终在各监管主体的集体沉默中退出公众视线。不知这种集体沉默是否被视为了一种平息舆情的策略作为应用,但这种集体沉默实际上彻底损害了政府在食品安全监管方面的形象。正如有评论指出:"对监管部门来说,得真正起到食品安全'守门人'的作用,不要让安全保护总在食品中毒事件发生之后。要严格执法到位,让违法者得不偿失,还要追究监管失职责任。只有扎紧食品安全'篱笆',把好环节、关口,'问题西瓜'等有毒有害食品才不会一路畅行,通关上桌。"①

### 四 机制建设建议

虽然《食品安全法》和《国家重大食品安全事故应急预案》都没有对跨辖区食品安全事件的处置进行规定,但对于突发事件应急管理的另一部法律《突发事件应对法》却对跨辖区突发事件的管理进行了规定:"涉及两个以上行政区域的,由有关行政区域共同的上一级人民政府负责,或者由各有关行政区域的上一级人民政府共同负责。"这一规定实际上隐含了突发事件应对过程中的两个重要原则:"统一领导"和"属地管理为主"。而这两个原则所共同体现的理念是突发事件管理的"系统性"。

#### (一)跨辖区食品安全事件舆情应系统性管理

对于跨辖区食品安全事件的舆情管理,提高其"系统性"同样是各地政府舆情能力的路径:无论是哪个地区的政府,都需要立足于政府整体公

---

① 《别让"问题西瓜"真相扑朔迷离》,新浪微博,http://weibo.com/p/1001603832907977361769,最后访问日期:2017年7月5日。

信力的全局，进行统筹性决策，共同维护跨辖区内食品安全事件处置过程中的政府形象和公信力。以提高系统性为目标，在跨辖区食品安全事件应对中，各涉事主体在舆情管理上应围绕"统筹三个'一'"开展。

1. 统筹一个组织

在跨辖区食品安全事件中，无论是什么监管主体，都需要维护共同的组织的公信力。这一共同组织即为政府。在"问题西瓜"事件中，在公众看来，无论是青岛市政府，还是万宁市政府，都是一个政府。青岛市政府官方微博所支持的"砸西瓜"行动，只会给公众留下两地政府之间舆情"掐架"的印象。有研究指出："政府对食品安全事件处置的互动性、信息公开程度、实效性、真实性对公众舆情感知存在显著性影响。"[①] 公众在某种程度上乐于见到政府之间互相"掐架"，因此政府间"掐架"本身就是舆论的焦点之一。

对于"问题西瓜"事件而言，在事件责任上存在两种主体：一为涉事责任，其载体是西瓜种植户、运输商或销售商；二为监管责任，其载体是政府及相关部门。政府要体现这种监管责任，需要及时、有序地发布事件处置的进展情况。独立地看，青岛、万宁两地政府在"问题西瓜"事件中都较为注意及时发布信息，但两地政府在信息发布上还缺乏统筹性，特别是出现了不应有的因"掐架"而损害共同组织公信力的现象。未来需要进一步完善跨省市、地区及食品安全监管部门督查联动机制与舆情管理联动机制。

2. 统筹一个事件

在一个突发事件中，需要全过程地进行舆情管理，全过程地维护一个组织的形象。遗憾的是，在这起跨辖区的食品安全事件中，涉事各方政府没有全过程进行维护，出现了"头重脚轻"的现象，即在事件之初积极回应，而在后期声音较弱，甚至不了了之。

在"问题西瓜"事件中，万宁市政府前期高调地派出了联合调查组，后期却由于某种原因而无法进一步发声；青岛方则是始终将事件责任往外推，甚至不惜在舆论上支持"砸西瓜"；国务院食品安全办公室则始终没有发出权威性声音。

---

① 进进、牛冲、郭萌、董凯欣：《政府处置因素对公众舆情感知的影响研究——以食品安全事件为例》，《现代商业》2015年第8期，第269~271页。

实际上，按照《突发事件应对法》的"属地管理为主"原则，跨辖区突发事件存在两种管理主体：一为主导主体，即事件属地方，在"问题西瓜"事件中为青岛市政府；二为配合主体，即非属地方，在"问题西瓜"事件中是海南省（万宁市）政府。从提高舆情管理的系统性出发，在"问题西瓜"事件发生之后，也完全可以以属地为主导，由属地政府统一、有序地发布事件进展信息，从而减少各自为政所带来的"掐架"风险。

**3. 统筹一种形象**

在跨辖区食品安全事件中，各方主体需要维护共同组织在事件全过程中"负责任、有担当"的形象。为了维护这一形象，需要对涉事各方主体的局部形象和共同主体的整体形象进行权衡，全力维护共同组织的整体形象。

在"问题西瓜"事件中，同样存在两种形象：一为局部形象，对于青岛和万宁双方政府而言，都属于局部形象；二为整体形象，对于国务院食品安全办公室而言，代表的是政府的整体形象。对于整体形象的体现，在这一事件中，应当由权威主体即国务院食品安全办公室在出现跨省食品安全事件时及时介入并发布处置进展信息。遗憾的是，这一种结果并未出现，而是反其道而行之。

实际上，跨辖区事件的舆情也并不都是"所得即所失""利我排他"性的"零和博弈"结果，完全可以走出"零和"，走向"联合"，达到相对理想的状态。例如，同样发生在2015年的"东方之星"号客轮翻沉事件中，舆情管理和信息发布就十分有序，其主要原因就是因为中央政府事件处置和舆情管理上的统一领导与协调，减少了各方基于自身利益出发的"互相残杀"。

## （二）跨辖区食品安全事件舆情管理机制构建

如何最大限度地减少跨辖区事件发生后"互斥性"舆情形态的出现，在舆情管理路径上，不可回避的选择是提高组织化程度。应当说，《突发事件应对法》所规定的"统一领导"和"属地管理为主"原则已经明确了突发事件应急处置中的组织化问题，然而，关于舆情管理的组织化问题，当前法律、规章和预案均没有涉及。在跨辖区食品安全事件舆情管理中，组织化的核心问题是解决跨辖区主体间的统一行动和权威主体的响应规范问题。为此，需要建立相应机制，进行制度化约束和规范。

**1. 建立舆情信息即时通报共享机制**

组织化管理舆情的首要前提是不同主体之间所掌握的信息是相同的，即沟通是在相同的认知基础之上。因此，舆情信息的即时通报与共享机制是跨辖区食品安全事件舆情管理组织化建设首先需要进行的。

应当说，现在移动互联信息技术手段已经完全解决了舆情信息共享的技术性和制度性方面的问题，所需要的只是认识要跟上。在跨辖区食品安全事件发生后，相关监管主体可以第一时间建立起舆情信息共享的"微平台"，如微信工作群，各主体所监测到的事件相关舆情信息都可以即时转发于微平台之中，所有主体都可随时同步掌握舆情最新进展。

当然，在事件应对过程中，信息共享平台可以根据工作需要建立多个。例如，单个辖区范围内的共享平台，用于涉及辖区内的舆情信息共享；跨辖区舆情信息共享平台，用于不同辖区之间的共享。

**2. 建立跨辖区事件的协同管理机制**

"所谓协同，就是指协调两个或两个以上个体，共同一致地完成某一目标的过程或能力。协同的结果是个体获益，整体加强。"[①] 虽然《突发事件应对法》要求政府提高合成应急、协同应急的能力，但在实践当中却普遍存在"信息报告有余，协调联动不足"的现状，在应急联动协同方面尚缺乏权威性和凝聚力。[②] 在跨辖区食品安全事件应对中，事件层面的协同应当说还是相对较为规范的，但在舆情管理层面却存在比较严重的机制缺位和能力不足。

由于不同跨辖区食品安全事件中涉及的监管辖区和监管主体不同，因而很难建立统筹协调机构，但在事件发生且明确监管主体之后，舆情管理协调机制就应当及时建立。协同机制的建立可以随着事件的升级和发展而变化和完善，但在事件之初，可以遵循"属地管理为主"原则，即由第一事发地政府牵头，不同辖区监管主体共同配合，统一信息发布渠道与口径。从这个意义上说，"问题西瓜"事件发生后，海南方面2015年4月1日派出赴青岛联合调查组协助青岛方面调查事件的做法，是很有价值的协调管理事件创新，也因此广受舆论好评。遗憾的是，青岛方面没有能在舆

---

① 任立肖、张亮：《食品安全突发事件网络舆情的分析模型——基于利益相关者的视角》，《图书馆学研究》2014年第1期，第65~70页。
② 曹海峰：《重大突发事件应急管理联动机制建设路径探析》，《中州学刊》2013年第12期，第14~18页。

情处置方面接过协同管理的牵头权，未能将海南方面在青岛市的活动信息及发布纳入协同管理之中。

需要指出的是，提倡由第一事发地政府牵头协同管理舆情，并不意味着跨辖区食品安全事件中所有舆情管理都由牵头主体负责。在各自监管主体的辖区范围内，舆情管理的权力仍然归属本辖区。

### 3. 建立舆情形势共同会商研判机制

任何舆情管理都需要建立在科学研判的基础之上。跨辖区食品安全事件协同管理机制也不意味着牵头主体独立应对，而需要各相关主体共同会商，分析研判不同阶段的事件灾情、舆论焦点、舆情环境，管理困境等。因此，需要建立相应的舆情会商研判机制，可依托舆情信息共享平台实现，但需要相关监管主体在事件应对之初就以制度化的方式明确下来。当然，在舆情研判的理念方面，需要在理论和实践的学习中提高认识，最基本的理念包括敬畏民众、信任民众、研究规律等。①

与跨辖区食品安全事件在应急处置上的专业要求高这个特点相对应，舆情会商机制的建立亦需考虑专业性因素，充分发挥专家参与研判的作用，包括技术型专家和管理型专家。技术型专家已经不言而喻，管理型专家则主要指舆情管理的专业人员，他们可以基于自身专业知识和长期从业经验，对事件在不同阶段的舆情敏感点、舆情环境、公众思维等提供中立、客观而专业的建议。

### 4. 建立权威主体响应舆情规范机制

毋庸置疑，权威主体及时回应社会关切对于舆情具有重要的"降温"作用。"由于多种原因，在我国一些权威组织目前还存在着违背'公共性'决策与行政的现象，这与经济学中将人视为'理性经济人'是一致的，经济人在行事过程中往往会追求自身利益的最大化，因此会促使决策的结果、政策的过程更有利于自己。"② 在舆情管理中，权威主体的所谓"理性"则表现为甘当"鸵鸟"。这种看似理性的行为实际上严重损害了政府公信力，也最终损害到自身。因此，建立权威主体响应舆情的规范性机制十分必要，在跨辖区食品安全事件应对中更是如此。

---

① 丁柏铨：《自媒体时代的舆论格局与舆情研判》，《天津社会科学》2013年第6期，第37~43页。

② 刘东杰：《公共政策被动参与形成机理分析》，《安徽行政学院学报》2011年第2期，第17~20页。

"权威是一种特殊的影响力。它的特点在于权威客体对权威主体的认同,因而是一种合法的影响力。"① 在行政体制中,权威主体是一个相对性概念。相对于个体,组织是权威主体;相对于部门,政府是权威主体;相对于下级,上级是权威主体;相对于地方,中央是权威主体。

对于权威主体响应舆情规范化问题,从理论上说,只要出现跨辖区问题,都应提高一个层级响应,即上一级的、能够协调所有辖区的监管主体要开始介入。例如,2003年"非典"蔓延成为全国性疫情时,权威主体显然已经是中央政府,而卫生部则是中央政府的代表,权威通报每日疫情。此外,在当前监管主体的公信力遭到质疑时,权威主体也自然转移到上一个层级的监管主体。

(课题组组长:张磊;主要成员:赵竞、孙润南、魏力苏、余翔;本报告主要执笔人:张磊)

---

① 张喆:《试论政治权威的合法性》,《中国青年政治学院学报》1988年第1期,第38~41页。

图书在版编目(CIP)数据

应急管理典型案例研究报告.2017/国家行政学院应急管理案例研究中心主编.--北京:社会科学文献出版社,2017.10(2018.5重印)
(应急管理系列丛书.案例研究)
ISBN 978-7-5201-1581-0

Ⅰ.①应… Ⅱ.①国… Ⅲ.①突发事件-公共管理-案例-研究报告-中国 Ⅳ.①D63

中国版本图书馆CIP数据核字(2017)第250265号

应急管理系列丛书·案例研究
## 应急管理典型案例研究报告(2017)

主　　编 / 国家行政学院应急管理案例研究中心

出 版 人 / 谢寿光
项目统筹 / 曹义恒
责任编辑 / 曹义恒

出　　版 / 社会科学文献出版社·社会政法分社(010)59367156
　　　　　　地址:北京市北三环中路甲29号院华龙大厦　邮编:100029
　　　　　　网址:www.ssap.com.cn
发　　行 / 市场营销中心(010)59367081　59367018
印　　装 / 三河市尚艺印装有限公司

规　　格 / 开　本:787mm×1092mm　1/16
　　　　　　印　张:18.75　字　数:310千字
版　　次 / 2017年10月第1版　2018年5月第2次印刷
书　　号 / ISBN 978-7-5201-1581-0
定　　价 / 59.00元

本书如有印装质量问题,请与读者服务中心(010-59367028)联系

▲ 版权所有 翻印必究